Stefan Götz

Change Leader inside

Stefan Götz

Change Leader inside

Für Menschen, die eine neue Wirtschaftskultur leben

Inspirationen durch Integrales Bewusstsein
in Leadership, Kultur, Strategie und Kommunikation
für Potenziale in Top-Unternehmen im 21. Jahrhundert

1. Auflage 2014

Autor: Stefan Götz (www.stefan-goetz.com)
Umschlaggestaltung: Karin Kutsam
Umschlagfoto: ISebyI, Anastasiia Kucherenko, lenaer / shutterstock.com
Lektorat: Ina Kleinod
Korrektorat: Stephan Bartlakowski
Satz: Sebastian Bähr
Kunstphotographien: Emilie Reusken, Stefan Götz und Thomas Hässler
Grafik auf Seite 265: Danshutter / shutterstock.com
Printed in Germany

Verlag: tao.de in J. Kamphausen Mediengruppe GmbH, Bielefeld,
www.tao.de, eMail: info@tao.de

Bibliografische Information der Deutschen Nationalbibliothek:
Die Deutsche Nationalbibliothek verzeichnet diese Publikation in der Deutschen Nationalbibliografie; detaillierte bibliografische Daten sind im Internet über http://dnb.d-nb.de abrufbar.

ISBN: 978-3-95802-012-2

In liebevoller Dankbarkeit meinen Eltern gegenüber für ihre Großherzigkeit, ihre Menschlichkeit und ihr Vertrauen in mich und das Leben.

© Stefan Götz The Power of Unfolding

Danksagung

Dieses Buch hatte viele Lehrer, Helfer, Mutmacher und Wegweiser. Es ist ein Gesamtbild geworden aus unendlich vielen Erfahrungen, Erkenntnissen und Erlebnissen in meinem Leben. Erst nach einer Vielzahl von Niederlagen, Krisen und einer schweren Krankheit durfte ich erfahren, wie sich alles in ein Gesamtbild einfügt. Das hätte ich nie planen können. Auch wenn ich nicht immer in der Situation verstanden habe, warum gerade ich, warum gerade jetzt, so hat das Leben mich doch sehr zielsicher zu meiner Lebensaufgabe geführt. Seitdem passieren viele Dinge mit viel mehr Leichtigkeit, Lebensfreude, Liebe, Herz und innerem Frieden. Mit der Klarheit meiner Aufgabe, Vertrauen zu lernen und zu lehren, kann ich jeden Tag aufs Neue meine Sinne und Augen frisch öffnen für das Wunder Leben und für einen neuen Weg im Business. Ich danke meinen Eltern, die mir Liebe, tatkräftige Unterstützung und Vertrauen geschenkt haben, diesen Weg zu gehen. Anja, meiner Partnerin, und Ina, meiner Lektorin, danke ich für die vielen Stunden der konstruktiven Auseinandersetzung um das journalistisch Korrekte und Sinnvolle. Und den vielen Wegbegleitern wie Euch, Marcus, Thomas, danke ich um die intensiven, berührenden Gespräche, durch die ich habe lernen und wachsen dürfen. Im Besonderen bin ich unserer Gesellschaft und den mutigen Menschen dankbar, die sich jeden Tag aufs Neue für Demokratie einsetzen, die mir und jedem anderen die Möglichkeit gibt, in Frieden und Freiheit zu lernen und zu wachsen. Ich empfinde es deshalb als Freude und Pflicht, gleichermaßen teilzuhaben an der Entwicklung dieser Gesellschaft und Wirtschaft und meinen Beitrag für den notwendigen Wandel zu leisten. Eine Wirtschaft, die sich durch eine integrale Kultur des Bewusstseins auszeichnet und damit Lösungen für das 21. Jahrhundert ermöglicht.

Ihr Stefan Götz
Herrsching, im März 2014

Dieses Buch ist kein Buch, sondern eine Bewegung

Dieses Buch hat Sie gefunden, weil Sie einen neuen Weg in der Gesellschaft und Wirtschaft beschreiten wollen? Gut! Die Welt braucht etwas wirklich Neues, Innovation, ein echtes Novum! Die Welt braucht Menschen wie Sie, die sich selbst reflektieren und eine über sich selbst hinausgehende Begeisterung und Fürsorge für alles Leben in sich tragen. Sie gestalten den Wandel mit.

Das Wissen dazu, das wir in uns tragen, ist dabei nie Wissen, das uns gehört, sondern Wissen für alle, das zum Wandel beiträgt, indem es geteilt wird. Ganz in diesem Bewusstsein sehe ich meinen Beitrag und das Anliegen dieses Buches. Damit es Ihnen leicht fällt, dieses Wissen zu teilen, habe ich das Buch multimedial angelegt mit QR-Codes, Videos, Links und mit dem Change-Leader-inside-Blog verlinkt. Dort können Sie alles herunterladen und in allen Netzwerken, die Ihnen wichtig sind, teilen (im Sinne der Creative-Commons-Lizenz – Namensnennung, nicht kommerziell, keine Bearbeitung – http://creativecommons.org/licenses/by-nc-nd/3.0/de/) und den Wandel mitgestalten, denn wir sind mehr, als wir glauben. Lassen Sie uns gemeinsam den Wandel gestalten: Teilen Sie Ihre Erfahrungen, Ihr Wissen und Ihre Inspirationen mit Gleichgesinnten auf dem Blog. Und machen Sie damit anderen Mut, einen neuen Weg zu gehen.

Auf http://stefan-goetz.com/buch-change-leader-inside/ stellt Ihnen der Blog »Change Leader inside« außerdem zur Verfügung:

- Alle Youtube-Videos
- Alle Bilder und Abbildungen
- Kurzartikel

Damit das Wissen im Alltag für uns alle wirksam wird und den Wandel in die Welt tragen kann, schreiben Sie mir bitte Ihre Fragen und Inspirationen. Genau Ihre Frage kann den Unterschied machen. Die Fragen beantworte ich gebündelt auf dem Blog.

Schreiben Sie an share@changeleaderinside.com.

Inhaltsverzeichnis

4. KAPITEL

5. KAPITEL

6. KAPITEL

7. KAPITEL

ANHANG

Zur Einstimmung – Eine Tasse Tee

»Nan-in, ein japanischer Meister der Meiji-Zeit (1868–1912), empfing den Besuch eines Universitätsprofessors, der etwas über Zen erfahren wollte. Nan-in servierte Tee. Er goss die Tasse seines Besuchers voll und hörte nicht auf weiterzugießen. Der Professor beobachtete das Überlaufen, bis er nicht mehr an sich halten konnte: ›Es ist voll. Mehr geht nicht hinein!‹

›So wie diese Tasse‹, sagte Nan-in, ›sind auch Sie voll mit Ihren eigenen Meinungen und Spekulationen. Wie kann ich Ihnen Zen zeigen, bevor Sie Ihre Tasse geleert haben?‹«[1]

Mein Credo – Neue Wege gehen

Ein neuer Weg ist immer ein Wagnis,
aber wenn wir den Mut haben loszugehen,
dann ist jedes Stolpern und jeder Fehltritt ein Sieg
über unsere Ängste, unsere Zweifel und Bedenken.[2]

Von Herzen, Ihr Stefan Götz
Herrsching am Ammersee
Im März 2014

Kapitel 1

Bereit für den Paradigmen-Wandel der neuen Ära?

1. KAPITEL

Bereit für den Paradigmen-Wandel der neuen Ära?

Eine neue Ära beginnt

Direkt vor der Tür und überall in den Medien droht die Welt unterzugehen: Finanzkrise, Wirtschaftskrise, Umweltkrise, Energiekrise, Nahostkrise, Sinnkrise. Trotzdem fühlt sich alles so an wie immer, oder? Alle reden von der nächsten großen Krise, doch kaum jemand bewegt sich – weil keiner so recht weiß wie? Weitermachen wie bisher? Sich darauf einstellen oder etwas ändern? In der Welt des Business verpuffen Milliarden durch ineffiziente Beratungs- und Führungsmethoden, die nicht mehr zeitgemäß sind, weil sie den eigentlichen Kern gegenwärtiger Herausforderungen nicht treffen. Dabei ist offensichtlich, dass es einen tiefer greifenden Wandel braucht, nach dem sich viele Menschen auch tatsächlich sehnen. Für einen Quantensprung der Entwicklung wird es jedoch dringend erforderlich sein, eine neue und holistische Perspektive in den Bereich der Führungen zu etablieren. Wenn es gelingt, sämtliche für das komplexe und potenziert-vernetzte, globale Zusammenwirken aller Systeme und Strukturen – also Menschen – relevanten Aspekte von Bewusstsein, Einsicht, Empathie und Spiritualität mit einzubinden, wird damit der Gesamtheit der Menschen gedient. Eine solche Ausrichtung wird sich den Fragen der Nachhaltigkeit allen Lebens ganz zur Verfügung stellen.

Dieses Buch hat Sie gefunden, weil Sie einen neuen Weg in der Gesellschaft und Wirtschaft beschreiten wollen? Gut! Die Welt braucht etwas wirklich Neues, Innovation, ein echtes Novum! Die Welt braucht Menschen wie Sie, die sich selbst reflektieren und eine über sich selbst hinausgehende Begeisterung und Fürsorge für alles Leben in sich tragen. Sie gestalten den Wandel mit. Sie sind Teil einer neuen visionären Generation selbstbewusster und wirklich verantwortungsvoller Menschen. Die Welt braucht Menschen wie Sie, die in sich die Sehnsucht tragen, eine größtmögliche Klarheit, Liebe und Kraft für sich selbst zu entwickeln, um so für und mit ihrem Unternehmen, ihrer Organisation, deren Entwicklung und Erfolg einen wesentlichen Beitrag für alle zu leisten.

Kennen Sie das? Sie sind innerlich zerrissen mit dem tiefsten Anliegen Ihres Herzens, dass Sie etwas verändern wollen, sich einbringen wollen, beitragen wollen zu etwas Besserem, aber nicht genau wissen, wie Sie es anstellen können? Vielleicht denken Sie auch: Alleine schaffe ich das nicht. Ja, privat lebe ich authentisch, aber im Job? No way! Wie soll das gehen?

Hier ist die gute Nachricht: So wie Sie denken gegenwärtig viele Menschen, und zwar weltweit. Es stehen so viele an diesem Punkt, dass diese Zeit reif ist für Wandel, eine nächste Ära von Bewusstsein öffnet ein Fenster für neue Potenziale, die einen Bauplan in sich tragen, der die Impulse, Inspirationen und Ideen aus der Zukunft kontaktiert. Aus einer integralen Zukunft kommen vor allem ganzheitliche Lösungsansätze für unsere globalen Fragestellungen.

Wenn auch Sie Lust, Vertrauen und den Mut haben, noch einmal neu, frisch und kreativ zu denken und wirklich anders zu handeln, dann freue ich mich darauf, anhand der Lektüre des vorliegenden Buches gemeinsam mit Ihnen auf eine Expedition in die Zukunft zu gehen. Die Ausgangslage ist klar: Wir leben in einer Welt, die wir selbst mitgestaltet haben. Anwachsende Leistungsanforderungen erzeugen immer mehr Druck und komplexer werdende Arbeitsbelastungen verursachen immer mehr Stress. Das Überleben per se ist für viele Organisationen und Unternehmen zum alleinigen Sinn geworden. Kaum ein anderes Thema hat derzeit so eine gewaltige Medienpräsenz wie Burn-out.

Das geht vielen Menschen unter die Haut, weil sie einzelne Schicksale kennen oder schlicht Angst davor haben, dass es eines Tages sie selbst treffen könnte. Im Regelfall hinterlassen die Berichte über Burn-out Gefühle wie Ohnmacht, Scham, Angst und Hilflosigkeit. Es wird viel darüber geredet – oft von denen, die keine blasse Ahnung davon haben. Ein konkretes Handeln gibt es allerdings fast nie. Aus eigener Erfahrung habe ich einen völlig anderen Blick darauf. Burn-out ist keine weitere Pest oder Cholera, der wir hilflos ausgeliefert sind. Es ist der Gipfel einer phänomenalen Entwicklung unserer Gesellschaft und unseres Bewusstseins. Aber was kommt danach?

Während wir in Deutschland die letzten zehn Jahre sehr erfolgreich damit beschäftigt waren, uns wirtschaftlich richtig fit für das globale 21. Jahrhundert zu machen, ist im Hintergrund dieser Bemühungen eine fast unmerkliche Bewegung aufgetaucht – ein völlig neues Netz von Möglichkeiten und Potenzialen, das Bewusstseinsebenen entwickelt hat und nutzt, die einige von uns noch nicht auf ihrem Radar wahrgenommen haben. Aus unserem heutigen Blickwinkel, der sich sehr auf die Aufklärung und den Darwinismus bezieht, nehmen wir uns und die Welt mit der – bis hierher – am weitesten entwickelten Betriebssoftware *Konkurrenz 5.9* wahr. Bis hierher war das auch genau die richtige Software.

Doch jetzt ist einer dieser Momente gekommen, da wir ein Update brauchen, wenn wir die Entwicklung wieder in ein Fließen und die Potenziale unserer Gesellschaft entfalten wollen. Nicht Burn-out ist das Problem, sondern dass wir blind geworden sind für die Fälligkeit eines Paradigmen-Wandels unseres Systems, gerade wegen oder trotz des globalen Erfolges, den die deutsche Wirtschaft derzeit genießt. Was geschieht aber, wenn wir stehen bleiben bei dem Release Konkurrenz 5.9.9? Ist dann die deutsche Wirtschaft ausgebrannt und »burnt out«? Was ausbrennt, sind entzündete Egos!

Brennende Herzen brennen nicht aus. Wie sonst hätten die beiden Visionäre Mahatma Gandhi und Nelson Mandela ihre Völker in die Unabhängigkeit führen können? Wie sonst könnten ganz normale Menschen in ihrer Freizeit – neben der Arbeit – Höchstleistungen erreichen, wie z. B. einen Marathon laufen oder geniale Erfindungen machen? Menschen wie Sie und ich brennen nicht aus, weil sie zu viel oder zu wenig arbeiten, sondern wegen Sinn- und Orientierungslosigkeit, Ohnmacht, Manipulation oder entzündeten Egos. Letztere verwechseln wir oft mit brennenden Herzen, weil wir zwar das Richtige tun – aber aus einer falschen Motivation heraus.

Eine Motivation, die darauf abzielt, das eigene Ego bauchzupinseln oder die vor allem unsere Angst vor dem Versagen kaschiert und soziale Löcher kompensiert. Hehre Projekte, Aufgaben und Taten sind eine wunderbare Rechtfertigung für alles, was wir tun, denn wir tun es im Namen einer großen Sache. Möglicherweise kann es aber auch wahr sein, dass wir in Wirklichkeit Getriebene sind, die mit dem unterschwelligen, unerfüllten Bedürfnis, wirklich gesehen zu werden, herumlaufen. Ebenso täuschen wir über innere Überzeugungen, nicht gut genug zu sein, hinweg und fordern von uns selbst jeden Tag mehr, noch mehr Projekte, noch höhere Ziele, noch mehr mit noch weniger erreichen wollen. Vielleicht sind wir betriebsblind geworden im eigenen Hamsterrad, in dem wir um den Erfolg auf Papier rennen. Aber wie lange noch, zu welchem Preis und auf welchem sandigen Boden?

Wir sind auf dem Gipfel der einseitigen Rendite-Betonung angekommen. Gier oder besser gesagt Angst haben uns hierher geführt. Die bekannte Heuschrecke ist auch in uns, sonst wäre das nicht möglich gewesen. Diese Meisterleistung gerät jedoch zur modernen Sklavenhaltung, weil sie nicht zum Wohle aller, sondern zum Wohle der Wenigen reicht, und deshalb brennen Menschen aus, weil sie ohnmächtig und hilflos gegenüber dieser Entwicklung sind. Das Fatale an dem Bewusstsein »Der Bessere gewinnt« ist nicht allein, dass wir einen immensen Preis dafür bezahlen: betriebs- und volkswirtschaftlich weit über 120 Milliarden Euro jedes Jahr an direkten und indirekten Kosten, das entspricht mehr als den operativen Gewinnen aller DAX-30-Unternehmen Deutschlands 2011.

Das wirklich Fatale ist, dass wir als die Führungspersonen in dem alten Konkurrenzbewusstsein 5.9 glauben, alles richtig zu machen, weil wir gewinnen und nicht verlieren. Wir werden blind für den Paradigmen-Wandel, der sich mit immer höherer Drehzahl bemerkbar macht. Das letzte Statement für die Wucht dieses Umbruchs war der Arabische Frühling. Wer jetzt noch den Blick verschließt vor den Potenzialen einer *Wirtschaft 7.0*, der handelt unternehmerisch, politisch und gesellschaftlich unreflektiert und riskiert nicht nur seinen eigenen Burn-out.

Fragen Sie Führungspersonen aus Sport, Wirtschaft oder Kunst, was schwieriger ist: Weltspitze zu bleiben oder in die Weltspitze vorzudringen? Vorstände und Mitarbeiter von Mercedes, Apple, Lufthansa und BASF oder Spitzensportler wie Michael Schumacher können ein Lied davon singen: Mehr vom Gleichen produzieren, das Bestehende verbessern und neue Produkte in immer kürzeren Zyklen auf den Markt zu bringen, wird auf Dauer nicht die Lösung sein. Recycling, Ressourceneffizienz und »grünes Wachstum« sind längst keine Drohwörter mehr für Vorstände deutscher Konzerne – schon aus eigenen ökonomischen Überlegungen heraus nicht. Es geht darum, sich zu öffnen für einen Weg, der zu einem neuen Denken, Handeln und zu neuen Potenzialen führt. Unternehmen wie Apple haben uns gezeigt, wie selbst »angestammte« Unternehmen Branchen revolutionieren und dabei innerhalb von wenigen Jahren margenträchtige Umsätze in Milliardenhöhe generieren. Denken Sie nur an iPod, iTunes, iPhone und iPad. Diese Innovationen haben das Businessmodell der Musikindustrie und der Verlage verändert. Google oder YouTube haben die Welt der Werbung gewandelt, möglicherweise auch bald das Geschäftsmodell der Film- und Fernsehindustrie. Wikipedia, ein Businessmodell des Teilens auf Spendenbasis, ersetzt bald das traditionelle Nachschlagewerk und ist dabei fast ebenso akkurat. Low-Cost-Airlines hinterfragen immer öfter das Businessmodell von Full-Service-Airlines – und das demnächst auch auf der Langstrecke – fragen Sie mal Herrn Mayrhuber, Vorsitzender des Aufsichtsrats der Lufthansa. Es geht darum, dass nach den Babyboomern und der Generation X jetzt eine neue Generation heranwächst: die

Generation Y, deren Wertesystem sich deutlich unterscheidet von Babyboomer-Dinosauriern, wie ich einer bin.

Und das immer mehr auf globaler Ebene, weil wir medial und im Bewusstsein so vernetzt sind wie nie zuvor. Status heute ist immer weniger das Besitzen, sondern das Benutzen, weniger Karriere und Anerkennung als Freiheit und Vielfalt. Unser Führungspersonen-Bewusstsein sollte gründlich hinterfragt werden: Sind wir einseitig blind geworden? Sind die Entwicklungen auf unserem Radar? Was nehmen wir wirklich wahr von dem, was geschieht? Finden wir wirklich sinnvolle Antworten auf globale Herausforderungen – im Hinblick auf die neuen Möglichkeiten? Oder denken wir täglich neu in alten Mustern? Seien wir ehrlich: Der Super-GAU für Deutschland und deutsche Top-Unternehmen wäre das Erblinden vor neuen Paradigmen und Parametern, sodass Unternehmen Burn-out sind. Der Wandel ist längst da.

Dieses Buch zeigt aus meiner persönlichen Erfahrung auf, welche Potenziale vorhanden sind. Es ist meine Idee, Ihnen mittels aktueller wissenschaftlicher Erkenntnisse aus den Spektren des westlichen und östlichen Bewusstseins geeignete Landkarten und *Navigationssoftware* vorzustellen, mit deren Hilfe Sie offenere Perspektiven für ein weitereichendes Handeln einnehmen können. Beispiele von Change Leadern aus anderen Disziplinen mögen Sie tief berühren, inspirieren und motivieren. Und ich möchte Ihnen praktisch nutzbare Werkzeuge in die Hand geben, die Ihnen helfen, in Ihrem Unternehmen diesen Wandel erfolgreich für alle mitzugestalten und kreativ zu begleiten. Mein Herzensanliegen ist, dass erkennbar wird, welches ungenutzte Potenzial jeder einzelne Mensch in sich trägt, das einen »aus der Zukunft kommenden«, deutlich spürbaren Unterschied macht für uns und unsere Familien, Gemeinschaften, Netzwerke und Organisationen, schlicht überall in der Welt. Jeden Tag treffen wir Entscheidungen, auch wenn wir nicht entscheiden, entscheiden wir doch gerade dadurch. Jede Entscheidung hat eine Konsequenz und einen Impuls für das große Ganze. Welche Lebensmittel kaufe ich? Bio oder konventionell, regional oder global, saisonal oder tiefgekühlt? Was macht das für einen Unterschied? Wenn wir frustriert aufgeben, wenn wir glauben, wir hätten keinen Einfluss mehr auf irgendetwas, wenn wir selbst nicht an unserem Bewusstsein arbeiten und die in uns angelegten Potenziale, die sich daraus entfalten ließen, nicht wahrnehmen können, dann haben wir die Hoffnung verloren und sind Burn-out – als einzelner Mensch, als Unternehmen, als Nation und als Weltgemeinschaft.

Jane Goodall, die bekannte Primatenforscherin, hat ihr ganzes Leben diesem Wandel gewidmet und selbst im Alter von 80 Jahren reist sie 300 Tage im Jahr um die Welt, genau aus diesem einen Grund: weil sie eine konkrete Hoffnung hat! Sie möchte ein Leuchtfeuer für die Jugend anzünden, überall auf der Welt. 2012 hatte ich die Chance, sie auf dem Tollwood-Festival in München live zu erleben. Und folgende Sätze haben mich sehr berührt:

"Never give up, there is always a way forward. If we loose hope than there is no hope. If our young people loose hope, than there is even less hope. If we allow our young people to be born into this world and deprive them of hope than something is wrong with us. We need to move ahead, we need to link this clever brain with our human heart with love and compassion to become the kind of people that we can become. (…) We all can become to make this a better world. So that our great grand children can know some of the beauty that we were lucky enough to experience. Can hear some of the beautiful music, can meet some of the young children who with their shining eyes have all the hope you can ask for, for a better world in the future."[3]

YouTube #1: Jane Goodall, *Jane's Journey*

Die Generation Y kommt, aber anders

Bezogen auf die Menschheitsgeschichte leben wir in einer der spannendsten Zeiten überhaupt: der des Wandels von der Industriegesellschaft zur Informations- und Wissensgesellschaft, verbunden mit dem Entstehen eines neuen globalen Werteverständnisses. Es geht nun nicht mehr darum, Wissen zu generieren und verfügbar zu machen, sondern es geht darum, sich selbst und die eigenen Konzepte von der Welt immer wieder neu zu hinterfragen: Was davon ist potenzialentfaltend, was ist dagegen potenzialblockierend? Was ist stimmig und unstimmig, was wahr und was unwahr? Alvin Toffler bringt es in seinem Buch »Rethinking the Future«[4] auf den Punkt: »The illiterate of the 21st century will not be those who cannot read or write, but those who cannot learn, unlearn and relearn.« Also frei übersetzt: »Die Analphabeten des 21. Jahrhunderts werden nicht diejenigen sein, die nicht lesen oder schreiben können, sondern vielmehr jene, die nicht lernen, bewusst zu vergessen und erneut zu lernen.« Eine starke Aussage! Worauf zielt sie ab? Längst ist das Internet in den Industrieländern Normalität geworden. Dreiviertel aller Deutschen nutzen es zur Informationsbeschaffung, für den sozialen Austausch oder zum Kauf von Produkten und Dienstleistungen. Gleichzeitig aber ist das Internet Treiber und Plattform eines neuen Werteverständnisses in der Welt.

Zu Beginn des 21. Jahrhunderts haben wir in den sogenannten LOHAS einen neuen Geist oder ein neues Verständnis in der Welt ausgemacht. LOHAS – Lifestyle of Health and Sustainability – sind Bürger der industrialisierten Welt, die mit einem überdurchschnittlichen Einkommen gesundheitsbewusst und nach den Prinzipien der Nachhaltigkeit leben. Sie engagieren sich für eine intakte Natur und eine gerechte Gesellschaft. Genau diese Bewegung war Ausdruck der Neuzeit eines *grünen Wertesystems*, das auf Wertschätzung, Fürsorge, Empathie, Verbundenheit, Gemeinschaft und Nachhaltigkeit basiert. Immer mehr Bio-Supermärkte wurden vor allem in größeren Städten eröffnet, Öko-Labels für Kleidung gegründet. Und auf einmal gab es eigene Bio-Produkte selbst bei den großen Handelsketten wie Rewe, Tengelmann, ja sogar bei Aldi. Und auch ein attraktives Elektro-Sportauto namens Tesla war möglich geworden – allerdings nicht von den hoch innovativen deutschen Automobilbauern, sondern von dem Internetpionier Elon Musk aus Kalifornien, der vorher das Bezahlsystem Pay-

Pal gegründet und groß gemacht hatte. Das war der zündende Funke, der eine ganze Industrie zwang, Milliarden in alternative Elektromobilität zu investieren, obwohl deren nachhaltige Öko-Bilanz ungewiss bleibt, solange der notwendige Strom aus Kohlekraftwerken und nicht aus erneuerbaren Energien bezogen wird.

Diese Bewegung ist längst nicht am Ende. Im Gegenteil, jetzt ist die Unternehmenskultur betroffen, denn LOHAS kaufen nicht nur »grün« ein, sie arbeiten auch lieber in »grünen« Kulturen. Es ist also nicht nur entscheidend, woher Produkte kommen und wie sie produziert werden (ökologischer Anbau, Regionalität, Fair Trade, CSR, Kinderarbeit etc.), sondern welche Verantwortung der eigene Arbeitgeber gegenüber der Gesellschaft und Umwelt übernimmt, auch im globalen Maßstab. Ulf Schrader, Leiter des Fachgebietes »Arbeitslehre/Ökonomie und Nachhaltiger Konsum« an der TU Berlin, äußert sich in dem von der Deutschen Bundesstiftung Umwelt DBU geförderten Praxisprojekt »Nachhaltig leben und arbeiten« folgendermaßen: »Je mehr ein Unternehmen sich also für Umwelt und Gesellschaft einsetzt, umso zufriedener und gebundener sind auch die Mitarbeiter und umso größer ist deren Bereitschaft, sich auch für das Unternehmen einzusetzen.«[5]

Besondere Relevanz genießt das Ergebnis dieser Studie in der Frage, woran sich Talente bei der Wahl ihrer Arbeitgeber orientieren, denn wir wissen inzwischen: Geld und Status sind es nicht mehr. »Wir sehen, dass das Thema Nachhaltigkeit sein Nischendasein für Unternehmen verloren hat und nun zum Bestandteil jeder Organisationsentwicklung werden sollte«, fasst Ulf Schrader die Ergebnisse zusammen.

Das ist kein deutsches Phänomen. Schon vor Jahren hat sich auf dem eher traditionellen World Economic Forum der »Elderly Statesmen« in Davos eine neue Gruppe formiert: Die Young Global Leaders, die für genau dieses Denken auf globaler Ebene stehen und in ihren Ländern entsprechende Projekte tatkräftig in die Praxis umsetzen. Martin Wittig, ehemaliger CEO von Roland Berger Strategy Consultants, ist überzeugt: »Die Young Global Leaders des World Economic Forum beeindrucken, weil sie ihre Intelligenz und ihr Wissen nicht egoistisch nutzen, sondern dafür einsetzen, die Welt zum Besseren zu ändern.«[6]

Dieser »grünen« Entwicklung folgt nun das veränderte Bewusstsein, Denken und Selbstverständnis der *Generation Y*! Damit nimmt der Paradigmen-Wandel jetzt einen noch stärkeren und dynamischeren Einfluss auf das globale Werteverständnis unserer Gesellschaft und Wirtschaftsstrukturen, Markt- und Businessmodelle. Entwicklungen und Trends auf den Weltmärkten gewinnen eine neue

Dynamik, deren Potenziale und Risiken neu gedacht und erfasst werden wollen. Und das nicht trotz, sondern gerade wegen der Stärke der deutschen Wirtschaft. Die Industrie läuft auf Hochtouren, alle schaffen 100 Prozent oder mehr, noch nie hatten wir so viel Beschäftigung und noch nie hatten wir so viel Risiko, uns zu verlaufen oder Trends und Strömungen aus dem Blick zu verlieren.

Für die allermeisten von uns ist spürbar ein »Höher und Schneller« nicht die Nahrung für den Menschen als Ganzes, denn auf Dauer hungert auch die »Seele« oder das fühlende Innere nach Erfüllung. Und es stillt schon gar nicht die Bedürfnisse und Werte der neuen sensibilisierten Generation Y. Vor dem Hintergrund der deutschen Souveränität auf einigen Weltmärkten gewinnt diese Entwicklung eine besondere Note, denn das Herzstück unseres Erfolgs ist auch dem Erfindergeist deutscher Ingenieure geschuldet, gelenkt von einer Führungskultur der Ratio und von dem Prinzip »Der Bessere gewinnt«. In dieser Kultur spielt Status, der über Besitz von Eigentum und Informationen definiert wird, noch eine erhebliche Rolle. Dieses Denksystem kommt in dem Wertesystem der Generation Y zunehmend an seine Grenzen.

Professor Dr. Knut Bleicher, ehemals Beiratspräsident und wissenschaftlicher Leiter der St. Galler Business School bis 2009, weiß um diese Gefahr: »Wir arbeiten in Strukturen von gestern mit Methoden von heute an Strategien für morgen, vorwiegend mit Menschen, die die Strukturen von gestern geschaffen haben und das Übermorgen in der Unternehmung nicht mehr erleben werden.«[7] Der Unternehmenserfolg in der Zukunft wird mehr von der *Unternehmenskultur* abhängen – also von der Art und Weise, *wie* mit den unterschiedlichen Interessensgruppen umgegangen wird – als einzig und allein von einer Unternehmensstrategie.

Was bedeutet Generation Y eigentlich?

YouTube #2: Karl Fisch, *Did you know 3.0?*[8]

China/Indien:

- China wird bald das größte Englisch sprechende Land der Erde sein.
- 25 Prozent der indischen Bevölkerung mit den höchsten IQs sind mehr Menschen als die ganze Bevölkerung in den USA zusammengerechnet. Das bedeutet: Indien hat mehr intelligente Kinder, als die USA insgesamt Kinder haben.
- In fünf Minuten werden in den USA 67, in China 274, in Indien 395 und in Deutschland weniger als 10 Babys geboren.

Jobs/Bildung:

- Die zehn nachgefragtesten Jobs in den USA 2010 gab es 2004 noch gar nicht.
- Wir bereiten unsere Studenten heute auf Jobs vor, die es noch gar nicht gibt, für Techniken, die noch nicht erfunden worden sind, für Probleme, von denen wir noch nicht wissen, dass es sie geben wird.
- Das US-Ministerium für Arbeit schätzt, dass heutige Schüler bis zum Alter von 38 Jahren im Durchschnitt 10–14 verschiedene Jobs haben werden.
- 1 von 4 Angestellten ist heute weniger als ein Jahr bei seinem jetzigen Arbeitgeber, 1 von 2 weniger als fünf Jahre.
- 1 von 8 Paaren, die letztes Jahr geheiratet haben, haben sich online kennen gelernt.

Facebook/Twitter/Google:

- Es gibt jeden Monat 845 Millionen aktive Nutzer auf Facebook.
- Facebook gibt es im Moment in mehr als 70 Sprachen.
- Wenn Facebook ein Land wäre, wäre es das drittgrößte Land der Erde – nach China und Indien.
- Twitter verteilt etwa 50 Millionen Tweets am Tag, also 600 Tweets je Sekunde.
- Google hat jeden Monat 31 Milliarden Suchanfragen. 2006 waren das noch 2,7 Milliarden. An wen wurden die Fragen b. G. (before Google) gestellt?
- 1992 wurde die erste SMS verschickt. Heute überschreitet die Zahl der gesendeten und empfangenen SMS jeden Tag die gesamte Zahl der Weltbevölkerung.

Digitale Welt:

- In fünf Minuten werden etwa 694 000 Musiktitel illegal heruntergeladen.
- Wie viele Jahre hat es gebraucht, um ein Publikum von 50 Millionen Menschen zu erreichen? Radio: 38, TV: 13, Internet: 4, iPod: 3, Facebook: 2.
- Geräte mit Internet-Zugang gab es 1984: 1 000, 1992: 1 000 000, 2008: 1 000 000 000.
- Es wird geschätzt, dass der Informationsgehalt der New York Times an sieben Tagen höher ist, als je ein Mensch während seines gesamten Lebens im 18. Jahrhundert ausgesetzt war.
- Es wird geschätzt, dass in diesem Jahr 4×10^{19} Informationen generiert werden. Das ist mehr als in den letzten 5000 Jahren.
- Die Anzahl der neuen technischen Informationen verdoppelt sich alle zwei Jahre. Das bedeutet, dass das Wissen der Studenten, die technische Fächer studieren, bereits im 3. Jahr ihres Studiums veraltet ist.
- NTT Japan hat ein Fiberglaskabel getestet, das 14 Trillionen Bits pro Sekunde leiten kann.
- Die Verkaufszahlen digitaler Musik haben 2011 zum ersten Mal die Verkaufszahlen physischer Musikträger überholt.
- Der Umsatz von Apple stammt zu 72 Prozent aus dem Verkauf von iPhone und iPad – Produkte, die es vor 5 Jahren noch gar nicht gab.
- 2013 soll ein Super-Computer gebaut werden, der die Fähigkeiten des menschlichen Gehirns bei der Verarbeitung von Informationen übertrifft.
- Es gibt Prognosen, dass im Jahr 2049 Computer für 1000 Dollar gebaut werden, die die Leistungsfähigkeit des Gehirns der Menschheit überschreiten.

YouTube:

- 500 Jahre Videos werden täglich auf Facebook angesehen.
- 60 Stunden Video werden pro Minute bei YouTube hochgeladen. Vor ein paar Monaten waren es noch 48 Stunden pro Minute.
- Über 4 Milliarden Stunden Video werden jeden Monat auf YouTube angesehen.
- YouTube hat rund 800 Millionen Unique Visitors monatlich.

- YouTube erzielte im Jahr 2012 einen Umsatz von 5 Milliarden Dollar. Dieser Betrag wird durch die in den Videos eingeblendeten Display-Ads eingespielt. Die meisten Videos verfügen jedoch nicht über diese Art der Werbeeinblendungen und generieren daher keine Einnahmen. Lediglich drei Milliarden Videos pro Woche sind mit Werbung versehen.

Was ist für die Generation Y wichtig?

Für diese Generation ist Wissen immer verfügbar. Sie versteht sich als Teil einer globalen Wissensgenerierung, deshalb ist das *Teilen* von Wissen für sie völlig normal, sinnvoll und notwendig. Wissen hat per se keine Bedeutung, außer es wird vernetzt in Social-Media-Netzwerken und darüber hinaus vermittelt zwischen der physischen und virtuellen Welt. Vertrauen erwächst für sie daraus, dass andere auch gut finden, was sie gut finden (»Gefällt mir«), und sie glauben nicht, was in Hochglanzbroschüren steht. Bedeutung hat, was viele gut finden und womit Bewegungen initiiert werden können. Denken Sie nur an den Arabischen Frühling.

Das Wertesystem der Generation Y ist gestützt auf Unabhängigkeit, Freiheit, Vielfalt, Entfaltung der persönlichen Möglichkeiten und Potenziale. Aber es orientiert sich auch an Sinnhaftigkeit, denn es tauchen immer komplexere Fragen auf: Wie schaffen wir eine nachhaltige Welt? Wie finden wir Antworten auf die Negativ-Effekte des Klimawandels? Wie können wir als Konsumenten Verantwortung übernehmen? Auf welche Art und Weise wird ein Kleidungsstück hergestellt und vertrieben? Was ist fair, was ökologisch? Wie können wir sicherstellen, dass Kinder in Bangladesh auf die Schule gehen, anstatt für ein paar Cents unsere 4,99-Euro-T-Shirts herzustellen, die wir bei H&M kaufen, um sie nach spätestens einer Saison wegzuwerfen?

Die Generation Y hat ein Bewusstsein, welches das »Entweder-oder« zu einem »Sowohl-als-auch« vereinen kann, während der eine oder andere Babyboomer im linearen Denken stecken bleibt. Für die Generation Y ist es völlig normal, unter der Woche car2go für Einkäufe zu nutzen, um die Umwelt zu schützen und den Geldbeutel zu schonen – außerdem ist es chic. Und am Wochenende jetten sie dann mit easyJet für 69 Euro nach Barcelona und übernachten gratis bei Unbekannten per Couchsurfing.

Was bedeutet das für Unternehmen?

Businessmodelle müssen überdacht, angepasst oder sogar erneuert werden. Der Bayerische Rundfunk mit dem neuen Intendanten Ulrich Wilhelm, ehemals Pressesprecher von Bundeskanzlerin Angela Merkel, baut den starren BR in einer einzigartigen Kulturrevolution zu einem trimedialen Wissensanbieter um, bei dem die Redaktionen von Hörfunk, TV und Online zusammengelegt werden. Denn seine Konkurrenten sind nicht mehr nur ZDF, RTL oder Servus TV, sondern YouTube und Internet-TV. Führungs- und Kommunikationskulturen dürfen sich mit Blick auf die Generation Y hinterfragen und anpassen, denn es braucht eine lebendige und nach innen wie außen offene Kommunikationskultur und keine kontrollierende One-Way-Kommunikation, die impliziert: So und so hätten wir gerne, dass Sie unser Unternehmen und unsere Produkte wahrnehmen.

Mitarbeiter der Generation Y kennen sich hervorragend aus mit den komplexen Wechselwirkungen zwischen glaubwürdigen Kulturen in Unternehmen, sinnhaften Produkten und Dienstleistungen und Verantwortung gegenüber *Gesellschaft* und *Natur*.

Shareconomy – Benutzen statt Besitzen

Das Time Magazine zählt die Shareconomy zu den zehn wichtigsten Trends, die unsere Welt verändern werden. Neben ökologischen Motiven gibt es aber auch zahlreiche andere Gründe für diese Entwicklung, besonders für die Generation Y, aber nicht nur für diese. Nur, was heißt das für uns?

Stellen Sie sich doch bitte mal Folgendes vor. Eine vierköpfige deutsche Familie lebt in einem Vorort von München. Der Vater hat eine gute Position als Ingenieur, die Mutter eine Halbtagsstelle im Büro eines Steuerberaters und die beiden Kinder – 15 und 18 – besuchen das Gymnasium, die 15-jährige Tochter pubertiert gerade und der 18-jährige Sohn pflegt seinen Drang zur Unabhängigkeit. Kommt Ihnen das bekannt vor?

Wie könnte der Alltag dieser Familie aussehen?

Der Vater ruft morgens bereits auf dem Weg zur Arbeit in der S-Bahn seine E-Mails ab. Danach liest er auf seinem iPad die Tageszeitung, um über alles informiert zu sein. Die Kinder setzen sich im Schulbus mit ihrem iPhone auf Facebook darüber ins Bild, wer gestern was mit wem wo gemacht hat. In der Schule versuchen die Lehrer, ihnen ein externes Wissen beizubringen, aber die Schüler sind über Google und Wikipedia immer einen Tick voraus – vor allem auch aktueller informiert. Am Ende der Stunde geben sie dem Lehrer auf lehrerbewertungen.de ihr Voting ab, was wiederum Thema im Lehrerkollegium ist. Während die Mutter zur Arbeit geht, erhält sie von ihrem Ältesten per E-Mail einen Link zu einer Couchsurfing-Adresse in Barcelona, wo man umsonst bei Gleichgesinnten auf der Couch übernachten kann. Er will unbedingt mit seiner Freundin dorthin. Da er wenig Geld hat, kann er nur auf diese Art verreisen. Nach dem Okay der Mutter wird noch während des Unterrichtes bei easyJet für 69 Euro gebucht und Couchsurfing for free bestätigt, bei einem jungen Katalanen, der auch gerne reist.

Nun macht die Mutter nach ihrem Halbtagsjob die eigene Haushaltsabrechnung der Familie und stellt fest, dass wieder einmal das Geld nur knapp reicht. Obendrein liegt ihr der Mann damit im Ohr, dass die Familie ein neues Auto braucht. Das alte ist nach über zehn Jahren sehr reparaturbedürftig. Nachdem die Kinder groß sind, könnten sie sich doch ein Cabrio leisten, so der Vater. Da die Mutter das Budget gut im Griff hat, kommt sie auf eine geniale Idee. Unter der Woche brauchen sie eigentlich kein Auto. Zwar macht der Wagen vieles ein wenig leichter, aber das Auto steht doch öfter, als es fährt. Rechnet sich also die Anschaffung eines Neuwagens? Sie sieht, dass es bei car2go jetzt auch Cabrios gibt. Das gefällt auch ihrem Mann und es ist ihm gar nicht mehr so wichtig, sein eigenes Auto als Statussymbol zu haben, wenn er jetzt immer wieder andere »Autos to go« fahren kann. Da staunen auch die Nachbarn.

Es entsteht finanzieller Spielraum für andere Dinge. Als er im Büro von seinem Chef erfährt, dass er auf einen Jahreskongress nach Buenos Aires fliegen soll, hat er eine geniale Idee. Er möchte nach dem Kongress zwei Wochen Urlaub mit seiner Frau dranhängen – endlich mal nur zu zweit. Und da sie gerne Tango tanzen, ist Buenos Aires ein Volltreffer für beide. Diesmal aber wollen sie nicht wieder in irgendein anonymes Hotel aus der Hochglanzbroschüre eines Reiseanbieters. Ihnen sind Land und Leute wichtig. Da erzählt ihm ein Kollege, dass er sich letztes Jahr bei einem Professoren-Ehepaar eingemietet hat, die einen atemberaubend schönen Loft in Buenos Aires bewohnen, so ganz und gar Kolonialstil und als Hotelversion nie zu bekommen. Aber was das Wichtigste ist, das argentinische Ehepaar ist eine Quelle an Lebensfreude und kennt die besten Tangoplätze in der Stadt. »Genau das ist es«, sagt der Mann, dem es nicht ums Geld sparen geht, sondern eben um Kultur, Land und Leute. Also erkundigt er sich fix in seiner Mittagspause über die kommerzielle Internet-Plattform für Privatunterkünfte airbnb.com, ob das Ehepaar in dieser Zeit da ist und sie aufnehmen würden. Science-Fiction? Nein, das ist heute Alltag in einigen Familien, die mit der Generation Y groß werden!

Millenniums-Generation

Was sind die Kernbedürfnisse dieser Generation Y und deren Familien im 21. Jahrhundert? Wie leben und konsumieren sie? Was ist ihnen wichtig? Und welche Konsequenzen hat das Prinzip »Benutzen statt Besitzen« auf unsere Businessmodelle? Eine globale Studie der internationalen Wirtschaftsprüfungsgesellschaft und Unternehmensberatung PwC bezeichnet die zwischen 1980 und 1995 geborene Generation Y auch als Millenniums-Generation. Die Ergebnisse der weltweiten Studie »PwC's NextGen 2013: Evolving talent strategy to match the new workforce reality« in Zusammenarbeit mit der University of

Southern California und der London Business School hat hochinteressante Ergebnisse gezeigt. Mitarbeiter und Führungskräfte aus 18 Ländern füllten 44 000 webbasierte Fragebögen aus. Es gab 300 Interviews und 30 Fokusgruppen. 1000 Millennials und 45 Leader nahmen an einem Social-Media-Forum teil.[9]

Non-Millennials (vor 1980 Geborene)	Millennials – Generation Y (zwischen 1980 und 1995 Geborene)
Bedürfnisse nach Regeln und Systemen • Gefühl der Kontrolle gegenüber der Arbeit • Entwicklungschancen • Zufriedenheit mit Bezahlung	Soziale Bedürfnisse dominieren • Zusammenhalt des Teams • Unterstützung und Wertschätzung des Vorgesetzten • Flexibilität

Abb. 1: Kernbedürfnisse von Non-Millennials und Millennials (Finn 2013, S. 9)

Generation Y lebt andere Werte

- 71 Prozent der PwC-Millennials (vs. 63 Prozent der Non-Millennials) sagen, dass die Anforderungen ihrer Arbeit mit ihrem Privatleben kollidieren.
- Wenn sie mehr Flexibilität schaffen könnten, würden 64 Prozent der Millennials ab und zu von zu Hause aus arbeiten und 66 Prozent würden die Arbeitszeiten verändern.
- 15 Prozent der männlichen und 21 Prozent der weiblichen Mitarbeiter würden auf einen Teil ihres Gehaltes und ihrer Karrierechancen verzichten, um weniger Stunden zu arbeiten.
- 41 Prozent der Millennials bevorzugen Anerkennung mindestens einmal im Monat – gern öfter, während nur 30 Prozent der Non-Millennials diese Häufigkeit wünschen.
- 37 Prozent der Millennials (vs. nur 28 Prozent der Non-Millennials) wünschen sich Karrierechancen innerhalb von PwC im Ausland.

- 38 Prozent der Millennials wollen nicht länger als neun Jahre denselben Job machen (vs. 30 Prozent der Non-Millennials).
- Um Karrierechancen zu besprechen, wünschen sich 96 Prozent der Millennials und 95 Prozent der Non-Millennials ein Vier-Augen-Gespräch.

Generation Y lebt den Paradigmen-Wandel

Die Generation Y selbst trägt den Paradigmen-Wandel bereits in sich. Ihr Koordinatensystem bezüglich Werte, Führung, Kultur und Kommunikation hat sich bereits verschoben, und es bewegt sich tendenziell weiter. Für diese Generation ist vieles selbstverständlich, was für manche von uns Babyboomern ein Umdenken bedeutet. Damit hat diese Generation erheblichen Einfluss auf Unternehmens- und Führungskulturen, Businessmodelle und Strategien der Zukunft.

Generation Y schwenkt vom Hyper- zum Gemeinschaftskonsum

Die US-amerikanische Trendforscherin Rachel Botsman, die mit ihrem Buch »What's Mine is Yours« – »Was meins ist, ist auch deins« – zu einer prominenten Verfechterin der Shareconomy-Idee geworden ist, macht den radikalen Paradigma-Wandel deutlich.[10] So kommt eine durchschnittliche Bohrmaschine in ihrer gesamten Lebensdauer nur wenige Minuten zum Einsatz. Den Rest der Zeit bleibt das teure Gerät ungenutzt. Dabei brauchen wir nicht den Bohrer, sondern das Loch in der Wand. Was heißt das? *Benutzen statt Besitzen* ist ökonomisch sinnvoll. Aber noch wichtiger für die Wirtschaft ist, dass die neue Generation Y anders denkt, nämlich in Kriterien wie Lebensvielfalt, Freiheit und Unabhängigkeit. Es geht also nicht darum, ein Auto oder eine Bohrmaschine zu besitzen oder was auch immer. Es geht darum, mobil, frei, verantwortlich, flexibel zu sein und Vielfalt genießen zu können. Zugang zu Mobilitäts-Leistungen zu haben, die idealerweise integriert sind. Kein Auto, sondern Zugang zur Mobilität ist das Bedürfnis. Keine Bohrmaschine, sondern Zugang zu einem Loch in der Wand. Verstehen Sie den Unterschied? Für diese Generation Y ist Besitz eine Einschränkung und keine Freiheit. Status ist, wer machen kann, was er will, und nicht, wer hat, was er will.

Noch deutlicher bringt es Bill Gates auf den Punkt: »Banking is necessary, banks are not.« – »Bankgeschäfte sind unerlässlich, Banken nicht.« Da spielt nicht nur eine Rolle, das PayPal den Markt für Bezahlsysteme aufmischt, Baufinanzierungen immer öfter übers Internet geregelt werden, sondern das eigentlich Radikale ist, dass die Menschen wegen der Gier der Banker nach alternativen Lösungen für Geldgeschäfte suchen. Sie trauen den Bankern nicht mehr, sie wissen nicht mehr, wo ihr Geld investiert wird. Wie sicher ist es und welche Branche unterstützt die Bank durch Kreditvergabe der Einlagen? Will ich mit meinem Geld die Waffenwirtschaft unterstützen oder Solarenergie? Und hier verzahnen sich einige Trends zu neuen Lösungen. Sie können heute schon über das Internet ein Finanzierungsprojekt für eine neue IKEA-Küche von 10 000 Euro einstellen und andere Menschen, die selber entscheiden wollen, wo und wie sie ihr Geld investieren, können sich über eine Internet-Plattform z. B. mit 500 Euro an der Küche beteiligen. »Geht nicht, gibt's nicht« auf auxmoney.com.

Generation Y verändert bestehende Unternehmenskulturen

Während »Nutzen statt Besitzen« vor zehn bis fünfzehn Jahren primär Gegenstand der Forschung war, kann aktuell davon gesprochen werden, dass sich vor allem aus der Praxis heraus eine zweite Welle des »Nutzen statt Besitzens« entwickelt hat. Als Kulturwandel bezeichnet Ulf Schrader diese Entwicklung: »It feels good to be good. Die soziale Norm, dass man nur mit Egoismus weiterkommt, bricht langsam auf.«[11]

Als eine »spielerische, pragmatische und aufgeschlossene Generation, die den Vernetzungsgedanken lebt« betitelt Gerd Scholl vom Institut für ökologische Wirtschaftsforschung IÖW[12] diese gesellschaftlichen Veränderungen. Die Nutzerinnen und Nutzer leben eine Generation, die zwar nicht die herrschenden Konsummuster komplett ersetzen, aber doch deutlich verantwortungsbewusster agieren würde. Seiner Beobachtung nach hat die Relevanz von Eigentum als Statussymbol bei den Jüngeren nicht mehr die gleiche Bedeutung wie noch vor einigen Jahren. Ebenso spielt der Faktor der sozialen Teilhabe eine immer größer werdende Rolle, die Formen von »Nutzen statt Besitzen« an vielen Stellen aufgreifen können.

Status quo »Mobilität 2013«

Bei den deutschen Autobauern brummt's. Besonders bei den Premiummarken wie Audi, BMW und Mercedes. Ein Rekordjahr jagt das nächste. Eine Flut neuer Modelle kommt in immer kürzeren Abständen auf den Markt und nach einer Ernüchterung über Absatzpotenziale von alternativ angetriebenen Fahrzeugen, besonders der Elektromobilität, widmen sich die Premiumanbieter wieder ihrem angestammten Businessmodell, nämlich hoch emotionale Hightech-Fahrzeuge zu Premiumpreisen als Statement für einen Lebensstil und Status zu produzieren. Während in Europa das Geschäft stagniert, legen deutsche Premiummarken vor allem in den BRICS-Staaten zu und kompensieren damit den europäischen Rückgang. Doch fängt China zu husten an, bekommt die deutsche Automobilindustrie nicht nur Schnupfen, sondern Grippe. Wie lange geht das gut? Wie lange werden die BRICS-Staaten die Mobilisierungswünsche zu Lasten der Umweltverschmutzung und der Bedrohung der Gesundheit, vor allem in den Megacitys, tolerieren können? Neben diesen Effekten, vermute ich, wird die Generation Y auch in den BRICS-Staaten einen Wertewandel vollziehen, wenn auch mit etwas Zeitverzug gegenüber den Europäern.

Vision »Mobilität 2020«

Was ändert sich für Audi, BMW, Mercedes & Co? Das Businessmodell deutscher Premiummarken von heute wird sich deutlich wandeln. Das Klientel der LOHAS und der Generation Y hat ein neues Werteverständnis. Sie will Mobilität, aber kein eigenes Auto. Im Gegenteil, ein eigenes Auto würde sie in ihrem Bedürfnis nach Vielfalt der Möglichkeiten begrenzen, geradezu einschränken. Also wird in Zukunft kein Auto, sondern Mobilität gekauft. Da sie immer mehr als Projekt-Mitarbeiter auf Zeit in Unternehmen arbeiten, um die Potenziale ihrer Entwicklung möglichst breit anzulegen und auch zu verwirklichen, gibt es keinen Unterschied mehr zwischen geschäftlicher und privater Mobilität. Es gibt einen absehbaren Mobilitätsbedarf für ein Jahr, aber kaum darüber hinaus, da sich das Leben ständig im Wandel befindet. Ein Großteil der Kunden sind jetzt Singles, leben in Lebenspartnerschaften und Patchwork-Familien. Deren Mobilitätsbedürfnisse erstrecken sich räumlich auf Deutschland, Europa oder weltweit und darüber hinaus auf spezielle Fun-, Budget- und Green-Bedürfnisse. Da Mobilität jetzt integral ist, ist es nicht mehr sinnvoll, Autos zu verkaufen, auch gefahrene Kilometer ergeben keinen Sinn mehr – es werden Mobilitätsstundenpakete verkauft. Denn wir brauchen Mobilität nur für eine definierte Zeit, zum Beispiel die Fahrt zum Skiort, in den Urlaub, zur Arbeit, zum Kunden, zum Einkaufen usw.

Da wir vernetzt leben, werden auch die Mobilitätsangebote vernetzt – zwischen öffentlichem Nah- und Fernverkehr, Automobil-, Flug- und Radverkehr. Innenstädte sind überwiegend gesperrt für den automobilen Verkehr und Autobahnen werden in ihrem Durchsatz optimiert, indem Automobile per GPS-Autopilot mit konstanter Geschwindigkeit computergesteuert durchgeschleust und abgerechnet werden. Facebook, Google und Apple liegen im Wettstreit um die Mobilitätsdaten, geben sie doch Aufschluss über Lebensstile und Konsumverhalten. Es entstehen neue integrierte Mobilitätsanbieter, die adäquate Pakete schnüren für B2C- und B2B-Kunden. Gleichzeitig sind sie aber auch noch Big-Data-Mining-Zentren, die diese Daten auswerten und für Businessanwendungen an B2B-Kunden verkaufen. Counterparts sind strategische Allianzen und Joint Ventures klassischer Anbieter von Automobilen, Motorräder, E-Fahrräder, Autovermieter und Mobilfunkanbieter. Der Wettbewerb der smarten Mobilitätspakete und Tarife entsteht und somit das Know-how, daraus margenträchtige Businessmodelle zu entwickeln.

Nehmen wir mal Beispiel 1:
Ein Single, ProjektmitarbeiterIn auf Zeit bei Apple in Deutschland, braucht geschäftlich und privat im Jahr 1000 Stunden europäische Mobilität. Bei dem alten Arbeitgeber gab es noch klassische Angebote wie Boni, Prämien, Dienstwagen, eigenen Parkplatz. Das war auch ein Grund für den Wechsel, denn diese Angebote schränkten sie oder ihn viel zu sehr ein und machten alles nur noch komplizierter. Also ging es jetzt darum, eine freie, integrierte Mobilität der Vielfalt zu bekommen. Im Sommer geht er oder sie gerne in die Berge oder segeln und will deshalb die Mobilitätskategorie »Fun«. Das kann ein Cabrio, ein Motorrad, ein E-Mountainbike sein. Im Winter sind Skitouren angesagt, auch in abgelegenen Gegenden und so braucht unser Single auf alle Fälle traktionsstarke Mobilität in Form eines 4WD, das kann auch ein sportlicher Klein-SUV oder SAV sein. Und dafür bezahlt er eine monatliche Flatrate, holt sich das Auto bei Bedarf in München bei einer Station, die im Joint Venture zwischen BMW, O_2 und

Sixt gemanagt wird, oder bezieht die Mobilität über den Mobilitäts-Dienstleiter mobility2go. BMW stellt für das Joint Venture Autos wie im Flugbetrieb als »wetlease« – also betankt, versichert und voll funktionstüchtig mit entsprechender Technologie – zur Verfügung, Sixt betreibt in dem Joint Venture die Geschäftslogistik und das Businessmodell, und O_2 wertet die Daten der Nutzung aus und verkauft sie an andere Businessanwender.

Das Beispiel 2 könnte so aussehen:
Eine Patchwork-Familie in München mit zwei Kleinkindern hat in der Kategorie »Green« einen Mobilitätsbedarf von europaweit 2000 Stunden. Die Mutter fährt mit dem aktuellen greenmobil2go ein Mal in der Woche zum Einkaufen, am Wochenende nehmen alle vier Fahrräder2go für ihren Ausflug ins Grüne. Sie benutzen die S-Bahn bis Herrsching und fahren dann mit den Rädern um den See. Manchmal nimmt die Patchwork-Familien-Mutter ihren achtjährigen Sohn mit zu ihrem leiblichen Vater nach Barcelona, und zwar mit easyJet zu 49 Euro, und erhält am Flughafen wieder ein greenmobil2go, denn der Vater wohnt außerhalb von Barcelona. Der Projektzeit-Mitarbeiter und Patchwork-Familien-Vater geht für seinen Part-Time-Arbeitgeber auf eine Geschäftsreise nach Lyon und bekommt dort sein greenmobil2go am Flughafen von dem bekannten BMW-O_2-Sixt-Joint-Venture oder dem Mobilitäts-Dienstleister-Start-up mobility2go.

Aufwachen aus dem Burn-out öffnet Potenziale

Was heißt eigentlich Burn-out? Das kommt darauf an, welche Perspektive Sie einnehmen. Wenn Sie dem medialen Getöse glauben wollen, dann ist es die schlimmste Epidemie nach der Pest und Cholera. Demnach sind wir der Krankheit hilflos ausgeliefert. Aber wer oder was brennt denn wirklich aus?

Was wäre, wenn Burn-out neben der körperlichen Krankheit auch eine Krankheit der Sinne und des Bewusstseins ist? Was wäre, wenn wir ganz generell ausgebrannt sind, leer und ideenlos? Wenn wir kein Bewusstsein für Sinn, keine Rezepte für Veränderung, keine Inspirationen mehr haben dafür, wie wir mit der Komplexität und den Paradoxien im Leben umgehen sollen? Was ist, wenn wir als Führungspersonen orientierungslos sind, weil wir zum ersten Mal keine Ahnung mehr haben, wie es weiter gehen kann? Wenn auch das alles Burn-out bedeutet, dann – lassen Sie das bitte auf sich wirken – haben wir die wirklich größte Chance der Menschheitsgeschichte, aus dem Burn-out aufzuwachen für einen neuen Weg. Denn nur der, der keine Konzepte mehr darüber hat, wie »etwas zu gehen hat«, kann offen sein für Impulse, wie es stattdessen gehen kann. Genau diese Offenheit bedingt aber zuerst eine *Akzeptanz* der Orientierungslosigkeit. In diesem Sinne wird uns der Burn-out den Weg weisen. Aufwachen aus dem Burn-out heißt anzuerkennen: Ein neues Paradigma startet eine neue Ära! Alles, was es braucht, ist Vertrauen. Denn diesen neuen Weg kennen wir noch nicht und wir müssen ihn auch nicht kennen – im Gegenteil – wenn wir schon wieder nach einem nächsten festen Konzept greifen würden, könnten wir die Potenziale, die es erst zu entdecken und zu entfalten gilt, gar nicht erkennen und nutzen.

Also was könnte der Weg sein? Präsenz!

Mit allen Sinnen, mit Hirn, Herz und Bauch im Hier und Jetzt sein, kein Aktionismus, nicht sofort handeln, tun oder machen, sondern erst einmal *wahrnehmen*, was überhaupt ist. Wenn Sie gern segeln, dann wissen Sie, dass Sie Ihr Ziel nicht gegen den Wind, sondern nur mit dem Wind erreichen können. Und genau das ist die Kunst. Auf dem offenen Meer, wo die Natur, der Wind, das Wetter und die Wellen das Handeln bestimmen, bedarf es der Wahrnehmung dessen, was gerade ist, um ein Handeln aus dieser Präsenz zu bestimmen. Da sind wir auf *Empfangsmodus* und nicht auf Sendemodus. Wenn wir auf hoher See mit dem Kopf durch die Wand wollten, könnte das sehr anstrengend, ungemütlich und manchmal lebensgefährlich werden. Sie kennen das Sprichwort der Segler: »Es gibt mutige und es gibt alte Segler. Es gibt aber nur wenige mutige und alte Segler.«

Wenn wir jetzt aufwachen aus dem Blindsein gegenüber dem, was gerade wirklich stattfindet, und wenn wir wach und achtsam sind, dann wird daraus – oft in einem beruhigten, stillen Moment – ein neuer Weg erkennbar werden, und in diesem ist es uns möglich, unser Potenzial für diesen Weg zu entdecken und zu entfalten. Also werden wir – um im Bild des Segelns zu bleiben – die Segel richtig setzen und vielleicht sogar ein anderes, stimmigeres Ziel erreichen als das, von dem wir am Beginn geleitet worden waren. Und genau dieses *Nicht-wissen-Können* und *Nicht-wissen-Wollen* eröffnet eine völlig neue Qualität des Denkens und Handelns: ein Mehr an Stimmigkeit in unserer Gesellschaft, in unseren Unternehmen, in unseren Familien, überall dort, wo wir in *Beziehung* sind. Das erfordert sehr viel Mut und Vertrauen in das Leben, in den Prozess, in sich und in die anderen. Viele von uns haben aufgrund schlechter Erfahrungen in unserer sozialen Umgebung und unseren Arbeitskontexten sich selbst als Opfer ausgemacht, die nur gebraucht werden, um zu funktionieren und sich einem Unternehmens-Ziel unterzuordnen, das einseitig der Rendite dient. Nur haben wir dabei vergessen, dass wir die einzige Spezies auf dieser Erde sind, die wirklich frei ist. Frei zu interpretieren zwischen einem Stimulus und einer Reaktion. Selbst Menschen, die unter schlimmsten Umständen ihr Leben verbringen mussten – zum Teil menschenverachtend – haben deutlich gemacht, dass man ihnen alles nehmen konnte, nur nicht die Freiheit des Denkens und die Würde. Denken Sie an Mandela und Gandhi.

Also, was heißt es, wenn wir Burn-out sind?

Wir erkennen in unserem Handeln keinen Sinn und sehen für uns keine Freiheit im Denken mehr. Also schalten wir auf einen Notfallplan um, der da heißt: Funktionieren. Man könnte auch sagen »Augen zu und durch«, weil wir nicht wissen, geschweige denn verstehen wollen, was um uns herum geschieht. Wir wollen auch nicht nachfragen und hoffen, dass alles bald vorbei ist – wie eine vorbeiziehende Gewitterfront. Das ist Burn-out! Wenn wir keinen Sinn in unserem »Höher – Besser – Schneller« mehr sehen. Wenn wir keinen Ausweg wissen, uns der Mut und das Vertrauen verloren gegangen sind. Wenn wir nicht mehr glauben, dass wir frei sind – frei zu entscheiden und einen besseren Weg zu wählen, frei vorauszugehen, wenn andere den Blick für den Wandel schließen. Und doch hatten wir alle dieses Vertrauen und diesen Mut schon einmal, als Kinder, die die Welt neugierig und ohne Furcht entdeckt haben. Nichts und niemand konnte uns stoppen, das Laufen zu lernen. Und wir haben nicht bei jedem Hinfallen überlegt: »Wie sieht das jetzt aus? Was wird der Nachbar denken? Werde ich es jemals schaffen?« Wir waren in unserem Wunsch nach Wachstum und Entwicklung nicht zu bremsen. Heute rennen wir oft mit Scheuklappen unseren Idealen hinterher, die keinen Sinn mehr stiften, weil sie nur noch einen Selbstzweck haben. Immer mehr haben, machen, erreichen wollen, immer mehr Macht haben.

Die große Chance der heutigen Situation mit dem dramatischen Anstieg der vom Burn-out Betroffenen liegt darin, dass wir aus diesem Leiden, aus diesem Funktionieren aufwachen können, weil wir erkennen, dass wir alle einen Sinn und eine Aufgabe haben, die in uns natürlicherweise angelegt ist. Wir müssen nicht blind irgendwelchen fremden Zielen hinterherjagen. (Dieser Gedanke ist nicht leicht zu denken, probieren Sie es doch trotzdem.)

Der Göttinger Professor für Neurobiologie Gerald Hüther beschreibt ein ähnliches Verhalten bei Lachsen:
(Mit freundlicher Genehmigung von Gerald Hüther)

YouTube #3: Gerald Hüther, *Discover Your Potential*

»Lachse werden in den Gewässern um Neufundland oder Alaska geboren und schwimmen dann zum Atlantik, um dort groß zu werden. Sie futtern sich da richtig schön an und beginnen dann ihre Reise zurück zu dem Ort, an dem sie geboren wurden. Wie schaffen sie das? Naja, die hohe Konzentration an Fett überschwemmt das Gehirn mit dem Hormon Leptin und beginnt, das erste Überlebens-Funktionsprogramm zu laden, Sexualhormone auszuschütten, die die Gonaden ausbilden (Geschlechtsdrüsen, -organe beim Lachs) und gleichzeitig ein Zentrum im Gehirn zu aktivieren, das der Geruchssinn ist. Und genau dieser Sinn, das kennen wir auch von Hunden, hilft ihnen, ihre ›Heimat‹ wieder zu finden, wo sie geboren wurden. Also schwimmen sie den Atlantik hoch, dann die großen Flüsse, bis sie genau an ihren Ort kommen. Je näher sie da hinkommen, desto mehr Sexualhormone werden ausgeschüttet, bis sie endlich angekommen sind. So, nun haben sie das erste Programm abgearbeitet und laden das nächste Programm der Verpaarung und laichen ab. Sobald auch dieses Programm erfüllt ist, gibt es keine weitere Aufgabe für sie. Dann schauen sie sich um und bemerken nur flaches Wasser, nichts zu fressen und Lachse weit und breit. So dauert es nur noch drei Tage, bis Lachse tot sind. Aber warum ist das so? Haben Lachse ein drittes Programm installiert, das der Selbstzerstörung drei Tage nach dem Ablaichen? Ist das quasi gottgegeben?

Der Göttinger Professor Maier wollte es ganz genau wissen: In Alaska markierte er Lachse, die gerade abgelaicht hatten, mit einem roten Marker im Schwanz, und flog so viele Lachse wie möglich zurück in den Atlantik. Ein Jahr später wartete er genau an der Stelle, wo sie geboren worden waren, und beobachtete, ob sie wiederkommen würden oder ob sie tatsächlich auch im Atlantik gestorben waren. Was glauben Sie, ist passiert? Sie kamen wieder! Quintessenz: Lachse sterben nicht. Jedenfalls nicht einfach so.«[13]

Nur, wo genau bewegt sich unsere Gesellschaft heute?

Haben auch wir alle Programme abgearbeitet? Was kommt jetzt? Gehen wir einfach blind weiter mit den gleichen Paradigmen wie zuvor, mit dem gleichen Denken wie zuvor. Sie kennen das, was Einstein sagte: »Wir können die Probleme nicht mit dem gleichen Denken lösen, mit dem wir sie erschaffen haben.« Und wenn wir einfach blind weitergehen und weiterleben wie bisher, dann verhalten wir uns wie Lachse. Und dem hält der rigideste Mensch nicht stand. Er brennt aus, weil er nicht mehr einem oder *seinem Sinn* folgt, sondern blind einem alten, überlebten Programm, das einfach nicht mehr zu ihm passt. Können wir am Ende sogar dankbar sein, wenn wir in diesem Zustand die Sinnlosigkeit anfangen zu begreifen, zu erfahren und vielleicht zu verstehen, welchen neuen Weg wir einschlagen können zum Nutzen aller?

Einige Manager aus Deutschland werden jetzt entgegenhalten: Wir sind doch gut aufgestellt bei 66 Milliarden Euro Gewinn der DAX-30-Unternehmen im Jahr 2012, lässt man Telekom und Thyssen Krupp außen vor. Wir sind durch harte

Sozialreformen der Hartz-IV-Gesetze wieder flott geworden, haben unsere veralteten Strukturen aufgebrochen und stehen nun auch deshalb glänzend am Weltmarkt da. Wir exportieren etwa 1100 Milliarden Euro an Gütern und Dienstleistungen in die Welt. Ist das alles nichts?

Ja, natürlich ist das eine herausragende Leistung unserer Gesellschaft und auch ich freue mich darüber, dass bei uns die meisten Jugendlichen und Uniabsolventen einen Job bekommen, anders als z. B. in Spanien, wo es 55 Prozent Jugendarbeitslosigkeit gibt. Gleichzeitig ist aber auch wahr, dass unser »grenzenloses Denken« ökologische und soziale Ungleichgewichte auslöst, für die wir keine Antworten haben. Nur ist es fatal zu glauben, dass wir als Unternehmen oder als Staat unabhängig von all diesen Problemen agieren könnten. Ganz im Gegenteil: Genauso, wie wir durch die globale Vernetzung der Wirtschaft, der Kommunikation und der Menschen profitieren, so wird eben diese auch zum Treiber der vernetzten Probleme. Wir sind nicht unabhängig, sondern im höchsten Maße wechselseitig abhängig. Was heißt das? Wenn wir als Unternehmen oder als Staat langfristig gewinnen zu Lasten anderer Unternehmen oder Staaten, ist es eine Frage der Zeit, bis wir den Preis des Gewinnens bezahlen müssen. Was ist dieser Preis? Denken wir nur an die Euro-Krise, Griechenland, Spanien, Italien oder Zypern. Am Ende werden wir uns solidarisch zeigen müssen, um nicht selbst mit in den Abgrund gerissen zu werden. Und auf Landesebene bedeutet es, dass erfolgreiche Betriebe, Unternehmer und Führungskräfte höhere Steuern und höhere Sozialabgaben für den ärmeren Teil der Gesellschaft leisten müssen, um den Sozialfrieden zu gewährleisten, und auch um die Funktionsfähigkeit des Staates zu ermöglichen für die sehr guten Rahmenbedingungen bei Bildung, Infrastruktur und Gesundheit. Denn genau diese Faktoren sind es, die ein erfolgreiches Wirken im globalen Wettbewerb dauerhaft ermöglichen.

Unternehmens-Burn-out als Transformationsprozess – Potenzial 7.0

Auch hier haben wir wieder die Wahl. Wir können links oder rechts gehen oder einen dritten Weg. Was bedeutet das konkret? Links würde heißen, wir lassen alles beim Alten. Immer mehr Menschen werden aus den Latschen kippen und wir müssen die betriebs- und volkswirtschaftlichen Kosten tragen und in unsere Preise mit einkalkulieren. Immerhin: die Weltgesundheitsorganisation WHO prognostiziert für 2030 Burn-out und Depression als häufigste Krankheit der

Industrienationen. Wenn wir bedenken, dass bereits heute ca. 120 Millionen Menschen weltweit daran erkrankt sind, dann ist das in etwa so, als ob alle Menschen, jung oder alt, Arbeiter oder Manager, Frau oder Mann, Kind oder Senior, in Deutschland, Österreich, Schweiz und Benelux zusammen erkrankt wären.

Für deutsche Unternehmen heißt das: Entweder höhere Preise, noch mehr Effizienz oder geringere Margen, vor allem wenn andere Länder mit diesem Thema besser umgehen. Unser Handeln würde bedeuten, dass wir das Problem an das Gesundheitssystem outsourcen und die relevanten Kosten in Kauf nehmen. Das bedeutet konkret, wir müssen immer mehr Psychologen, Psychiater und Psychotherapeuten ausbilden. Immer mehr Supervisoren, die diese Therapeuten wieder ins Gleichgewicht bekommen, bevor sie selbst umkippen. Immer mehr Akut- und Reha-Kliniken bauen und immer mehr Personal in den Krankenkassen aufstellen, um diese persönlichen Schicksale zu betreuen. Das klingt wie ein gigantisches Investitionsprogramm für eine neue Branche Burn-out. Das ist es aber nicht. Vielmehr ist es ein Wahnsinn, denn wir therapieren die Falschen. Wir lenken unseren Fokus nur auf das Problem und versuchen es rein mit kausalem Denken zu lösen, wir packen es aber nicht an der Wurzel. Die nämlich ist eine fehlgeleitete Entwicklung in den Führungspositionen der Unternehmen – die Stelle der Macht, an der nicht erkannt wird oder erkannt werden will, was wirklich vorgeht. Wenn Führungspersonen aus Angst oder Gier handeln, sieht es kurzfristig so aus, als ob der Erfolg Ihnen Recht gibt, der Preis in der Unternehmens*kultur* aber ist zu hoch.

Rechts gehen – um in dem Bild der Weggabelung zu bleiben – könnte bedeuten, was Professor Dr. Dr. Dr. h.c. Holsboer anlässlich der Jahrestagung des Arbeitgeberverbandes der Versicherungs-Unternehmen, in einem Vortrag[14] aus 2012 vorschlägt: »(...) Vorbeugung ist also das große Zukunftsthema, die Reparaturmedizin darf nur noch die ›Ultima Ratio‹ sein. An dieser Stelle mag sich der eine oder andere fragen, was tue ich denn, damit ich keinen Burn-out oder was auch immer für eine Erkrankung bekomme, ohne mich im Beruf in eine Position zu begeben, die meine Karriere behindert. (...) Lassen Sie mich zunächst festhalten, dass es hier kein für alle gleichermaßen anwendbares Rezept gibt. Wichtig ist, dass wir bei Stressbelastung gute Bewältigungsfähigkeiten entwickeln. Dass wir die zu erledigenden Aufgaben priorisieren und unsere persönlichen Leistungsressourcen realistisch einschätzen. Es ist gerade für Führungspersönlichkeiten sinnvoll, wenn sie spüren, dass sie in bestimmten beruflichen Situationen an einer kritischen Stelle ankommen, ihre Impulse nicht richtig regulieren können und das Gefühl haben, Anregungen und Rat von neutraler Seite zu suchen. Dies, um an kritischen Abzweigungen die richtige zu wählen, sich durch Coaching unterstützen zu lassen. Die soziale Kompetenz und Problemlösefähigkeiten müssen entwickelt werden. Gerade für Führungskräfte ist der Erwerb und die Pflege solcher Kompetenzen wichtig, um auch die Mitarbeiter gut führen zu können und vor der Entstehung von Burn-out-Symptomen zu bewahren.«

Der mittlere Weg für Burn-out-Unternehmen – Potenzialweg 7.0

Welches Bewusstsein könnte eine Integration der scheinbaren Widersprüche ermöglichen? Wie viele Opfer-Mitarbeiter oder Täter-Führungspersonen wollen therapieren? Eine Integration ist dann möglich, wenn wir unser sogenanntes *Second-Tier-Bewusstsein 7.0* anzapfen, das Lernen von allen und das Teilen mit allen. Dem Vertrauen auf Intuition und Verstand und der Gelassenheit in Widersprüchen, dem »Sowohl-als-auch«. Wenn Ihnen dazu noch nichts einfällt, dann fragen Sie einfach mal jemanden aus der Generation Y, vielleicht sogar Ihre Tochter oder Ihren Sohn. Es geht um Integration von Hirn und Herz:

- Konkurrenz *und* Kooperation
- Gestalten *und* Empfangen
- Denken *und* Fühlen
- Strukturieren *und* Verorten
- Wissen *und* Nicht-wissen-Wollen
- Verstand *und* Intuition
- Fokussieren *und* Öffnen-in-Präsenz
- Konsequenz *und* Wahrnehmung
- Machen *und* Erspüren
- Tun *und* Handeln durch Nicht-Tun (Wu Wei im Zen Tao)
- Individuum *und* Kollektiv
- Yin *und* Yang

Verstehen und begreifen Sie, was ich damit sagen will? Diese Krankheit ist keine Krankheit, sondern ein *Transformations-Prozess* zu einer neuen Entwicklungsstufe des Bewusstseins der Stufe 7.0. Es ist in der Lage, die Limitierungen und Grenzen des Bewusstseins 5.0 von Ratio, Vernunft, »Der Bessere gewinnt«, Effizienz und Effektivität mit dem »grünen Bewusstsein 6.0«, der Wertschätzung, Empathie und Partnerschaft zu vereinen und beides in ein neues nächstes Bewusstsein 7.0 zu integrieren. Bis hierher schien die Welt aus »entweder oder« zu bestehen, aus Herz oder Verstand, Vertrauen oder Kontrolle, Wissenschaft oder Spiritualität, Denken oder Fühlen, Konkurrenz oder Kooperation. Sehen Sie den großen Unterschied?

Wenn wir aus diesem Bewusstsein 7.0 in Unternehmen und in der Gesellschaft handeln würden, unsere Perspektive auf dieses Phänomen ändern und es als eines der ganz großen Innovationspotenziale sehen könnten – ein Handeln aus dieser Überzeugung würde aus den scheinbaren Paradoxien keinen Kampf der Überzeugungen mehr auslösen, sondern mit der dahinter liegenden *Kreativitätsenergie* arbeiten. Wir würden den Menschen ganzheitlich betrachten und lernen, dass es keinen Unterschied gibt zwischen dem, was wir zwischen 8 und 18 Uhr machen und dem, was wir zwischen 18 und 8 Uhr sind. Als Führungspersonen würden wir die Menschen nicht mehr als Kapital oder Ressource ansehen, sondern als *latente Potenziale.* Wir würden Räume schaffen, in denen dieses Potenzial entwickelt wird und seinen Weg in sinnvollen, nachhaltigen Projekten sucht. Wir würden verstehen, dass das Leben selbst rhythmische Zeiten der Ruhe und der Aktivität hat und dass Mitarbeiter nicht motiviert werden müssen, weil sie sonst faul rumhängen. Wir würden Talente auf Zeit zusammenbringen, die mit Freude Innovationen auf den Markt bringen. Wir würden eine Kultur des gemeinsamen Lernens, Teilens und Entfaltens schaffen. Wir würden nachdenken, ob es in Zeiten der großen Volatilität noch sinnvoll ist, langfristige Strategien zu formulieren, um sie dann beinhart mit allen Mitteln der Macht gegen alle Trends und Entwicklungen umzusetzen. Und wir würden es wagen loszulassen und zu vertrauen, dass unsere Talente *selbst* die beste Strategie finden im Rahmen einer übergeordneten Vision.

Gibt's nicht, geht nicht? Doch! Seit 1990 in Brasilien bei Semco, wohin Hundertschaften von Vorständen, Geschäftsführern und Beratern gefahren sind, um festzustellen, dass es doch geht, aber eben nicht bei ihnen.

Verantwortungsbewusste Menschen als Konzernlenker und Mittelständler beginnen, ihre Unternehmen *integraler* auszurichten. Sie übernehmen neben der ökonomischen auch die ökologische und soziale Verantwortung und entwickeln neue, sinnvolle Businessmodelle der Zukunft. BASF und Danone wagen nach Gesprächen mit dem Friedensnobelpreisträger Muhammad Yunus[15] erste, kleine Schritte in Bangladesch. Mit neuen Modellen des »Social Business« fanden beide Konzerne Wege, wie sie auch in diesen Ländern erfolgreich agieren können. Sie haben gelernt, dass das neue Modell nicht grundlegend verschieden ist von »westlichen« Modellen.

Yunus erzählt aus folgender Begegnung: »Grameen Danone entstand im Verlauf eines Gesprächs zwischen mir und Franck Riboud, dem Vorstandsvorsitzenden der Groupe Danone. Bei einem gemeinsamen Mittagessen in Paris schlug ich Riboud vor: ›Lassen Sie uns in Bangladesch Grameen Danone gründen, ein Social Business.‹ Ihm gefiel die Idee. Aber er fragte nach: ›Was ist ein Social Business?‹ Ich erklärte das Konzept – ein Unternehmen, das rentabel arbeitet, dessen Daseinszweck aber nicht der Erwirtschaftung von Gewinnen, sondern die Schaffung sozialer Nutzeffekte ist – und Riboud war fasziniert. Und was noch besser war: Er war bereit, eine Verpflichtung einzugehen. ›Lassen Sie uns das machen‹, sagte er. Aus diesem einfachen, per Handschlag besiegelten Abkommen entstand Grameen Danone.«[16] [17]

Die gleichen Paradigmen des unternehmerischen Gestaltens waren hilfreich: Ressourceneffizienz, interaktives Marketing mit seinen Kunden und der effiziente Vertrieb. Was sich aber deutlich unterschied, waren die *Vision* und die *Mission*. Diese Vision galt nicht in erster Linie den Aktionären, sondern der Gesellschaft, in der sie operierten. Das bedeutet nicht, dass Gewinne unwichtig waren. Sie wurden aus einer anderen *Motivation* heraus angestrebt: nämlich Maßnahmen zu finanzieren, die dem ökologischen und sozialen Zweck dienten.

YouTube #4: Yunus Muhammad, *Social Business*

Dr. Jürgen Hambrecht, Manager des Jahres 2005 und ehemaliger Vorsitzender des Vorstands von BASF, sagt dazu Folgendes: »Die jüngste Weltwirtschaftskrise hat uns mit aller Härte gezeigt, wie wichtig verantwortungsvolles, nachhaltiges Wirtschaften ist. Gerade die international tätigen Unternehmen sind sich immer stärker bewusst, dass sie langfristig nur erfolgreich sein können, wenn sie ihr Geschäft auf Werten aufbauen. Denn Werte schaffen Wert. (…) Aus unserer Sicht ist Social Business eine exzellente neue Möglichkeit, mit Werten Wert zu schaffen. Es ist ein neues Businessmodell, das die Vorteile der Globalisierung vereint: Zum einen bietet es Menschen, die bisher durch Armut vom wirtschaftlichen und gesellschaftlichen Leben weitgehend ausgegrenzt waren, einen realen Zugang zu mehr Gesundheit, Wohlstand und persönlicher Freiheit. Zum anderen lohnt sich das natürlich auch für Unternehmen wie BASF. Denn je mehr Menschen aktiv am Geschäftsleben teilnehmen – als Geschäftspartner, Kunden oder als Mitarbeiter – desto besser für die wirtschaftliche und soziale Entwicklung eines Landes und seiner Menschen. In die unternehmerische Fähigkeit von Menschen zu investieren, liegt somit im Interesse und auch in der Verantwortung von Unternehmen. Deshalb möchte ich alle Unternehmer ermutigen, mit Social Business zur nachhaltigen Veränderung unserer Welt beizutragen.«[18] (Yunus 2010)

Dr. Michael Otto, Vorsitzender des Aufsichtsrats der Otto Group, schließt die Runde, er sagt: »Es ist diese Einigkeit darüber, dass ökonomischer Erfolg und gesellschaftspolitisch verantwortungsbewusstes Handeln sich nicht ausschließen, sondern gegenseitig befruchten, die Professor Yunus und mich seit unserem ersten Treffen in München verbindet.« (Yunus 2010)

Deutsche Wirtschaft vor dem Bewusstseinssprung

Lineares Denken aus dem Zeitalter der Industrierevolution wird uns nicht den Weg weisen können, wenn wir Lösungen für exponentielle Herausforderungen in einer zirkulären Welt finden wollen. Neben gewaltigen Herausforderungen in der Ökonomie, Ökologie und im Sozialen erleben wir gleichzeitig eine enorme Entwicklung von *Bewusstsein*. Noch nie wurde in deutschen Unternehmen soviel geforscht wie heute. Der Wettbewerb um die besten *Ideen* tut uns gut und basiert auf einer Ur-Tradition abendländischer Tugend. Aufklärung, Infragestellen, Experimentieren und Lösungen entwickeln – kurz unsere *Kreativität* wird uns den Weg leiten bei all den Herausforderungen. Vor allem die Kreativität, die aus den Unterschieden, Dualitäten, Paradoxien und den Verschiedenheiten der Kulturen in Europa entsteht.

Wer sonst könnte mutig eine Vorreiterrolle übernehmen als gerade das auf Werte orientierte, überwiegend christlich geprägte Deutschland? Wir sind auf der Suche nach neuen Antworten und neuen Modellen. Nicht die knappen Ressourcen sind das Problem, nicht die Natur und nicht die Globalisierung, ganz im Gegenteil: Sie befeuern ja erst unseren *Erfindergeist*! Was es jetzt braucht, ist Vertrauen und Mut für eine neue, frische, grenzenlose Freiheit im Denken. Nur das Denken alleine wird uns in Zeiten grundlegenden Paradigmen-Wandels nicht weiterhelfen können, weil die Fragen und Herausforderungen zu komplex sind. Die große Chance für uns liegt darin, dass wir unserem brillanten Hirn auch das Herz zur Seite stellen, mit dem wir insbesondere die gesunde und stimmige Richtung besser wahrnehmen können. Saint-Exupéry hatte die Bedeutung des Herzens erkannt: »Das Wesentliche sieht man nur mit dem Herzen gut.«[19] Damit war er kein Fantast.

Dieser ganzheitlichere Ansatz ist längst Bestandteil moderner Unternehmensführung, beispielsweise dort, wo sich Ansätze wie die »Blue Ocean Strategy« finden. Die Autoren Chan Kim und Reneé Mauborgne leben auf wundersame Weise vor, was es heißt, in Unternehmen neue Wege zu gehen. Sie postulieren: »Der beste Weg den Konkurrenzkampf zu gewinnen, ist damit aufzuhören.«[20] Als ich das zum ersten Mal gehört hatte, hat es mich fast umgehauen und ich war gleichermaßen begeistert wie irritiert. Wie sollte das funktionieren? Nachdem ich in den letzten sieben Jahren bei einigen Unternehmen mit diesem Ansatz arbeiten durfte, konnte ich besonders eines entdecken – es befreit das Denken! Und das ist genau das, was wir jetzt brauchen, denn längst geht es nicht mehr nur darum, »grüne« und sozial verträgliche Lösungen zu finden, die den Wohlstand aller weiterentwickeln, sondern es geht darum, jeden Einzelnen mitzunehmen auf die Reise. Lösungen aus der Vorstellung eines zentralen Forschungslabors wird es in Zukunft nicht mehr geben. Die neuen Antworten kommen aus der Vielfalt der Wahrnehmung, aus der Vielfalt der Bedürfnisse und dem Übernehmen der Verantwortung für die Gestaltung des Lebens. Die neue Dimension entwickelt sich dabei von einem »Es geht nur um mich« zu einem *»Es geht um uns alle«*. Nach meiner Erfahrung in der Begleitung von Change-Prozessen in Unternehmen ist gerade das Hochleistungsteam von Hirn und Herz für diese Aufgabe besonders geeignet, denn es vereint am besten unsere Qualitäten, um alle Menschen auf dem Weg mitzunehmen und einzubinden.

Folgen wir in Deutschland blind der Idee, die Elite aus Wirtschaft, Politik und Kultur würde es richten? Wenn wir als Gesellschaft und als Unternehmen nicht einfach alten Modellen hinterherjagen und betriebsblind sein wollen, brauchen wir das neue Bewusstsein für eine integrale Entwicklung. Das erfordert Mut, Bewusstsein und eine gehörige Portion an *Integrität*. Aus dem Schulbuch wird das nur schwer möglich sein, denn es sind die lebendigen Referenzen, die wundervollen, bunten aber auch schmerzhaften Erfahrungen, die wir in unserem Leben machen durften, die uns die Chance bieten, an ihnen zu *reifen*. Erfahrungen schenken uns ein immer größer werdendes Fundament der Freude, Leichtigkeit und Integrität. Am besten werden Sie es merken, wenn Sie und Ihre Familie grundlos glücklich sind und mit einem breiten Grinsen durch den Tag gehen, während Sie gleichzeitig mit einer Vielzahl von Aufgaben betraut sind, die für Sie total sinnvoll sind! Die Essenz in dieser neuen Kategorie ist die *Wahrnehmung* dessen, was wirklich ist – nicht was wir gerne hätten.

Zu viele Unternehmen halten an Zielen, Visionen und Strategien fest, die dem Paradigmen-Wandel nicht mehr gerecht werden. Schlimmer noch, sie wähnen sich oft in ihrem kurzfristigen Erfolg bestätigt, weil die Gewinne gerade exorbitant sprudeln. Dem Leser der Wirtschaftslektüre sei an dieser Stelle die Deutsche Bank in Erinnerung gerufen, die in der Finanzkrise unter Josef Ackermann noch mit hervorragenden Zahlen brillierte und ohne große Skandale auskam. Kaum hatte aber der Kapitän das Schiff verlassen, jagte eine Schlagzeile die nächste um »betrügerische Praktiken« und Rückstellungen in Millionenhöhe für laufende oder zu erwartende Prozesse. Bitte verstehen Sie mich nicht falsch, es geht nicht um das Bloßstellen, sondern um das Verdeutlichen einer inneren Haltung. Es geht mir um eine echte innere Berührbarkeit.

Wertschöpfung kommt von: aus Werten schöpfen

Und genau das brauchen wir jetzt: einen grundsoliden Kompass, mit dem wir durch die stürmischen Zeiten navigieren und achtsam neue Lösungen erarbeiten. Hier können wir kaum mehr auf Bewährtes zurückgreifen, also ergibt es auch keinen Sinn für uns als Führungskraft, unser Team als Animateur oder General zu führen. In dem einen Fall beginnen wir, unsere Mitarbeiter so zu manipulieren, dass sie über immer höhere Ziele springen sollen, und im anderen Fall entfalten wir ihr Potenzial nicht und müssen alles alleine schaffen, was wir natürlich nicht können und auch nicht wollen. In beiden Fällen handelt es sich nicht um geniale unternehmerische Prinzipien. Was es jetzt braucht, ist die Vernetzung von Potenzialen in einem *wertschätzenden* Raum.

So einen Raum können wir als Führungsperson nur dann in uns haben, wenn wir die begrenzenden und öffnenden Bewusstseinsebenen in uns selbst kennen und damit respektvoll umgehen. Anderenfalls werden wir mit der neugewonnen Freiheit unserer Mitarbeiter nicht kreativ umgehen können, sondern in ein ängstliches und kontrollierendes Verhalten zurückfallen. Damit bezögen wir uns aber auf die Illusion, wir hätten alle im Griff, wogegen gleichzeitig die Mitarbeiter auch nur 70 Prozent ihrer Möglichkeiten einbrächten. Wir brauchen aber dringend von allen 100 Prozent ihrer Möglichkeiten! Die Gefahr dabei ist, dass wir gerade in Umbruchzeiten, in denen es weder Sicherheiten noch eindeutig richtige Entscheidungen gibt, oft auf alte Programme zurückgreifen, weil wir vermeintlich »nicht anders können«.

Wenn wir aber die alten Programme stur abfahren, führen sie zu sinnlosem bis destruktivem Verhalten – ökonomisch wie sozial. Wenn uns das Vertrauen in die *kollektive Intelligenz*, in das vernetze Potenzial aller fehlt, erleidet unser Unternehmen langfristig auf den globalen Märkten Schiffbruch. Unsere Mitarbeiter werden wie ein Kapital in den Human-Ressource-Abteilungen verwaltet und wir dürfen uns nicht wundern, dass so viele in den Burn-out kommen. *Im Regelfall brennen dann die Leistungsträger in unseren Unternehmen aus, denen weder das Unternehmen noch die Mitarbeiter egal sind.* Dabei haben sie geradezu die neuen Qualitäten in sich, die es für den nächsten Schritt in Unternehmen braucht: Umsicht, Weitsicht, Sinnbezogenheit und Vision. Wir haben es selbst in der Hand, eine globale Vorreiterrolle zu übernehmen. Die Herausforderungen sind geradezu Inspirationsquellen für unser *Körper-Geist-Seele-System.*

Hirn und Herz – als Team – werden den Weg weisen. Dann haben wir nicht nur gesunde Unternehmen, sondern auch gesunde Mitarbeiter. Also lassen Sie uns gemeinsam erforschen, mit welcher »integralen Landkarte« wir die Organisation der Zukunft entwickeln und entfalten können.

Kapitel 2

Lust auf eine »Integrale Karte« für Organisationen der Zukunft?

 Buntes, buntes Schleuder

2. KAPITEL

Lust auf eine »Integrale Karte« für Organisationen der Zukunft?

Neurobiologische Sicht auf Unternehmen

Wann haben Sie das letzte Mal etwas zum ersten Mal gemacht?

Stellen Sie sich mal Folgendes vor: Im US-Bundesstaat Oregon gibt es eine Stadt, in der Autohäuser überall verteilt sind und deren Umsätze sind durchschnittlich. Und dann gibt es eine andere Stadt mit einer Automeile. Ein Autohaus neben dem anderen. Eigentlich eine Horror-Vorstellung für jeden Autoverkäufer, oder? Aber genau da sind die Umsätze überdurchschnittlich. Hier werden die Kunden zu dem Nachbar-Autohaus geschickt, wenn genau das Auto, was sie wirklich brauchen, eben dort ist. Was für ein Unterschied! Hier geht es nicht darum, das Geld des Kunden zu bekommen, sondern was die beste Lösung für den Kunden ist. Ist das nicht eine völlig andere Haltung? Und was glauben Sie, wie fühlt sich der Kunde? Und wem wird dieser Kunde davon erzählen? Hat das nicht viel mehr Sinn und haben da nicht alle mehr »nachhaltigen« Erfolg?

Die Bedeutung aus neurobiologischer Sicht

Aktuelle neurobiologische Forschungen stellen das darwinistisch-biologisch geprägte Weltbild der Konkurrenz, des »War of Nature« (Krieg der Natur), des »Struggle for Life« (Kampf ums Überleben) sowie der Aussonderung der Schwächsten in Frage. Dabei bleibt die darwinistische Abstammungslehre unangetastet, also die Erkenntnis, dass sich Lebewesen im Verlauf vieler Generationen in unterschiedliche Richtungen weiterentwickeln und so nicht nur neue individuelle Eigenschaften, sondern auch neue Arten hervorbringen. Dies, so Darwin, setze voraus, dass ihnen die Anpassung an die äußere Welt gelinge. So weit so gut.

Anders als die bisherige, wenig hinterfragte soziobiologische Übertragung des darwinistischen Bildes vom ewigen Kampf auf den Menschen, zeigen aktuelle neurobiologische Studien, dass es die Kooperation, und nicht die Konkurrenz ist, die den Menschen antreibt. Und nachdem das Sprichwort schon sagt »der Glaube versetzt Berge«, haben wir in den letzten 150 Jahren ein Gesellschaftssystem auf einem sehr reizvollen Irrtum aufgebaut, der jetzt in seiner neoliberalen Hochkonjunktur beispielsweise an den Finanzmärkten einigen wenigen Menschen nutzt – zu Lasten der vielen anderen. Bitte verstehen Sie mich nicht falsch, ich möchte weder das Rad der technischen Errungenschaften zurückdrehen, noch dem Wettstreit der besten Ideen das Wort reden, es geht mir vielmehr darum, dass wir aus dem neuen Bewusstsein völlig neue Potenziale entfalten können. Dass ein evolutionärer Sprung in der Entwicklung der Gesellschafts- und Wirtschaftssysteme möglich ist, der den globalen und multidimensionalen Herausforderungen des 21. Jahrhunderts viel besser gerecht wird.

Joachim Bauer, Neurobiologe aus Freiburg, hat in seinem Buch »Prinzip Menschlichkeit« den Stand der Forschung dazu veröffentlicht. Er sagt: »Manche Länder, die neoliberale Modelle realisieren, erscheinen vordergründig als erfolgreich, allerdings nur deshalb, weil die gesellschaftlichen und menschlichen Kosten, die mit einem solchen ›Erfolg‹ verbunden sind, weder in volkswirtschaftlichen Bilanzen noch in der öffentlichen Wahrnehmung auftauchen. Wegen der bei näherer Betrachtung nur auf kleine Eliten beschränkten ›Erfolge‹, wurden gesellschaftliche Modelle, in denen Strukturen für Kooperation unterentwickelt sind oder fehlen, bei uns – und in anderen Ländern – groteskerweise als nachahmenswert dargestellt und auch imitiert. Das Ergebnis ist derzeit ein weltweit destruktiver Prozess, der natürliche, wirtschaftliche und menschliche Ressourcen vernichtet. Umso problematischer ist es, wenn sich solche selbstzerstörerischen Strategien auf pseudowissenschaftliche, auf Darwin basierende Denkschulen berufen können, die in der Biologie, Medizin und Gesellschaftswissenschaften stark vertreten sind und im Wesentlichen die ideologischen Konzepte und Empfehlungen der Soziobiologie widergeben.«[21]

Neue Erkenntnisse zeigen: »Wir sind – aus neurobiologischer Sicht – auf soziale Resonanz und Kooperation angelegte Wesen«, schreibt Bauer. »Kern aller menschlichen Motivation ist es, zwischenmenschliche Anerkennung, Wertschätzung, Zuwendung oder Zuneigung zu finden und neu zu geben.« Doch worauf basiert diese Erkenntnis? Es sind unzählige wissenschaftliche Studien weltweit, die das Gesamt-Motivationssystem des Menschen neurobiologisch erforschen.

Es gibt sogenannte Dopamin-, Oxytozin- und Opioide-Nervenachsen, die untereinander sehr fein kooperieren. Dopamin ist dafür verantwortlich, die Motivation aufzubauen und durch Konzentration und mentale Energie auf ein bestimmtes Ziel zuzugehen, während Oxytozin der Botenstoff ist, der spezialisiert ist auf Bindung und Vertrauen. Körpereigene Opioide wirken auf die Emotionszentren des Gehirns, haben positive Effekte auf das Ich-Gefühl und die Lebensfreude. Was heißt das? Der Körper hat ein hochkomplexes, intelligentes, sehr fein abgestimmtes System, quasi einen »Motivationscocktail«.

Was heißt das für uns?

Thomas Insel, zusammen mit dem Hirnforscher Russell Fernald von der Stanford University, hat den Begriff des »Social Brain« geprägt, denn so Bauer: »Nichts aktiviert die Motivationssysteme so sehr wie der Wunsch, von anderen gesehen zu werden, die Aussicht auf soziale Anerkennung, das Erleben positiver Zuwendung und – erst Recht – die Erfahrung von Liebe.« Das müsste viele von uns in Führungsfunktionen zum Nachdenken anregen über die Wirkweisen unterschiedlicher Führungsstile, oder? Ganz zu schweigen von den schädlichen Negativ-Effekten mangelnder Sozialkompetenz, die reichen bis zu kompletten führungstechnischen Fehlleistungen, denken Sie bitte an Machtkampf, Mobbing & Co.

Last but not least hat gerade die Spieltheorie einen wesentlichen Beitrag zu den Erkenntnissen Kooperation vs. Konkurrenz beigetragen. Der deutsche Ökonom Reinhard Selten erhielt 1994 den Nobelpreis für die Anwendung der Spieltheorie im Bereich der Wirtschaftswissenschaften. Der Klassiker der Experimente in dieser Disziplin ist das Gefangenen-Dilemma. Zwei Partner haben dabei die Wahl zwischen zwei Optionen: Sie können kooperieren oder den Versuch unternehmen, den anderen zu übervorteilen. Welche Strategie erweist sich als optimal, wenn die beiden das Spiel in einer beliebig großen Zahl von Runden, das heißt »iterativ«, gegeneinander spielen? Wenn Partner auf lange Sicht, das heißt in Serie, immer wieder neu miteinander zu tun haben, ist das beste Ergebnis mit einer Strategie zu erzielen, die 1.) primär auf Kooperation setzt, die 2.) im Falle einer Nichtkooperation des Partners die weitere Kooperation verweigert (genannt »tit for tat« – »wie du mir, so ich dir«) und 3.) in gewissen Intervallen immer wieder neue Kooperations-Angebote macht. Verschiedene nicht kooperative oder auf Übervorteilung des Gegners ausgerichtete Strategien waren in diesem Erfolgskonzept ebenso unterlegen wie eine blind-vertrauensvolle Vorgehensweise, sagt Bauer.

Was hat uns also das Konkurrenzdenken bisher gebracht?

Es hat weltweit das Prinzip der Unabhängigkeit und »Der Bessere gewinnt« zu seiner höchsten Entwicklungsstufe gebracht, mit dem impliziten Impuls für den nächsten Schritt im Businessdenken. Es hat Gewinner und Verlierer auch innerhalb von Unternehmen, zwischen Abteilungen und Bereichen hervorgebracht mit enormen Opportunitätskosten, die nicht in der Gewinn- und Verlustrechnung erscheinen. Es hat die Burn-out-Raten in die Höhe schnellen lassen, weil Gewinnen alleine kein sinnvolles Ziel ist, für das sich Menschen *langfristig* wirklich einsetzen. Es hat die neuen kreativen Potenziale vernachlässigt, denn wenn wir gewinnen, glauben wir, wir hätten alles richtig gemacht, und hinterfragen uns nicht mehr. Es hat das Mangeldenken gefördert, denn wir glauben, es ist nicht genug für alle da und genau deswegen versuchen wir unnötigerweise mit immer besseren Waffen um den gleichen Kuchen zu kämpfen, anstatt einfach einen weiteren zu backen. Ich erinnere an Renée Mauborgne und Chan Kim, Bestseller-Autoren der »Blue Ocean Strategy«: »Der beste Weg, den Konkurrenzkampf zu gewinnen, ist damit aufzuhören.«

Was könnte uns das Kooperationsdenken an neuen
unternehmerischen Potenzialen bringen?

Wohl eine Rückbesinnung auf die eigenen Talente, Missionen und Visionen, mit denen erst ein nachhaltiges Wirtschaften möglich ist. Denn jede Mission hat ihre Wurzeln in dem Ausgleich von Ökologie, Ökonomie und Sozialem, weil es auf der Essenz des Menschseins basiert, dem Herz und der *Liebe*. Und eine Verlagerung des Fokus: Von »Wie können wir unseren Wettbewerber schlagen?« hin zu »Wie können wir kreativ und unternehmerisch unsere eigenen Talente und Potenziale entfalten für sinnvolle, nachhaltige, unternehmerische Lösungen?« Dafür motivieren sich Menschen täglich mit Leib und Seele. Sinnvolle, innovative Businessmodelle, die wir zusammen mit unseren Konkurrenten kreieren – nicht gegen sie, weil jeder seine Kernkompetenzen weiterentwickeln kann und damit in seiner Positionierung für die Kunden weiterhin glasklar ist. Nur so können sie als starke Partner auf Augenhöhe unabhängig und vernetzt sein für die Herausforderungen der Zukunft. Dazu kommt ein beeindruckendes Hochleistungs-Team von Führungspersonen innerhalb und außerhalb des Unternehmens, das eine Energie und einen Potenzial-Raum für Mitarbeiter erzeugt, in dem sie kreativ, innovativ und nachhaltig unternehmerisch wirken wollen und nicht müssen. Eine Unternehmenskultur, die lernfähig, flexibel, inspirierend, freudvoll und nachhaltig erfolgreich ist, da die Menschen sich im Unternehmen entwickeln und entfalten wollen. Und damit entwickelt sich auch das Unternehmen.

Davon ist auch Martin Wittig, ehemaliger CEO von Roland Berger Strategy Consultants, überzeugt: »Die Young Global Leaders des World Economic Forum beeindrucken, weil sie ihre Intelligenz und ihr Wissen nicht egoistisch nutzen, sondern dafür einsetzen, die Welt zum Besseren zu ändern.« (Wittig 2011)

Roland Berger liefert mit dem aktuellen »Trendcompendium 2030«[22] die Hintergründe zu dem notwendigen Wandel zum Kooperationsdenken, basierend auf den:

Sieben Megatrends, die die Welt bis 2030 verändern:

- Demographischer Wandel
- Globalisierung & zukünftige Märkte
- Rohstoffknappheit
- Herausforderung des Klimawandels
- Technologiedynamik & Innovation
- Globale Wissens-Gesellschaft
- Teilen weltweiter Verantwortung

Was bedeutet das für Führungspersonen in Unternehmen?

Das Ende des rein linearen Denkens hat begonnen, weil es den globalen multifaktoriellen Herausforderungen nicht mehr gerecht wird. Volatile Märkte sind in ihrem Verhalten unplanbar und hinterlassen hohe Unsicherheiten für Führungskräften in der Gestaltung der Strategie, der Businessmodelle und der notwendigen Geschäftspläne. Ressourcenknappheit jeglicher Art zwingt oder öffnet uns zur Kooperation und verlangen eine Umkehr des bisherigen Denkens, das sich aufs Konkurrieren richtet. Und der »War for Talents« nimmt global zu – aus den Entwicklungen des Wertekanons der Generation Y.

Integrales Leadership als Antwort

Die neuen Herausforderungen brauchen ein neues Bewusstsein und ein neues Leadership, denn wie sonst führen wir in einer radikal volatilen Welt? Wir brauchen einen inneren Kompass, ein Integrales Leadership, das sich aus dem *Innen des Leaders* entwickelt und nicht die Lösung im Außen sucht. Die Leader der Zukunft orientieren sich an folgenden Werten und Haltungen:

- Authentizität und Integrität
- Kooperations-Orientierung
- Nachhaltigkeit und Voneinander-Lernen
- Bewusstsein für das Ganze
- Werte-Bezogenheit und Sinn

Doch die neuen Herausforderungen bieten auch ungeahnte Potenziale, wenn wir mit mehr Bewusstheit auf die Ordnung der Märkte der Zukunft schauen, wenn wir die neuen Spielregeln besser verstehen, die sich gerade entfalten und wenn wir selbst vorangehen und mehr Bewusstsein in uns selbst entwickeln.

Schauen wir uns doch die ersten Ansätze und praktischen Werkzeuge dazu an.

Integrale Ordnung der Märkte 7.0 der Zukunft

Im 21. Jahrhundert geht es um Bewusstheit und vernetztes Wissen, denn es ist längst an allen Orten und zu jeder Zeit vorhanden. Gerade das World Wide Web macht dieses Wissen nicht nur verfügbar, sondern ermöglicht auch die zunehmende Geschwindigkeit der Verbreitung und das Generieren von neuem Wissen. Einer der entscheidenden Faktoren der Fortentwicklung unseres Gesellschaftssystems und der Unternehmenswelt wird darin liegen, wie gut es gelingt, die Ego-geführten Machtzentren in ein vermittelndes, flexibles, physisch oder virtuell kooperatives Netzgebilde weiterzuentwickeln, das sich jederzeit neu vernetzt und die stimmigsten Talente für eine neue Aufgabenstellung zusammenbringt. Schon vor vielen Jahren soll der CEO von Procter & Gamble sinngemäß gefragt haben, wieso wir in unseren Labors neue Forschungsergebnisse erarbeiten, wenn diese längst in allen universitären und anderen externen Labors entwickelt werden oder schon fertig sind? Unsere Aufgabe ist es eher, dieses Wissen sinnvoll zu vernetzen und zu Innovationen zu machen, also erfolgreich am Markt zu platzieren. Welch weise Einsicht! Es erfordert nur ein grundlegend neues Bewusstsein, Handeln und vor allem einen Kooperationsgeist – kein Angstdenken.

Bewusstsein: Die Grundlagen für die Ordnung der Märkte

In grundlegenden Studien hat Clare Graves (1914–1986), ein US-amerikanischer Professor für Psychologie an der New Yorker Universität, herausgefunden, dass sich Wertesysteme und Grundüberzeugungen aus verschiedenen Kulturkreisen zusammenfassen lassen und dass sie aufeinander aufbauen. Er nannte diese Bewusstseinsebenen *Levels* und bedeutete, dass die Prozesse der Persönlichkeitsreifung und die Bedingung kultureller Lebensräume ineinandergreifen. Was für eine interessante Erkenntnis! Seine beiden Schüler Don Beck und Christopher Cowan haben das umfassende Material zusammengeführt in ein System, das sie *Spiral Dynamics* nennen. In Form einer Spirale stellen sie dar, wie individuelle und kollektive Bewusstseinsstufen einander bedingen und aufeinander aufbauen. Jede Stufe bedeutet ein relevantes Set an Werten und Überzeugungen, die ein

»Überleben« auf dieser Stufe ermöglichen. Gleichzeitig sind auf jeder Stufe aber auch Strömungen spürbar für eine Fortentwicklung zur nächsthöheren Bewusstseinsstufe.

Spiral Dynamics: Bewusstseinsstufen der Ich- und Wir-Entwicklung
(nach Beck und Cowan, 2008)[23]

Das Wesentliche an Spiral Dynamics ist die Erkenntnis, dass es keine besseren oder schlechteren Entwicklungsstufen gibt, sondern sich ein relevantes Set von Werten abbildet, das einen Handlungsrahmen gibt für Individuen, Gruppen, Organisationen und Nationen. Dabei stellt dieses Set an Werten und Überzeugung ein »optimales Funktionieren« auf dieser Stufe dar. Mit der Fortentwicklung des Bewusstseins ändern sich gleichzeitig auch die Paradigmen und dadurch die notwendigen und förderlichen Werte, die ein neues Denken und Verhalten ermöglichen. Und die Weltgemeinschaft steht gerade wieder an so einem Punkt, dem Sprung vom »First-Tier-Bewusstsein« zum »Second-Tier-Bewusstsein«. Anders als Vertreter von Theorien des Weltuntergangs oder der Zerstörung der Erde, glaube ich an einen möglichen Quantensprung im Bewusstsein von vielen Individuen auf der ganzen Welt, die sich nach und nach vernetzen und so dem Gesamtsystem zum Durchbruch verhelfen auf die nächsthöhere Bewusstseinsstufe. Im Second-Tier-Bewusstsein haben wir Zugang zur kollektiven Intelligenz, mit der wir integrale Lösungen finden werden für die drängenden Probleme und Herausforderungen der Menschheit. Meines Erachtens sind wir nicht auf dem Weg zur Zerstörung, sondern auf dem Weg zur kreativen Ablösung unseres First-Tier-Bewusstseins. Mit dem Modell der Spiral Dynamics haben wir jetzt ein valides Diagnosemodell nicht nur für Individuen, sondern auch für Organisationen und Gesellschaftssysteme und können auf dieser Basis mit unserer Bewusstseinsarbeit gezielt anfangen. Also lassen Sie uns in den einzelnen Bewusstseinsstufen erforschen, was sie auszeichnet und welche Bedeutung sie für die Ordnung der Märkte haben.

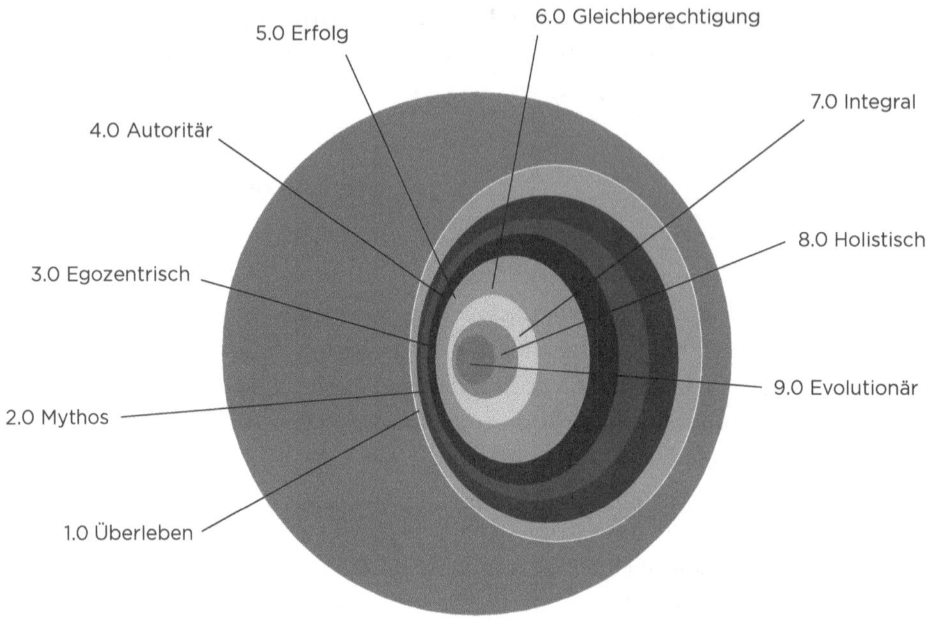

Abb. 2: Spiral Dynamics (in Anlehnung an Beck und Cowan 2008)

Was ist das Bewusstsein der Ich- und Wir-Entwicklungsstufen?

Der Mensch im ersten Level *(Beige 1.0)* befindet sich in der fundamentalsten Stufe des Lebens und des Bewusstseins. Beige ist instinktgesteuert und handelt intuitiv. Die Urangst des Verlustes der überlebenswichtigen Kräfte begleitet ihn, und deswegen lebt er in kleinen Gruppen, die einen gewissen Schutz geben und seine Grundbedürfnisse wie Nahrung, Wasser, Wärme und Fortpflanzung sichern. In der Wirtschaft kämpft dieser Level um das ökonomische Überleben.

Der Mensch im zweiten Level *(Purpur 2.0)* sieht sich als Mitglied eines Clans oder eines Stammes, mit dem Häuptling als Führer. Das Handeln ist verbunden mit überlieferten Ritualen und wird nicht hinterfragt, Gehorsam wird vorausgesetzt und im Gegenzug bietet der Clan Schutz, Sicherheit und Zugehörigkeit. Das Bewusstsein ist magisch-mystisch zu nennen.

Der Mensch auf der dritten Stufe *(Rot 3.0)* sieht sich als kraftvollen Krieger, der als Einzelkämpfer Macht über andere zum eigenen Vorteil gewinnen will.

Rot kann impulsiv und innovativ sein, weil es sich über Regeln und Gesetze hinwegsetzt.

Der Mensch auf der nächsten Bewusstseinsstufe *(Blau 4.0)* akzeptiert eine höhere Instanz und sucht ein Ordnungssystem, das für alle verbindliche Normen, Werte und Gesetze festlegt. Diese Klarheit, Sicherheit und Orientierung schafft ein neues Miteinander, das geprägt ist von Gerechtigkeit. Blau zeichnet sich durch ein hohes Maß an Pflichtbewusstsein und Disziplin aus, das Richtige zu tun.

Der Mensch auf der »modernen« Bewusstseinsstufe *(Orange 5.0)* ist geprägt von dem Gedanken, selbstverantwortlich eine neue Realität zu schaffen. Es entsteht der Unternehmergeist und Erfolg wird zum Maßstab aller Dinge. Die Ratio führt zu den höchsten Potenzialen der Wertschöpfung, Effizienz und Effektivität. Das Denken »Ich bin besser als die Konkurrenz« wird zu seiner höchsten Form entwickelt und führt auch zum exponentiellen Ressourcenabbau und zu Umweltschäden auf Kosten der nächsten Generation. Es führt zum weiteren Öffnen der Wohlstandsschere zwischen dem Norden und Süden und zwischen industrialisierten und agrarökonomischen Ländern.

Aus diesem Konkurrenzbewusstsein bildet sich das *(Grün 6.0)* postmoderne Bewusstsein heraus, was eine neue mitfühlende Gesellschaft bildet, in der gegenseitige Wertschätzung und Konsens für Nachhaltigkeit vorherrschen. Persönliches Wachstum gewinnt an Bedeutung und das Denken wird von Gleichheit und Gemeinschaft geprägt, kann aber genau auch im Rudern ewiger Konsensfindung und Gleichmacherei stecken bleiben. Bis hierher sprechen wir vom *First-Tier-Bewusstsein*, in dem wir in vielen Teilen unserer globalen Gesellschaft gerade stehen.

Seit einigen Jahren sind Entwicklungen der kollektiven Intelligenz sichtbar und greifbar, die ein völlig neues Bewusstsein *(Gelb 7.0)* post-postmodern prägen. Der Sprung in die Möglichkeiten, Chancen und Potenziale zum *Second-Tier-Bewusstsein* ist zum Greifen nahe. Es entsteht eine neue Offenheit für flexibles Denken und Handeln in größeren Zusammenhängen, d.h. systemisch integrativ. Der entwickelte Geist und eine »flüssige, nicht zementierte« Geisteshaltung erreichen integrale Lösungen, die vom »Entweder-oder« zum »Sowohl-als-auch« übergehen. Lösungen und Potenziale aus diesem Bewusstsein basieren auf der Erkenntnis, dass erst *transrationale* Sichtweisen den entsprechenden Zugang dazu ermöglichen. Der erste Schritt zu dieser transrationalen Sichtweise erfolgt durch den Wandel vom ego- zum eco-basierten Denken, d.h., dass nicht »Der Bessere gewinnt« zum Maßstab des Denkens und Handelns wird, sondern das System oder das größere Ganze oder der übergeordnete Komplex im Zentrum der Lösungssuche und des Handelns steht. Es geht also weg von der rein ego-zentrischen Sicht hin zur *welt-zentrischen* Sicht. Die Chance darin ist, dass wir einen Potenzialraum kontaktieren können, der uns durch eine subtilere Wahrnehmung neue Sichtweisen, Perspektiven, Möglichkeiten und holistische Antworten ermöglicht, die *allen* oder *Allem* dienen, also dem Ökonomischen, Ökologischen und dem Sozialen. Der Schlüssel zum Zugang dieses Potenzialraums liegt in der Bereitschaft, den eigenen Geist völlig zu leeren und alte Konzepte loszulassen, die bis hierher geholfen haben und nützlich waren.

Erinnern Sie sich noch an Nan-in, den japanischen Zen-Meister, der dem Universitätsprofessor Tee in die Tasse goss, bis sie überlief? Er hörte nicht auf weiterzugießen, bis der Professor ungehalten bemerkte: »Es ist voll. Mehr geht nicht hinein!« Nan-in sagte: »So wie diese Tasse sind auch Sie voll mit Ihren eigenen Meinungen und Spekulationen. Wie kann ich Ihnen Zen zeigen, bevor Sie Ihre Tasse geleert haben?«

Der Schlüssel ist also die Bereitschaft, vom vermeintlichen Wissen in das Nicht-wissen-Wollen zu wechseln. Das ist einfacher gesagt als getan, denn wenn wir unter Druck stehen in Unternehmen, Innovationen zu liefern, Kosten zu senken und/oder den Umsatz zu erhöhen, haben wir oft nicht das Vertrauen und die Zuversicht, auf alte Konzepte, die uns bisher gewinnen ließen, zu verzichten, für etwas Neues, das wir *noch nicht kennen*. Diese Bereitschaft, sich in dieses unsichere, aber potenzialträchtige Terrain zu begeben und mit Unsicherheit, Unruhe, vielleicht sogar Hilflosigkeit und Angst umgehen zu lernen, weil wir eben keine Lösungen und keine scheinbaren Quick-Fixes mehr haben, um diese Bereitschaft geht es! Erinnern Sie sich an Alvin Toffler: »The illiterate of the 21st century will not be those who cannot read or write, but those who cannot learn, unlearn and relearn.«

Jetzt ist eben eine Zeit gekommen, in der Sie als Leader den Willen entwickeln können, durch Ihr persönliches Wachstum das geschäftliche und das gesellschaftliche Wachstum gleichzeitig kongruent zu entfalten. Das hat herausfordernde Effekte: Sie werden nicht mehr der Star sein und Ihr Ego wird nicht mehr gebauchpinselt, im Gegenteil, Ihr Ego wird Ihnen sogar im Weg stehen, um das Second-Tier-Bewusstsein zu entwickeln. Dazu kommt, dass jetzt die Ausformung Ihrer emotionalen Entwicklungslinie höchste Priorität gewinnt, also das Erforschen Ihrer Gefühle und Gedanken und Ihren Umgang damit im Führungsalltag. Diese Aussichten klingen für den einen spannend und inspirierend, aber für den anderen eher unangenehm und wenig interessant. Doch glauben Sie mir, ich weiß, wovon ich spreche. Sexy ist für viele vielleicht was anderes, aber wer zum Meister seiner emotionalen Entwicklungslinie wird, hat Zugang zur kollektiven Intelligenz und öffnet sich für das Abenteuer der transpersonalen und transrationalen Räume des Second-Tier-Bewusstseins. Das bedeutet für uns Leader, dass wir nicht mehr alles wissen, alles alleine schaffen müssen, Angst vor dem Versagen haben brauchen und abhängig sind von der Anerkennung des Chefs, Bereichsleiters, Vorstands oder sogar Aufsichtsrats. Dass wir nicht mehr abhängig sind vom materiellen Erfolg, weil wir unseren persönlichen Erfolg und unsere Achtung vor uns selbst nicht mehr an äußere Bedingungen knüpfen. Wir sind endlich frei, einen sinnvollen Beitrag zu leisten, der aus unserer Essenz kommt, weil die Bereitschaft und die Lust entstehen, der Essenz und damit dem Großen und Ganzen zu dienen. Wir wollen einen Unterschied in der Welt machen, verstehen Sie, was ich meine? Bekommen Sie einen Geschmack davon? Ein stimmigeres Leben für Sie und alle, die Ihnen wichtig sind.

Der Mensch in einem *(Türkis 8.0)* geht darüber hinaus. Er widmet sich ganz und gar der Kooperation und dem Spiel der Möglichkeiten. Es ist keine Frage mehr für ihn, wer was wann macht sagt oder tut. Unser Bewusstsein *führt* uns sehr zielsicher und kreativ zu unserer nächsten Aufgabe oder dem passenden Projekt, in dem wir uns ganz einbringen können und damit unseren Beitrag für das große Ganze leisten. Genau über diese Art von Sein fließt unser Wirken durch Inspiration, Intuition und Innovation zum Wohle aller für Frieden, Freude, Lebenslust und Liebe – für jeden Einzelnen.

Über diese Bewusstseinsstufe *(Koralle 9.0)* habe ich lange nachgedacht und bin zu dem Schluss gekommen, dass ich hier nichts schreiben kann, was ich selbst erlebt hätte. Sie liegt in der Zukunft, die wir alle nicht kennen.

Die Potenziale der integralen Ordnungen 1.0 bis 9.0 der Märkte

First-Tier-Bewusstsein

Stufe 1.0 – Die beige Ordnung: Die Schar

Im beigen System geht es um pure Existenz und um das Überleben. Jedes Handeln ist bestimmt von Instinkt auf der Basis von Urvertrauen. Das Credo: »Ich werde mich und meine Familie immer versorgen können.« In gewisser Weise sind wir auf dieser Ebene vorrangig Teil der Natur. Wenn dieses Grundgefühl zerbricht, dann herrscht die Urangst vor dem Verlust der überlebenswichtigen Kräfte.

Abb. 3: W-Mem-Netzwerk beige: »Schar« (Beck und Cowan 2008)

Stufe 2.0 – Die purpurne Ordnung: Der Stamm

Im purpurnen System liegt das Vertrauen auf dem Schutz des Clans. Der erfordert folgende Werte: Tradition, Gehorsam, Einstimmung in ein mystisches Gruppenbewusstsein. Hier erweitert sich sowohl der Schutzraum als auch die eigene Zuständigkeit in die Erweiterung des Wir.

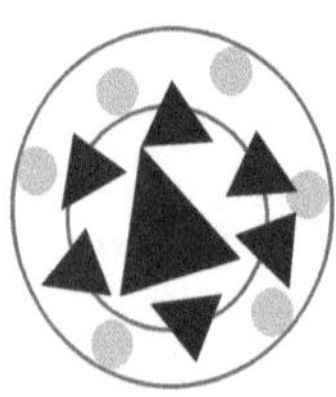

Abb. 4: W-Mem-Netzwerk purpur: »Stamm« (Beck und Cowan 2008)

Stufe 3.0 – Die rote Ordnung: Das Imperium

Der Schritt in das rote Bewusstsein eröffnet das Selbstvertrauen zum machtvollen Handeln. Der Patriarch, die Mafia, Patrone oder in Deutschland der mittelständische Unternehmer in seiner Urform (z. B. Würth, Herrenberg und Roland Berger) entsprechen diesem Bewusstsein. Die kennzeichnenden Werte in rot sind folgend: Durchsetzungsvermögen, Macht, Mut, Selbstvertrauen, Ehre, Eroberung neuer Märkte, Gewinnen um jeden Preis.

Abb. 5: W-Mem-Netzwerk rot: »Imperium« (Beck und Cowan 2008)

Stufe 4.0 – Die blaue Ordnung: Die Autoritätsstruktur

Da im roten Bewusstsein eine Versuchung zur willkürlichen Machtanwendung besteht, entwickelt das Bewusstsein in Blau Wirtschaftsformen, die auf klaren Regeln und Normen basieren. Der Führungsanspruch wird abgeleitet aus der Kompetenz, diese Regeln im Sinne aller am besten anzuwenden. In diesem System wird die Selbstverantwortung aus Rot wieder abgegeben und an eine Instanz nach oben delegiert. Die Fürsorge wird mit Treue und Gehorsam belohnt.

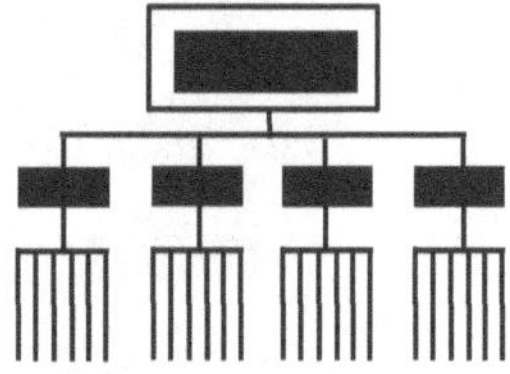

Abb. 6: W-Mem-Netzwerk blau: »Autoritätsstruktur« (Beck und Cowan 2008)

Kennzeichnende Werte sind folgend: Pflicht, Disziplin, Recht, Gesetz, Loyalität, Kontrolle, Halten an Hierarchien. Im Militär, Beamtentum oder in Gerichtsbarkeiten finden wir solche Ansätze, aber auch in Unternehmen, die seit langem bestehen und einen festen Platz am Markt haben. Regeln in Blau sind universell, geben viel Sicherheit wie z. B. Arbeitsanweisungen und Qualitätsstandards. Zum Nachteil wird in Blau, dass mit einer Fülle an Kennzahlen gearbeitet wird, die der einzelne Mitarbeiter kaum noch überschauen kann. Entscheidungen werden ausschließlich im Führungsgremium getroffen, ein Einbeziehen der Mitarbeiter in Strategien ist dagegen völlig ausgeschlossen.

Stufe 5.0 – Die orange Ordnung: Das strategische Unternehmen

Der Sprung nach Orange bedeutet den Aufbruch in die Neuzeit. Vernunft, Konkurrenz, Effizienz und die Überzeugung »Der Bessere gewinnt, die anderen verlieren« gewinnen an Bedeutung. Der Markt wird der moderne Kriegsschauplatz für Unternehmen. Unternehmen in diesem Bewusstsein entwickeln Kulturen und Strategien, die auf Wettkampf, Wettbewerb und Freiheit basieren. Der eigene Erfolg steht im Mittelpunkt. Mit dem aufgeklärten Vertrauen in Vernunft scheint jede Aufgabe lösbar. Der IQ bestimmt die Richtung, wenn alle Fakten bestmöglich analysiert und bewertet werden. Das Marktverhalten wird entsprechend adaptiert, entweder differenzieren wir uns oder wir erreichen Kostenführerschaft, so wie es die meisten Unternehmen weltweit anwenden, nach den Strategieoptionen von Michael E. Porter aus den 90er Jahren.[24] »Erfolgreich ist, wer öfter gewinnt als verliert.«

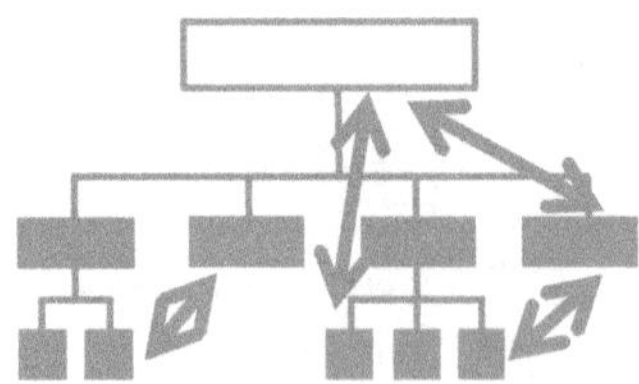

Abb. 7: W-Mem-Netzwerk orange: »Strateg. Unternehmen« (Beck und Cowan 2008)

Diese Betrachtung, einer an sich hervorragenden Qualität, nämlich Wettbewerb der besten Ideen und Fähigkeiten, wie sie auch z. B. in der deutschen Fußball

Nationalmannschaft stattfindet, werden aber in dieser Bewusstseinsstufe der meisten Unternehmen zu einseitig ausgelegt und ohne nähere Betrachtung der Umwelt und des Sozialen. Oft werden die richtigen Dinge getan, aber aus einer falschen Motivation heraus – Angst oder Gier. Die Konsequenz ist neben kurzfristigen Höchstleistungen u. a. auch Burn-out. Kennzeichnende Werte sind hier: Leistung, Status, Verantwortung, Karriere, Wettbewerb, Zielsetzung, Gewinnorientierung und unternehmerisches Denken.

Stufe 6.0 – Die grüne Ordnung: Das soziale Netzwerk

Aus diesem Denken resultiert das grüne Bewusstsein, das für eine Balance zwischen den Subsystemen steht. Wertschätzung, Ebenbürtigkeit, Partnerschaft und Augenhöhe ziehen ein. Alle sitzen in einem Boot, also gewinnen oder verlieren alle zusammen – eine Tugend, die möglicherweise den FC Bayern in der Saison 2012/2013 zum Triple-Sieger der Bundesliga, des Pokals und der Champions League gemacht hat. Die einstigen Einzelgänger, wie z. B. Superstar Arjen Robben, haben angefangen, für die Mannschaft zu arbeiten, für jeden Ball zu kämpfen und auch in der Verteidigung auszuhelfen. Und das schwächste Glied in der Kette bestimmte das Tempo. Die Bedürfnisse aller werden in die Waagschale geworfen. Gewaltfreie Kommunikation nach Marshall Rosenberg[25] gewinnt hier eine relevante Bedeutung, jedoch wird die Gleichmacherei zu einem lähmenden Schatten, es werden die Bedürfnisse aller Beteiligten so lange erforscht, bis der Zweck des Projektes, der Aufgabe oder des Unternehmens aus den Augen verloren geht. Kennzeichnende Werte sind dabei: Kooperation, Weltoffenheit, Toleranz, Harmonie, *Konsens*, Verantwortung für den Anderen, Empathie, Gleichwertigkeit, Wertschätzung, Fairness, Menschenrechte, langfristige Erfolgssicherung, persönliches und zwischenmenschliches Wachsen.

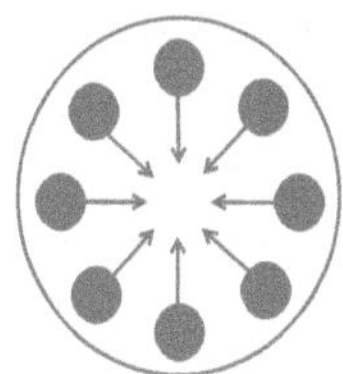

Abb. 8: W-Mem-Netzwerk grün: »Soziales Netzwerk« (Beck und Cowan 2008)

Stufe 7.0 – Die gelbe Ordnung: Der systemische Prozess

Aus dieser Einebnung entspringt das gelbe Bewusstsein. Es ist die erste höhere Bewusstseinsebene, die vom *Haben* zum *Sein* geht. Sie wird auch als der Sprung in das Second-Tier-Bewusstsein bezeichnet. Vertrauen in Intuition und Inspiration werden zur treibenden Kraft, neue Wege in Unternehmen gehen zu wollen. Das scheinbare Paradoxon »Entweder-oder« wird aufgelöst in ein »Sowohl-als-auch« und zu einem möglichen *dritten Weg* transformiert. Das lineare Denken ist ausgereizt und erbringt keine weiteren Fortschritte mehr. Hier beginnen Partnerschaften, Netzwerke, Allianzen, Kooperationen, weil die Aufgabe für ein einzelnes Unternehmen auf den globalen Märkten zu groß wird. Im Luftverkehr kennen wir diese Allianzen bereits: »Star Alliance«, die von Lufthansa und Singapore Airlines und vielen weiteren Unternehmen angeführt wird. Aus dem Automobilbau sind Kooperationen im Rahmen der milliardenschweren Forschung in die Elektromobilität notwendig geworden und so ergeben sich Partnerschaften zwischen einstigen Konkurrenten Toyota und BMW, Opel und PSA, FIAT und Chrysler, um nur einige zu nennen.

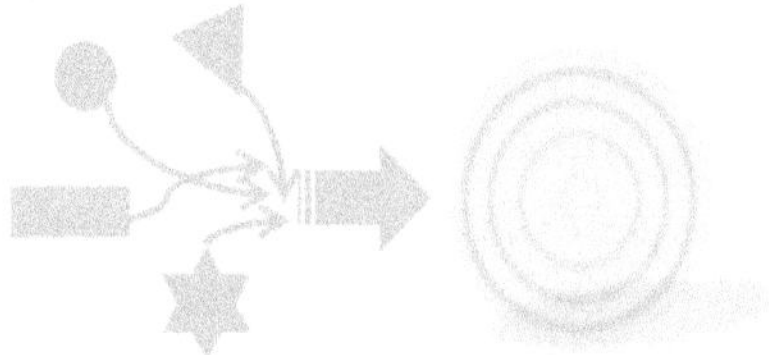

Abb. 9: W-Mem-Netzwerk gelb: »Systemischer Prozess« (Beck und Cowan 2008)

Doch nicht nur Ressourceneffizienz bestimmt das Handeln aus einer Logik des linearen Denkens, sondern auch die Atomisierung der Märkte, der zunehmenden Volatilität, schlicht der Unvorhersehbarkeit von globalen Entwicklungen in Gesellschaften, Systemen und Märkten. Obendrein erleben wir mit der Generation Y weltweit eine Veränderung der Gewohnheiten, Bedürfnisse, Lebenswirklichkeiten und damit auch des Konsumverhaltens. Das gelbe Bewusstsein schafft es, das Paradoxon aus Konsum, Kultur und Ökologie aufzulösen. »Benutzen statt Besitzen« ist die Devise, weil die Generation Y Freiheit, Vielfalt, Entwicklung anders interpretiert als ihre Väter und Mütter. Sie verbringen mit Billigflugairlines das Wochenende in Barcelona, Paris oder London, fahren unter der Woche aber mit dem Fahrrad zur Arbeit und zum Einkaufen mit dem Car2go. Sie chatten, mailen, twittern und skypen mit virtuellen Freunden auf Facebook und geben weltweiten Strömungen eine Stimme. Vertrauen ist, was andere im Netz auch gut finden, getestet und bewertet haben, damit wird der Urlaub mehr und mehr im Internet recherchiert und gebucht. TUI kann es für diese Generation kaum besser organisieren, aber was noch wichtiger ist, bei TUI ist diese Generation skeptisch, was sie wirklich bekommen, denn sie vertrauen Internetbewertungen mehr als Hochglanzbroschüren. Doch wenn bei TUI etwas schief läuft, weiß es bald die ganze Welt, da die Unverdrossenheit innerhalb von wenigen Minuten Anhänger überall findet. In diesem Bewusstsein kann keine Führung mehr durch Boni, Motivationsseminare, weichgespülte Kommunikation, Karriereversprechen oder Sicherheit erfolgreich für das Unternehmen und die Mitarbeiter handeln. Die Generation Y fordert von den Unternehmen eine authentische Kommunikation, die sie vor, während und nach der Arbeit gleichermaßen echt erleben wollen. Es sind freie, unabhängige, virtuell vernetzte Mitarbeiter, die Projekte auf Zeit begleiten und darin ihr ganzes Potenzial entfalten.

So hat erst kürzlich Professor Ulf Schrader in einer Studie nachgewiesen, dass LOHAS und Generation Y nicht nur ihr Konsumverhalten nachhaltiger entscheiden, sondern auch ihren Arbeitgeber nach diesem Kriterium auswählen (siehe Kapitel 1 ab Seite 15). Die Kernfrage ist für sie, welcher Arbeitgeber und welcher Anbieter von Produkten und Dienstleistungen verhält sich in seiner Strategie und Struktur, seinen Prozessen und seinem Verhalten glaubwürdig nach innen und außen? Intrinsisch motivierte Mitarbeiter lassen sich hier kein X für ein U vormachen, jedenfalls nicht auf Dauer.

Wer mehr über die Mythen und Fehlsteuerung von Anreizsystemen wissen will, dem sei das Buch »Punished by Rewards« von Alfie Kohn ans Herz gelegt.[26]

Stufe 8.0 – Die türkise Ordnung: Der holistische Organismus

Rainer Krumm schreibt zum türkisen Bewusstsein: »Der Mensch im achten Level handelt ausschließlich in Richtung Nachhaltigkeit und Ganzheitlichkeit. Türkis denkt holistisch global, ökologisch und intuitiv. Er konzentriert sich auf das Wohlergehen der Welt und richtet sein Leben und Arbeiten gänzlich danach aus. Durch diese oder seine altruistische Haltung kann er sowohl Beobachter als auch Gestalter sein. Kennzeichnende Werte sind: Nachhaltigkeit, Holon (das eigene Ganze ist ein Teil eines anderen/größeren Ganzen), Verantwortung für die Zukunft des Lebens, systemisches Handeln, Akzeptanz globaler Komplexität, Verbesserung der Lebensbedingungen aller Lebensformen, unternehmerische Verantwortung für die Gemeinschaft, gesellschaftlicher und ökologischer Sinn und Gesamtzusammenhang, kollektive Intelligenz, Orientierung an der Natur, spirituelles Bewusstsein, Wohl der Menschheit, hohe Ideale, globale Aussöhnung, Selbstorganisation lebender Systeme, Weitsichtigkeit, Netzwerkintelligenz.«[27]

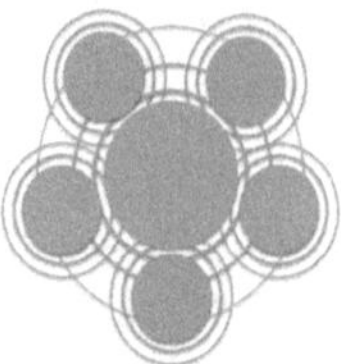

Abb. 10: W-Mem-Netzwerk türkis: »Holistischer Organismus« (Beck & Cowan 2008)

Das Kapitel 5 berichtet ausführlich über Vorreiter dieses neuen Bewusstseins und Elon Musk, der diesem Bewusstsein nahekommt. Er ist Visionär, Gründer und zum Teil noch CEO folgender Firmen: Tesla, SpaceX und SolarCity.

Stufe 9.0 – Die koralle Ordnung: »Fragezeichen«

Zum Koralle-Bewusstsein schreibt Krumm: »Koralle ist der Rote im zweiten Rang. Der Mensch hier weiß, dass alle Grenzen durch menschliches Tun und Sein erzeugt werden. In seiner Ich-Bezogenheit ist der Mensch hier aber keineswegs allein um Macht und Ansehen bemüht und geht dabei ›über Leichen‹, sondern hegt hohen Respekt allen Lebewesen gegenüber. Menschen in seiner Umgebung fühlen sich motiviert und unterstützt, über sich hinauszuwachsen und Neues zu erkunden.« (Krumm 2012)

Unternehmen 5.0 sind Burn-out bei Märkten 7.0

Viele Unternehmen operieren heute auf der Bewusstseinsstufe von Orange 5.0, dem Konkurrenzbewusstsein, und das teilweise noch mit großem finanziellen Erfolg, auch wenn Teile der Gesellschaft beispielsweise auf der Stufe der LOHAS – *Lifestyle of Health and Sustainability*, also auf der grünen 6.0-Ebene von Gleichheit und Gemeinschaft – angesiedelt sind. Junge Führungspersonen, wie z. B. die Young Global Leaders, handeln bereits mit Wertesystemen und Kompetenzen aus einem gelben 7.0- oder türkisen 8.0-Bewusstsein und verkörpern damit den Sprung zum sogenannten Second-Tier-Bewusstsein 7.0, das das Potenzial hat, globalen Herausforderungen wirksam zu antworten:

- Der globale Klimawandel schafft ungeahnte Gewinner und Verlierer mit gigantischen geopolitischen Verschiebungen und möglichen Kriegen um Wasser, wie z. B. im Himalaja.
- Tradierte Machtpositionen werden durch das offene, vernetzte Internet über Nacht ausgehebelt (Arabischer Frühling).
- Ressourcen an edlen Metallen werden immer geringer und konzentrieren sich auf wenige Länder weltweit mit neuen Machtverhältnissen (z. B. China).
- Die Schere zwischen Arm und Reich (auch innerhalb der EU) wird immer größer und produziert ein immenses Potenzial für gewaltbereiten Wandel.
- Die Komplexität der Herausforderungen nimmt immer mehr zu, vor allem weil sich fortlaufend mehr Interdependenzen ergeben.

Jetzt stellen Sie sich bitte ein oranges 5.0-Unternehmen vor, das mit seiner ganzen Kultur in dem linearen Denken und scheinbar erfolgreich feststeckt in einer Welt der globalen Herausforderungen, in einem brutalen Verdrängungswettbewerb und einer exponentiell steigenden Veränderungsgeschwindigkeit und der Unvorhersagbarkeit der Zukunft. So ein Unternehmen riskiert langfristig selbst schleichend Burn-out zu gehen, weil die Konzepte, Methoden und Werkzeuge für Führung, Strategie, Kommunikation und Kultur »outdated«, nicht mehr adäquat sind. Das Leben findet schlicht auf einem anderen Spielfeld statt. Es ist so, als wollten sie mit der Technologie des 19. Jahrhunderts die Herausforderungen des 21. Jahrhunderts meistern. 5.0-Unternehmen sind dann schlicht erfolglos und auf Dauer Burn-out in 7.0-Märkten. Ist es nachvollziehbar für Sie, in welcher Gefahr wir uns wirklich befinden? Aber: Diese Gefahr ist hausgemacht und das ist die gute Nachricht.

Wenn wir aus der Zukunft führen wollen, in einem 7.0-Bewusstsein von Essenz und Aufrichtigkeit für das höchstmögliche Potenzial der Organisation, der Mitarbeiter, unserer Familie, unserer Freunde und für das große Ganze, dann ist jetzt ein Punkt erreicht, uns auch ganz und gar aufrichtig zu *zeigen* und zu wirken, also *authentisch* zu sein. Ich denke dazu an den aufrüttelnden Satz Mark Twains: »In zwanzig Jahren wirst du mehr enttäuscht sein von den Dingen, die du nicht getan hast, als von den Dingen, die du getan hast. Also wirf die Leinen los. Verlasse den sicheren Hafen. Lass den Passatwind in deine Segel wehen. Erforsche. Träume. Entdecke.« Also nur Mut da draußen! Wenn Sie ähnlich denken und fühlen, dann sollten Sie wissen, wir sind mehr, als wir immer glauben. Sobald sich einer zeigt, zeigen sich ein paar, und zeigen sich ein paar, werden sich bald alle zeigen. Sie dürfen auch wissen, dass seit Jahren in mir diese Gedanken gären und ich mich lange damit allein fühlte, ab und an fühlte ich mich in Ermangelung einer Erkenntnis darüber in diesem Abstandsgefühl wie ein Verräter unserer Gesellschaft, bis ich immer mehr Menschen begegnete, die auch so dachten und fühlten wie ich. Die meisten waren innerlich gespalten, privat hatten sie es vielleicht gerade noch geschafft, in dem freien Bewusstsein zu leben, aber beruflich waren sie bestenfalls »inkognito« unterwegs. Kennen Sie das auch? Ich hatte Angst, mich bei meinen Kunden mit diesem Denken und Bewusstsein zu zeigen, doch dann wurde mir immer klarer, dass wenn ich das Vertrauen und den Mut zum ersten Schritt habe, dann kann auch der Andere aus seiner Verschanzung kommen. Wandel sind Sie und ich. Es liegt an mir und an Ihnen, lieber Leser. *Es ist Zeit für die ganze Wahrheit: Ich und Sie sind so, wie wir sind – nicht nur zwischen 18 und 8 Uhr, sondern auch zwischen 8 und 18 Uhr.*

Denn wie kann ich authentisch, integer, präsent und in Übereinstimmung mit mir, dem Leben und meiner Organisation sein, frei für Inspirationen und Innovationen, wenn ich all meine Energie dafür verbrauche, in zwei unterschiedlichen Welten zu leben und sie getrennt zu führen? Dieser tägliche Wechsel unserer Identitäten schluckt enorm viel Kraft und Konzentration und ist darüber hinaus extrem *störanfällig*. Und welche Konsequenzen hat das für unser Umfeld, Familie und Freunde, ja sogar für unsere Mitarbeiter und die Kultur des Unternehmens, in dem wir arbeiten? Das 5.0-Bewusstsein engt Sie ein, schränkt mich ein und bringt uns an die Grenzen der Notwendigkeit für *inneres und äußeres Wachstum*. Dazu gehört vor allem zu Beginn eine Offenbarung unserer Authentizität, denn wer authentisch ist, kann nicht enttarnt werden und muss kein Gefälle seiner Welten verwalten. Wenn wir als Führungspersonen hier steckenbleiben, riskieren wir den eigenen Burn-out, den Burn-out unserer Mitarbeiter und den Burn-out unserer Organisation oder des Unternehmens.

Die Antwort auf unsere dringendsten Fragen liegt uns sozusagen zu Füssen, sie ist verfügbar wie das neueste Operating System von Apple oder Microsoft. *Let's upgrade now* – wieso noch länger auf neue Potenziale verzichten? Und was das heißt, wissen Sie. Das heißt, aus der inneren *Mitte* heraus die eigene *Essenz* leben, sodass wir gelassen und mit einem breiten Grinsen durch den Tag gehen, oder wie mein Freund und Mentor Jeff zu sagen pflegt: »Happy for no good reason.« Ist das nicht das, was wir immer wollten, einfach glücklich und erfolgreich sein, nicht der Anerkennung wegen, nicht des Geldes wegen, nicht aus Mangel, sondern weil unsere Wirksamkeit »instantly« für das größere Ganze gesehen und gespürt wird. Wie wäre das auch für all diejenigen unter uns, die gut verdienen und trotzdem unglücklich sind? Es ist wissenschaftlich erwiesen, dass ab einem Vermögen von einer Million Euro das Glücksgefühl nicht mehr zunimmt. Also warum trachten wir alle so sehr nach Erfolg, Ruhm, Karriere, Geld und Materie? Chuck Spezzano, mein Lehrmeister, sagte zu mir vor vielen Jahren in einem Interview: »Stefan, ich arbeite seit 35 Jahren weltweit mit vielen, sehr vielen Menschen, darunter auch mit Milliardären, solche, die in ihren 70ern sind. Und auf die Frage, was sie am meisten in ihrem Leben bereuen würden, antworten sie mir, dass sie es verpasst hätten, ihre Liebsten, ihre Kinder aufwachsen zu sehen, etwas, das sie nie mehr wieder nachholen könnten.« Können sie diesen Schmerz nachempfinden und teilen? Und das sagt ein Milliardär, der sich alles leisten kann, nur nicht eine Erfahrung der Liebe mit seinen Allernächsten. Wie ist das bei Ihnen? Happy? Glücklich?

YouTube #5: Chuck Spezzano, *Leading with the Heart*

Nur wie können wir dieses Denken und Handeln einfach erreichen? Wo stehen uns die Werkzeuge heute schon zur Verfügung? Wie können wir die Komplexität der Herausforderungen in den Griff bekommen? Unser kausales, mechanistisches Denken hat uns in unserer industriellen Entwicklung sehr geholfen und ungeahnte Ergebnisse und Wohlstand zutage gebracht. Auch das systemische

Denken, der Betrachtung von Lebewesen und Organismen entlehnt, konnte uns wichtige Zusammenhänge von Organisationen erklären. Doch für den nächsten Schritt brauchen wir ein Werkzeug, dass besser als jedes andere in der Lage ist, Komplexität zu beherrschen, neue Lösungsräume zu öffnen, alle Betroffenen an der Entfaltung neuer Möglichkeiten teilhaben zu lassen. Der Verstand ist hervorragend in der Lage, auf bestehende Probleme schnelle Antworten zu finden, aber kann er das auch in der komplexen zukünftigen Welt mit all den unbekannten Herausforderungen, den scheinbaren Paradoxien und der Dualität?

Einstein hatte 1935 in seinem Einstein-Podolsky-Rosen-Experiment[28] mit einem Paradoxon zu kämpfen, das ihn zu dem Satz veranlasste: »Gott würfelt nicht.« Das heißt, dass das Leben nicht zufällig einfach passiert. Stellen Sie sich das mal vor, in welcher Ohnmacht wir jeden Tag leben würden, welches Chaos und welche Willkür herrschen würde, wenn wir nicht die Gestalter selbst wären, wenn wir mittendrin im Leben wären und überhaupt keinen Einfluss darauf hätten? Die Quantenphysik hat herausgefunden, dass eine umfassende Intelligenz bis in die kleinsten subatomaren Teilchen zu verfolgen ist, die eine Verbindung zu anderen Teilchen herstellen kann, und zwar unabhängig von der räumlichen Entfernung. Und dass das Bewusstsein und das Beobachten der »Realität« selbst eine Wechselwirkung auf die »Realität« hat. Rupert Sheldrake aus England, der 1967 in Biochemie promovierte, bezeichnet dieses Grundphänomen auch als morphogenetisches Feld, in dem alles Bewusstsein verfügbar ist.

Also wenn diese Ansätze nur halbwegs stimmen, dann bedeutet das doch, dass wir nach dem linear-kausalen Denken des 20. Jahrhunderts jetzt ein integrales Denken brauchen, das in der Lage ist, Antworten aus der Zukunft zu finden. Die Antwort liegt dann in der Integration des Verstandes und der Intuition. Und das gelingt besonders gut, wenn wir Meister des Vertrauens werden. In diesem Bewusstsein bekommen Chaos und Wandel eine völlig neue Bedeutung als Pforte zu einem umfassenderen Leben im *Flow*. Konkret heißt das, dass Sie einen Gedanken wählen und er manifestiert sich »instantly« in der materiellen Welt, weil Sie einfach angebunden sind an das *universelle World Wide Web* aller bewussten Menschen. Für alle Kontrollfreaks unter uns – also die, die materiellen Zielen hinterherjagen und sich dabei selbst vergessen – ist der Schlüssel für ein Leben gefunden, das Sie wirklich befriedigt, nämlich durch *Anerkennung*. Doch jetzt kommt die Anerkennung zum ersten Mal aus Ihnen selbst: »Happy for no good reason.« Sie sind Ihre eigene Quelle.

Integrale Karte für Organisationen 7.0

Wie funktioniert das universelle World Wide Web? Wie hängt alles mit allem zusammen? Welches Modell kann uns helfen, besser zu verstehen, wie sich evolutionäres Wachstum vollzieht und wie Unternehmen in Zukunft Antworten auf globale Herausforderungen finden? Das Herzstück unseres Bewusstseins ist unser Planet selbst. Mit seinen schier unendlichen Potenzialen ist er die Eintrittskarte in ein völlig neues Bewusstsein. All die Vielfalt, die wir auf diesem Planeten vorfinden – in Flora und Fauna, in den Flüssen, Meeren, Bergen, Wüste, in den verschiedenen Regionen, Kulturen, Völkern – all dieser Reichtum hat eine Wurzel, einen inneren Kern, eine DNA. Wenn wir Teil dieses universellen Bewusstseins werden wollen, brauchen wir auch ein integrales Verständnis davon, wie alles mit allem zusammenhängt.

Stellen Sie sich bitte einmal vor, dieses integrale Bewusstsein hätte die Form einer Kugel wie unsere Erde. Wir könnten zwar im Außen die bezaubernde Schönheit und Vielfalt erkennen, aber wir könnten die Wurzel davon nicht sehen, weil sie im Kern verborgen liegt. Wäre es interessant für Sie, diesen Kern sichtbar zu machen und zu erfahren, was die DNA Ihres Handelns ist, wie Sie sich mit dem universellen World Wide Web verbinden könnten und in Kontakt zu kommen mit dem, was Sie wirklich ausmacht? Welche Essenz in Ihnen steckt, die wie ein täglicher Kompass wäre für Ihr Wirken? Dieses integrale Bewusstsein erfordert lediglich Ihre Bereitschaft, auf eine Forschungsreise in das Innere zu gehen, quasi Bohrungen durch die Oberfläche in den Kern vorzunehmen, zu entdecken und zu erforschen, was Ihre Essenz, Ihr wirksames Potenzial ist, das sich mit allem verbinden kann: sozusagen Ihre eigene webpage.com, die mit der universellen webpage.com verbunden ist und damit Zugang hat zu einem kollektiven Wissen, das weit über Ihr individuelles Bewusstsein hinausgeht.

Ken Wilber, US-amerikanischer Autor und Forscher, befasst sich seit Jahrzehnten damit, konkurrierende Denkschulen und Wissenschaftsdisziplinen in Verbindung zu bringen und zu versöhnen, um eine ganzheitliche Vision von Gesellschaft, Politik, Kultur und Wirtschaft zu erstellen (Theory of Everything)[29]. Er hat dazu das AQAL-Modell (All Quadrants All Levels) entwickelt, das die Bewusstseinsentwicklung auf fünf Ebenen abbildet, individuell, kollektiv-gesellschaftlich und unternehmerisch. Bei der Anwendung dieses Modells im individuellen und organisationalen Kontext ist mir bewusst geworden, dass ein noch größeres Potenzial in der Wirksamkeit liegt, wenn wir die Quadranten, von denen Ken Wilber spricht, als integrale Potenzialräume verstehen, so wie die global vernetzte Welt, in der wir leben. Ein bestimmter Effekt in einem Teil der Welt hat eine ganz konkrete Auswirkung auf einen anderen Teil der Welt und meistens sogar potenziert. Deshalb schlage ich vor, wir verwenden das Modell als eine Kugelform, die aus den vier Bereichen einer Organisation besteht: Bewusstsein, Leadership, Kultur und Strategie.

Integrales Potenzialmodell für Organisationen

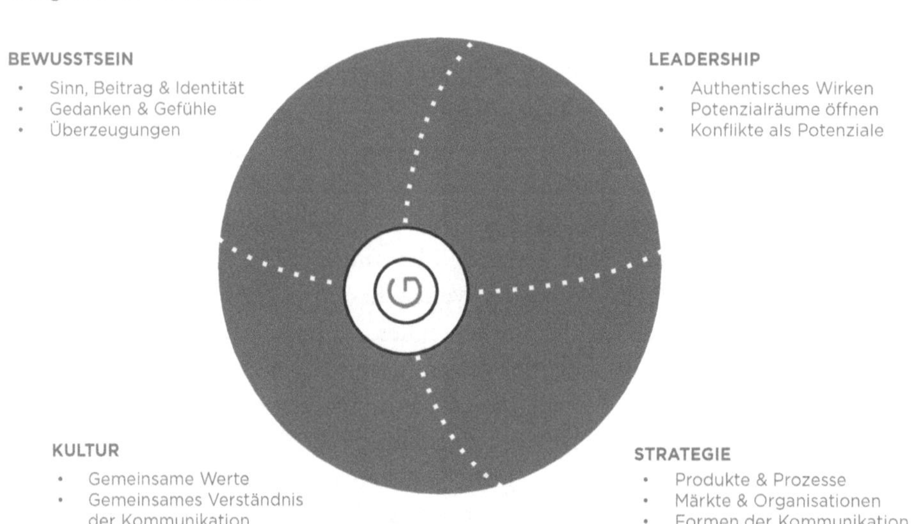

Abb. 11: Integrales Potenzialmodell (Götz 2014)

Was sind also Potenzialräume? Warum könnten sie für eine neue Wirtschaftskultur und ein evolutionäres Wachstum wichtig sein? Wer nutzt solche Räume bereits? Welche Leader verändern unsere Welt mehr als alle anderen? Sitzen diese Menschen eher im Silicon Valley als im Weißen Haus oder im Kreml, was glauben Sie?

Möglicherweise sind es Leader wie Steve Jobs, Elon Musk oder Larry Page, die einen großen Beitrag für das evolutionäre Wachstum liefern. Nur, wie kommt es, dass ausgerechnet diese Menschen eine solche Wirksamkeit haben, die Zukunft zu verändern? Simon Sinek, ein US-amerikanischer Bewusstseinsforscher, sagt dazu: »(…) whether individuals or organizations, we follow those who lead not because we have to, but because we want to. We follow those who lead not for them, but for ourselves. (…) it all starts from the inside out. It all starts with why«.[30]

YouTube #6: Simon Sinek, *How great leaders inspire action*

Er beschreibt einen sehr einfachen und fundamentalen Unterschied. Die meisten Organisationen wissen, *was* sie tun und *wie* sie es tun. Das *Was* beschreibt die Produkte und Dienstleistungen und das *Wie* beschreibt Umsetzung und Strategie. Nur die wenigsten Organisationen wissen darüber hinaus auch, *warum* sie etwas tun, und damit ist nicht Geld verdienen oder Profit machen gemeint, denn das ist das Ergebnis, oder wie Götz Werner, der dm-Gründer, sagen würde: Es ist immer nur Mittel, niemals Zweck. Also das *Warum* bezieht sich auf den Sinn oder den Beitrag für das »Große Ganze«. Warum gibt es dafür die Organisation? Warum sollte es für irgendjemandem Bedeutung haben? Die meisten Unternehmen denken in der Richtung von außen nach innen, vom Was zum Warum, weil es schon immer so war. Doch wie machen es Unternehmen wie Apple, Tesla oder Google heute?

Würde Apple jemals sagen: »Wir machen tolle Computer mit einem tollen Design, die einfach zu bedienen sind. Wollen Sie einen kaufen?« Oder sagen sie: »Alles, was wir machen, kommt aus der Überzeugung, dass wir den Status Quo in Frage stellen. Wir glauben daran, neu und frisch zu denken! Und wir machen es, indem wir Produkte mit einem bemerkenswerten Design schaffen, die einfach zu bedienen sind. Und es ergibt sich so, dass es tolle Computer sind. Wollen Sie einen kaufen?«

Lassen Sie uns die vier Potenzialräume im Hinblick auf das Warum, das Wie und das Was erforschen, denn Menschen folgen langfristig eher einem Sinn und keinen Egos.

Welches Bewusstsein haben Sie über das Warum?
- Vision, Sinn, Aufgabe, Beitrag, Identität
- Gedanken, Gefühle, Überzeugungen
- Veränderungsbereitschaft

Welches Leadership leben Sie?
- Selbstwirksamkeit und Potenzialentfaltung
- Emotionale und mentale Kompetenzen
- Kommunikation, Konfliktlösung

Aus welcher Kultur handelt Ihre Organisation?
- Gemeinsame Werte
- Gemeinsames Kommunikationsverständnis

Welche Strategie wendet Ihre Organisation an?
- Produkte, Märkte, Prozesse, Organisationsformen
- Informationsfluss und Kommunikationsarten
- Ressourceneffizienz

Potenzialstufen 1.0–9.0

Innerhalb der vier Potenzialräume können wir die unternehmerisch organisationalen Bewusstseinsstufen erforschen, aus denen heraus das Unternehmen handelt, das ist sozusagen die Betriebssoftware Windows, Mac OS X oder Linux. Sie erinnern sich vielleicht, wir sprachen bereits über die Frage, wie die Ordnung der Unternehmen 7.0 vs. 5.0 aussieht. Die meisten Unternehmen operieren derzeit überwiegend im orangen Bewusstsein 5.0 mit den Hauptwerten Wachstum, Erfolg, Rationalität, dem linear-kausalen Denken und der Überzeugung »der Bessere gewinnt«. Wenn wir hier stehen blieben, würden wir die Chance eines evolutionären Wachstums verpassen, das in der Lage ist, Antworten auf globale Herausforderungen zu finden, indem wir dem Kern, der Essenz oder der unternehmerischen DNA näher kommen und damit das Warum beleuchten. Die Kraft des Warum hat das Potenzial zu einer vernetzten, globalen Wirksamkeit wie bei Apple, Tesla oder Google.

Abb. 12: Integrales Potenzial-Modell mit Potenzialstufen (Götz)

Dimensionen in einer Organisation beziehen sich jetzt konkret auf eine Potenzialstufe, beispielsweise das orange Bewusstsein 5.0. Wir betrachten in jedem Potenzialraum dieser Stufe, wie ausgeprägt das Bewusstsein dort ist und wo eine weitere Entwicklung entweder schon stattfindet oder stattfinden will.

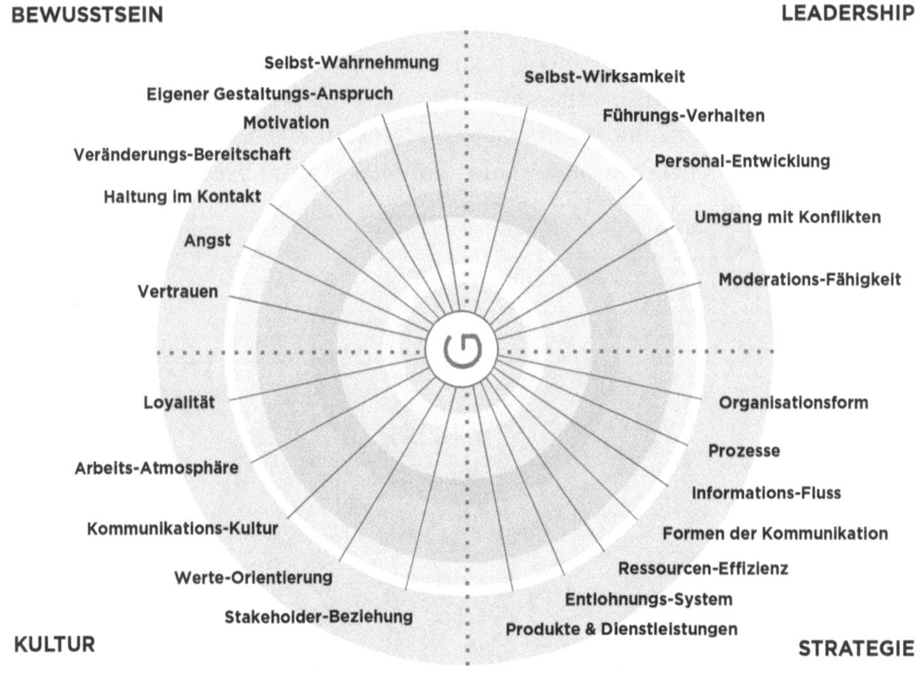

Abb. 13: Integrales Potenzial-Modell mit Potenziallinien (Götz)

Unternehmen 7.0 entfalten Potenziale von innen nach außen. Sie betrachten gleichzeitig alle vier Potenzialräume, weil sie durch ihr integrales Bewusstsein wechselwirksam auf Organisationen sind. Im Alltag einer Organisation wird deutlich, dass persönliche Einstellungen, Bedürfnisse, Gefühle, das eigene Verhalten und die Kommunikation und Führungsfähigkeiten auf der individuellen Ebene direkten Einfluss auf die Unternehmenskultur und auf die Produkte, Prozesse und Strukturen haben. Jede einzelne Veränderung hat eine Wirkung auf alle vier Potenzialräume gleichzeitig.

In den letzten Jahren der Unternehmens- und Organisations-Entwicklung haben wir uns, vor dem Hintergrund eines orange geprägten Bewusstseins 5.0, vor allem auf die Themen der klassischen Prozess- und Strategieberatung fokussiert. Dem folgten dann, auf der Basis des grün geprägten Bewusstseins 6.0, verstärkt Themen der klassischen Teamentwicklung zu gemeinsamen Werten. Jetzt ist eine Zeit gekommen, in der unser Bewusstsein sich integral entwickelt und wir die Chance haben, völlig neue Potenziale zu entfalten. Es geht darum, dass wir persönlich die Bereitschaft haben, unser individuelles Bewusstsein zu entwickeln, d. h. uns dem Erforschen unserer Gedanken, Gefühle, Ängste, Vertrauen, Wut, Ärger, Freude, Wertschätzung und Liebe zu widmen – Seiten von *Licht* und *Schatten* in uns. Erst durch eine Wahrnehmung und Bewusstwerdung unseres *Integralen Inneren Kompass*[31] werden wir im Außen, sprich bei unseren Mitarbeitern, Kunden, Partnern, Familien und Freunden, in einer neuen Qualität sichtbar und wirksam.

Kernfragen des *Integralen Inneren Kompass* sind: Was ist mein Beitrag, den ich in dieser Welt leiste? Wo und wie werde ich einen echten Unterschied machen? Was ist meine Rolle dabei? Was ist mir dabei wichtig? Mit welchen Überzeugungen kann ich diese Aufgabe leben? In dem Bewusstsein dieser essenziellen Aspekte handle ich innerhalb eines perspektivisch völlig neuen Kontextes, in dem *alle* und *Alles* Platz hat, weil es fest integriert ist. Es können alle Potenziale entfaltet werden, weil es kein Dagegen mehr gibt. Sie können es sich am besten so vorstellen wie eine Batterie, die erst dann zum Fließen kommt, wenn es Plus- und Minus-Pole darin gibt.

Warum leben wir diesen potenzialträchtigen Ansatz noch nicht?

Weil es für uns als Führungspersonen bedeutet, dass wir uns mit unserer persönlichen Innenwelt, die wir meist streng privatisieren, beschäftigen und transparent werden müssen. Erst dann entsteht eine Authentizität, die den vollen Kraftzugang nutzen kann und Nachhaltigkeit verspricht. Wir entwickeln in uns auch eine *Emotionale Kompetenz*. Diese können wir uns nicht mental verordnen oder aneignen, sondern nur über Gefühle erleben, erfahren und entwickeln.

Eine derartige Öffnung wurde in früheren Generationen explizit nicht gefördert oder für relevant gehalten. Und von den meisten Männern also auch nicht konsequent gefordert, ganz im Gegenteil. Aber meine Herren, das heißt nun nicht, dass sie singend, sentimental oder weichgespült durch den Tag gehen müssen, sondern dass Sie wieder beginnen, Ihre eigenen *Gefühle* und *Bedürfnisse* wahrzunehmen und zu akzeptieren – auch und gerade am Arbeitsplatz. Dazu gehört z. B. auch das Bedürfnis, gesehen, geachtet und anerkannt zu werden. Konkret bedeutet das für Führungspersonen, dass sie ihrerseits wieder mit dem Potenzial ihrer Mitarbeiter, Chefs oder Kunden in *Kontakt* kommen, auch und gerade dann, wenn sie vorher mit denselben Menschen in Konkurrenz standen oder Machtkämpfe darüber austrugen, wer sich um die Bedürfnisse des anderen zuerst zu kümmern hat.

Stellen Sie sich bitte einmal vor, wie es eine Vorstandssitzung verändern könnte, wenn dieses Bewusstsein möglich ist. Sie können das erreichen! Spüren Sie bei sich selbst nach, ob es solche unerfüllten Bedürfnisse gibt oder nicht. Solange Sie bei sich Wut, Enttäuschung, Ärger, Trotz oder ähnliche Gefühle über den oder die Anderen spüren, können Sie absolut sicher sein, dass es in Ihnen unerfüllte Bedürfnisse und Erwartungen gibt, auch wenn Ihnen Ihr rationaler Verstand sagt, dass Sie überlegen sind und dass der Andere sich gefälligst so zu verhalten hat, dass Sie diese Gefühle in sich nicht spüren. Ist das nachvollziehbar?

Ich werde Ihnen den dazugehörigen Integralen Inneren Kompass als Werkzeug im Detail noch vorstellen. Gehen wir jetzt einen Schritt weiter mit der Frage, wie wir konkret Innovationspotenziale 7.0 freisetzen können. Wie hilft uns das Potenzialmodell dabei? Welche Kompetenzen gilt es jeweils in den vier Potenzialräumen zu entwickeln? Und wie erkennen wir anhand der Bewusstseinsstufen von Beige 1.0 über Orange 5.0, Grün 6.0 bis Gelb 7.0, wo wir mit unseren Innovationspotenzialen stehen und was wir weiterentwickeln könnten? Lassen Sie uns eine Bestandsaufnahme machen. Sie ahnen vielleicht schon, dass jetzt der tiefere Sinn jetzt erst so richtig anfängt, denn wir erarbeiten uns handfeste Tools, validierte Diagnosewerkzeuge und Vorgehensweisen, mit denen wir uns und das Unternehmen weiterentwickeln und öffnen können für die größeren Potenziale 7.0.

Vorgehen zur Entfaltung von Innovationspotenzialen 7.0

Nehmen wir einmal an, Ihr Unternehmen braucht Innovationspotenziale, um sich von anderen Cost-leadership-Wettbewerbern differenzieren zu können. Alle Maßnahmen, die bisher über neue Innovationsprozesse, Managementansätze oder »Crowd Innovation« angeschoben wurden, haben nicht den gewünschten Erfolg gebracht. Mit einem linearen, orangen Denken 5.0 kommen Sie hier nicht weiter. Was es jetzt braucht, ist die Betrachtung der Dimensionen in den vier Potenzialräumen, die Ihnen helfen, Innovationen freizusetzen. Dazu zählen folgende Dimensionen im Sektor *Bewusstsein*: Selbstwahrnehmung, Motivation, eigener Gestaltungsanspruch, Bereitschaft zur Veränderung, Kontaktpermanenz sowohl in Angst als auch in Vertrauen.

Beispiel: Selbstwahrnehmung

Stellen Sie sich bitte einmal vor, Ihre Selbstwirksamkeit und Innovationskraft würde in direktem Zusammenhang stehen mit Ihrer Bereitschaft, Ihre Selbstwahrnehmung mehr zu entwickeln. Was würde das bedeuten? Schauen wir uns das genauer an:

Sie befinden sich auf der roten Stufe 3.0 – Sie sind also unbewusst mit Ihren Gefühlen und Gedanken und haben somit wenig Spielraum für Veränderung.

Auf der blauen Stufe 4.0 verdrängen Sie Ihre Gefühle und Gedanken in der Illusion, dass diese dann nicht existent wären. Doch gerade dann tauchen herausfordernde Emotionen bei den anderen auf und Sie finden keinen lösungsorientierten Weg, damit umzugehen.

Mitten auf Orange 5.0 bleiben Sie stecken wegen unbewusster Gefühle, von denen Sie unterbewusst regiert werden, etwa Neid, Wut etc.

Was wäre, wenn Sie mehr Handlungsspielraum gewinnen könnten auf der grünen Stufe 6.0, weil Sie dort Ihre Gefühle und Gedanken direkter wahrnehmen können und darüber wieder handlungsfähig werden?

Und wie gut ginge es Ihnen, wenn Sie auf der gelben Stufe 7.0 nicht nur mit Ihrem Denken-Fühlen in Einklang gekommen sind, sondern aus dieser totalen Wachheit heraus Ihre Potenzialräume für wirklich bahnbrechende Innovationen öffnen könnten? Spielerisch leicht? Das ist erst der Anfang, denn wirklich bahnbrechende Lösungen kommen, wenn Sie das Potenzial aller sieben Dimensionen zur Bewusstseinsentwicklung in Ihnen voll ausschöpfen. Sind Sie dazu bereit, die Expedition in das Innere Ihres Wesens anzutreten?

Dimensionen im Bewusstsein

	blau	orange	grün	gelb
Selbstwahr-nehmung	Gedanken und Gefühle verdrängt	Gedanken be-wusst, Gefühle unbewusst	Gedanken und Gefühle bewusst	Bewusstes Denkfühlen
Eigener Gestaltungs-anspruch	Sicherheit schaffen	Unternehmeri-sches Denken und Handeln	Menschen begeistern	Der eigenen Intuition folgen
Motivation	Sicherheit	Erfolg	Sinn und Harmonie	Authentizität
Veränderungs-bereitschaft	Aufgrund von zu hohen Leidens-druck	Zur Erhöhung des eigenen Marktwerts	Für sinnstiftende Ziele und Anerkennung	Aufgrund inne-rer Impulse/ Intuition
Kontakt-permanenz	Vorsichtig	Strategisch, nutzenorientiert	Empathisch	Präsent
Angst	Vor Bestrafung	Vor Versagen	Vor Ablehnung	Als informati-ves Gefühl
Vertrauen	In eine höhere Ordnung	In die eigenen Fähigkeiten	In die Gemein-schaft	In den evoluti-onären Impuls

Abb. 14: Dimensionen im Bewusstsein (Enzler, Luger 2013)

Egal wo Sie Ihre Organisation oder Ihr Unternehmen anhand der Übersicht gerade verorten, stellen Sie sich einmal vor, welche fruchtbaren Wechselwirkungen es in Leadership, Kultur und Strategie geben würde, wenn Sie ein gelbes Bewusstsein 7.0 leben könnten.

Dimensionen im Leadership

	blau	orange	grün	gelb
Selbstwirksamkeit	Vorbild für Verantwortungsbewusstsein	Gestaltungskraft	Fähigkeiten anderer erkennen und fördern	Variables und authentisches Wirken
Führungsverhalten	Gibt strikte Anweisungen	Motiviert durch Ziele	Begeistert und bindet alle ein	Lässt Freiraum und beteiligt sich situativ
Personalentwicklung	Anleitung/ Schulung	Training	Coaching/ Networking	Open space über die Organisation hinweg
Umgang mit Konflikten	Korrekt bleiben/ Regeln einhalten	Um sachlich beste Lösung ringen	Für gemeinsam getragene Lösung einsetzen	Konflikte als Potenzial wahrnehmen und nutzen
Moderationsfähigkeit	Ordnung halten und Inhalte dokumentieren	Ergebnisorientierung sichern	Auf Meinungsvielfalt und Stimmung achten	Raum halten

Abb. 15: Dimensionen im Leadership (Enzler, Luger 2013)

Stellen Sie sich einmal vor, Sie könnten aus einem völlig neuen Selbstverständnis heraus authentisch wirken, sich mehr als Begleiter und Entfalter der Potenziale Ihrer Mitarbeiter verstehen und das alles zu Ihrem Beitrag dem »Großen Ganzen« gegenüber machen. Es entstünde ein Handeln aus einem Ur-Vertrauen heraus, mit einer evolutionären Kraft ausgestattet, das geerdet und verbunden ist mit dem kollektiven Wissen vieler. In dem es Ihre Aufgabe geworden ist, den

Potenzialraum für alle greifbar, spürbar und erlebbar zu machen – ein Raum, der bahnbrechende Lösungen hervorbringt, so wie Apple, Tesla oder Google.

Dimensionen in der Kultur

	blau	orange	grün	gelb
Loyalität	Gegenüber der Abteilung	Gegenüber der Organisation	Gegenüber den eigenen Idealen	Gegenüber der Gesellschaft
Arbeits-atmosphäre	Routiniertes neben- und miteinander	Pragmatisch, ergebnis-getrieben	Freundschaft-lich und gemeinschaft-lich orientiert	Offen und kreativ
Kommuni-kationskultur	Klare Ansagen	Knapper Fachjargon	Gemeinsame Sprache	Direkt und transparent
Werte-orientierung	Vorgabe, Skepsis und Gehorsam	Ziel – alles ist möglich	Vision, idealistisch	Big Picture, vollständig
Stakeholder-Beziehung	Hierarchisch	Zweckorientiert, strategisch	Partnerschaftlich	Ko-kreativ

Abb. 16: Dimensionen in der Kultur (nach Enzler, Luger 2013)

Sie gingen allmorgendlich nicht an einen Ort der Arbeit, sondern beträten ein inspirierendes Feld von Gleichgesinnten, die etwas Großes bewegen, weil es aus ihrem Innersten kommt, aus ihrer Essenz, aus dem Kern ihres Lebens. Ein Feld, offen und kreativ, verbunden mit allen, schöpfend aus allen, kommunizierend mit allen, dem Großen Ganzen gewidmet und weniger dem Ego einzelner dienend. Sind Sie dafür bereit, auf Forschungsreise zu Ihrem eigenen Kern zu gehen?

Dimensionen in der Strategie

	blau	orange	grün	gelb
Organisationsform	Auf- und Ablauf-Orga	Matrix	Netzwerk	Fraktal/ holokratisch
Prozesse	Standardisiert	Flexibel	Orga-übergreifend	Frei, disziplinübergreifend
Informationsfluss	Klar geregelt	Strategisches Informieren	Formelle und informelle Abstimmung	Freie Vernetzung
Formen der Kommunikation	Arbeitsgruppenbesprechungen	Meetings	Informelle und formelle Kommunikationsplattformen	Transparenz, kollegiale Beratung, Readings
Ressourceneffizienz	Einhaltung von Gesetzen, Branchenverpflichtungen	Kosteneffizienz und Materialalternativen	Nachhaltige Wertschöpfungskette	Intelligente Systeme
Entlohnungssystem	Tarifgebunden	Leistungsorientiert	Beteiligungsorientiert	Möglichkeitsorientiert
Produkte und Dienstleistungen	Kopierte, etablierte Produkte	Marktgetriebene, Trend-Produkte	Sinnhafte, nachhaltige Produkte	Neue, integrale Lösungen

Abb. 17: Dimensionen in der Strategie (nach Enzler, Luger 2013)

Und welche Wechselwirkung ergäbe sich daraus für Ihre Produkte und Dienstleistungen? Wie würden Sie Ressourcen einsetzen? Wie würden Sie Potenziale entfalten? Könnten Sie sich vorstellen, dass Sie nicht mehr zur Arbeit fahren, sondern zu dem Platz, an dem Sie kühnsten Träume verwirklichen? Dafür würden Sie sich und die Anderen organisationsübergreifend inspirieren und vernetzen, weil jeder seinen eigenen Platz einnehmen könnte und nicht mehr glaubte, er müsse so sein wie ein anderer. Jeder wäre einfach er oder sie selbst – einzigartig.

So entstehen Potenzialentfaltungskulturen

Bewusstsein, Handlungsimpuls und Organisationsstruktur

Was zeichnet Organisationen auf den unterschiedlichen Ebenen des Bewusstseins aus? Was sind die Schritte von einer zur nächsten Ebene und welche Beispiele gibt es dafür? Wir werden Beispiele finden für die einzelnen Schritte, die nur modellhaft wirken und nicht dazu geeignet sind, eine feste Formel zu werden. Bleiben Sie also gern spielerisch und flexibel mit Ihren Einschätzungen und den Beispielen, es sind anschauliche Tendenzen und Richtungen, die uns Inspirationen geben können. Also dann, auf geht's.

Bewusstseinsebene 1.0 – Überlebensstruktur

Diese Ebene finden wir in Organisationen, die um das Überleben kämpfen. Ihr unternehmerisches Handeln ist geleitet von Angst, Rückzug oder Angriff am Markt. Die Solarindustrie kann dafür ein Beispiel sein, siehe auch SolarWorld.

Bewusstseinsebene 2.0 – Clan

Der Clan handelt wie eine Familie. Dazugehören ist alles, es bedeutet Klarheit, Sicherheit, Exklusivität und Anderssein. Der charismatische Gründer oder Macher, der die Geschäfte leitet, spielt die Rolle eines »Patrone«, aber eigentlich geht es um den Mythos, wie z. B. Uli Hoeness (FC Bayern), Dietrich Matechitz (Red Bull) oder Richard Branson (Virgin). Die Gefahr auf dieser Bewusstseinsstufe liegt in ihrer schmalspurigen Stärke, dass sie auf einen »Helden« zugeschnitten ist. Wenn der »mythische Leader« geht oder fällt, kommt meist die nächste Stufe.

Bewusstseinsebene 3.0 – Machtstruktur

Organisationen erinnern hier eher an einen Kriegsschauplatz. In Wahrheit dreht sich alles um das Ego des Leaders. Alle Aktivitäten dienen dem Machtaufbau oder Machterhalt dieser Person. Mitarbeiter, Lieferanten, schlicht alle, die für das Unternehmen arbeiten, werden wie Soldaten geführt. Mit Beispielen mache ich mir hier keine Freunde, dennoch unternehme ich den Versuch, Trends zu erkennen wie bei Enron, Amazon-Boss Jeff Bezos und Formel-1-Präsident Bernie Ecclestone.

Bewusstseinsebene 4.0 – Autoritätsstruktur

Sobald Organisationen die Begrenzungen einer reinen Machtstruktur verlassen haben, betreten sie das Terrain einer Struktur, die nach gemeinsam akzeptierten Regeln, Prinzipien und Prozessen läuft, die zwar allen Klarheit und Sicherheit geben, aber leider keine unternehmerischen Freiräume initiieren. Die Organisation kümmert sich oft auf die Dauer zu sehr um das Regelwerk als um den Markt, der sich schnell ändert, denn dafür fehlen schlicht Handlungsstrategien. Große Organisationen wie die Europäische Union oder schwerfällige Großkonzerne wie derzeit Bosch erinnern daran.

Bewusstseinsebene 5.0 – Strategische Organisation

Die meisten Organisationen finden wir derzeit auf dieser Ebene. Sie operieren auf der Basis von Wachstum, dem Gewinnen vs. Verlieren und dem Finden der rational besten Antwort. Unseren Wohlstand in den Industrienationen verdanken wir diesem Denken, dass Wachstum unbegrenzt scheint und Ressourcenverbrauch eher ein ökonomisches als ökologisches Thema sei. Unternehmen werden durch strategische Pläne bestimmt, durch Management by objectives gesteuert (übrigens ein Konzept von Peter Druckers aus den 50er Jahren), durch Matrixorganisationen geführt und durch Controlling in engen Erfolgsbahnen gelenkt. Doch die Grenzen dieses Denkens sind die Ressourcen: finanzielle Ressourcen (shareholder value), Human-Ressourcen (»war for talents« und Burn-out-Raten), Rohstoffe (begrenzter Zugriff auf Rohstoffe in politisch schwierigen Ländern) oder Umweltressourcen (globale Erwärmung, Plastikmüll im Pazifik, Aussterben von Pflanzen, Tierarten oder anderen Lebewesen), um nur einige zu nennen. Tendenzen dieses Bewusstseins finden wir in strategisch geführten Großkonzernen, wie z. B. bei Apple, Mercedes, Audi oder BMW.

Was zeichnen Bewusstsein, Leadership, Kultur und Strategie eines Unternehmens 5.0 aus? Ich lade Sie ein, sich auf den nächsten Seiten selbst dazu ein Bild zu machen und sich zu hinterfragen und hinzuspüren, ob Sie Aspekte davon aus Ihrem Bewusstsein und Leadership und aus der Kultur und Strategie Ihrer Organisation kennen. Und bitte, das ist mir ganz wichtig, nehmen Sie einfach mal wahr, ohne Wertung oder Beurteilung dessen, was in Ihnen auftaucht. Es gibt nämlich erst einmal gar nichts daran zu ändern, sondern die einfache und reine Beobachtung ist hier interessant, vor allem dessen, was es in Ihnen auslöst: Freude, Neid, Enttäuschung, Ärger, … Nichts ist besser oder schlechter, es ist einfach das, was es ist.

Abb. 18: Potenzialentfaltungskulturen Orange (Götz 2014)

Bewusstseinsebene 6.0 – Soziales Netzwerk

»Grün« findet neue Antworten für globale Herausforderungen, denn Grün glaubt an Partnerschaft, Gleichberechtigung von Menschen und Gleichwertigkeit von Systemen und Ressourcen. Dafür kreiert Grün Gemeinschaften, Netzwerke, Partnerschaften, wie z. B. die Grameen Bank, Desso, InterfaceFlors, Grameen Danone, drogeriemarkt dm, Bioland, Demeter, Naturland, Hess Natur, Greenpeace und Foodwatch, um nur einige zu nennen. Das Motiv und das Handeln dieser Organisationen ist fokussiert auf die Bedürfnisse aller Akteure, die wahrgenommen und respektiert werden. Empathische Methoden und Mediationen wie die »Gewaltfreie Kommunikation« nach Marshall Rosenberg finden vermehrt Anwendung, um Konflikte zu lösen und neue Potenziale zu entdecken.

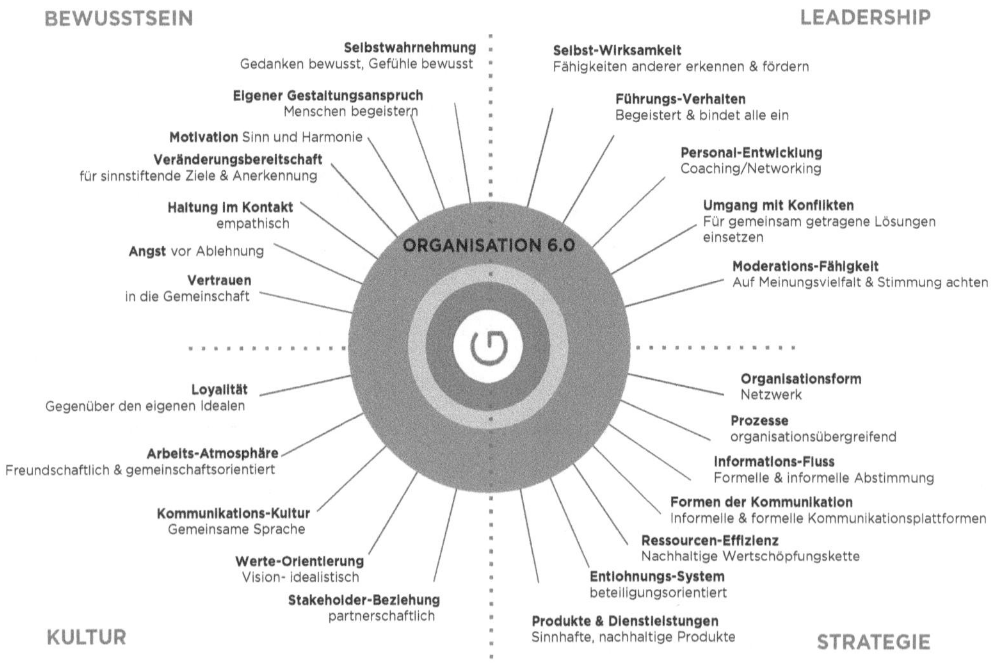

Abb. 19: Potenzialentfaltungskulturen Grün (Götz 2014)

Die große Gefahr von Grün besteht darin, im Ringen um die Bedürfnissbefriedigung aller und der Gleichberechtigung per se stecken zu bleiben oder sich in der Suche nach dem Konsens zu verlieren. Über den Prozess, in dem jeder angehört werden muss, kann die eigentliche Aufgabe verloren gehen.

Bewusstseinsebene 7.0 – FlexFlow-Organisation

Organisationen 1.0 bis 6.0 nennen wir First-Tier-Organisationen, der Sprung nach 7.0 bedeutet dann einen Sprung auf die Ebene der Second-Tier-Organisationen, einer völlig neuen Dimension des Bewusstseins und der Wirtschaft. Individuelles und organisationales Handeln auf dieser Ebene wird weniger von der Begrenztheit des Ego und der Unbewusstheit von den dahinterliegenden Gefühlen gesteuert. Vielmehr sind wir hier in der Lage, ein viel größeres Potenzialfeld wahrzunehmen und uns damit zu verbinden, quasi eine Art Potenzial-Wiki.

»Grüne« Leader bewegen sich noch in einem Entweder-oder-Denken, während »gelbe« Leader scheinbare Widersprüche auf einer höheren Ebene in eine größere Lösung integrieren können, weil sie das ganze, also das darüber sich aufspannende Bild sehen können und sehen wollen. »FlexFlow«-Organisationen sind prozessorientiert und entwickeln eine Intelligenz jenseits der rationalen, emotionalen und Beziehungskompetenz. Sie entwickeln ein inneres Bewusstsein für ihre Aufgabe, ihren Beitrag für das große Ganze und Lösungen, die dem Menschen, dem Planeten und dem Profit gleichermaßen dienen. Change Leader, wie ich sie nenne, haben eine Fähigkeit, das große Ganze wahrzunehmen und in einer übergeordneten Präsenz zu sein. Und diese Präsenz folgt einem Prozess, den die Sozialforscher und Management-Vordenker Peter Senge, Otto Scharmer, Betty Sue Flowers and Joseph Jaworski als »Presencing« beschreiben. (Im Kapitel 4 auf Seite 160 beschreibe ich diesen Prozess ausführlich.) Kommunikation auf dieser Stufe geht über den inhaltlichen Dialog des einzelnen hinaus, der stellvertretend für das Potenzial steht, das in der Situation und in der Organisation liegt, da wir jetzt nicht mehr am Ego des einzelnen kleben, sondern davon frei sind. Besonders interessant finde ich Organisationen wie Semco von Ricardo Semler in Brasilien, Tesla Motors von Elon Musk, die »Young Global Leaders«, eine junge Gruppe von Change Leadern innerhalb des World Economic Forum in Davos,

Fairphone in den Niederlanden und eine Reihe anderer Organisationen, die auf dem Prinzip der Shareconomy operieren.

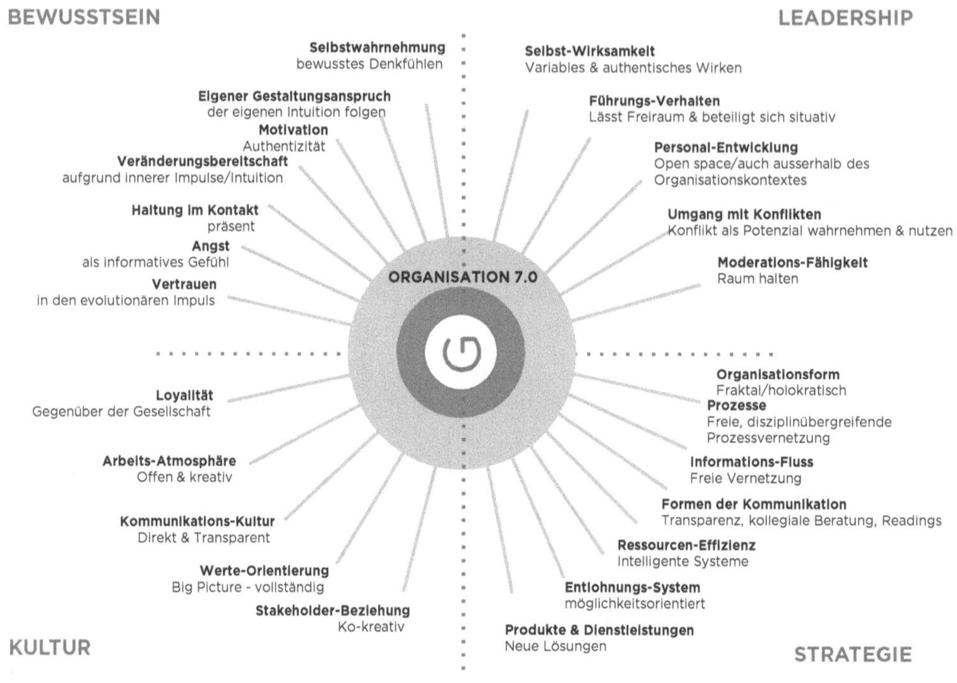

Abb. 20: Potenzialentfaltungskulturen Gelb (Götz 2014)

Bewusstseinsebene 8.0 – Holistischer Organismus

»Türkis« bedeutet vor allem die holistische, komplexe Verknüpfung von allem mit allem. Vielleicht haben Sie schon einmal von dem Schmetterlings-Effekt gehört, der auf die Forschungen des amerikanischen Meteorologen Edward Lorenz zurückgeht. Er fand heraus, dass geringfügig veränderte Anfangsbedingungen in langfristigen Verläufen nicht-linearer, dynamischer Systeme zu einer völlig anderen Entwicklung führen. So stellte er in einem Vortrag 1972 die Frage: »Kann der Flügelschlag eines Schmetterlings in Brasilien einen Tornado in Texas auslösen?« Holistische Organisationen operieren also nach dem Prinzip des kollektiven

Wissens, dem Lernen in Netzwerken und Führen aus der Zukunft, letztlich der Erfahrung von Zusammenhängen im Chaos. Ihnen gelingen Transformationen, die für die Gesellschaft und Unternehmen wirksam werden, weil sie aus einer übergeordneten Wahrnehmung passieren. Das Designprinzip »Bio-mimicry« einer holistischen Organisation basiert auf den Grundlagen der Natur. Die Natur ist in einem Kreislauf angelegt. Im Rahmen der Jahreszeiten gibt es keinen Müll, denn die Blätter, die im Herbst abfallen, werden im Frühjahr wieder zu neuer Erde. Diese »Circular Economy« – oder Kreislaufökonomie – nimmt diesen Ansatz auf und formuliert hoch interessante Geschäftsmodelle daraus (siehe im Kapitel 5 ab Seite 199). Ich kenne noch keine Organisationen, die das in Reinform leben, aber deutliche Tendenzen kann ich u. a. bei Wikipedia, Linux, Firefox und airbnb erkennen.

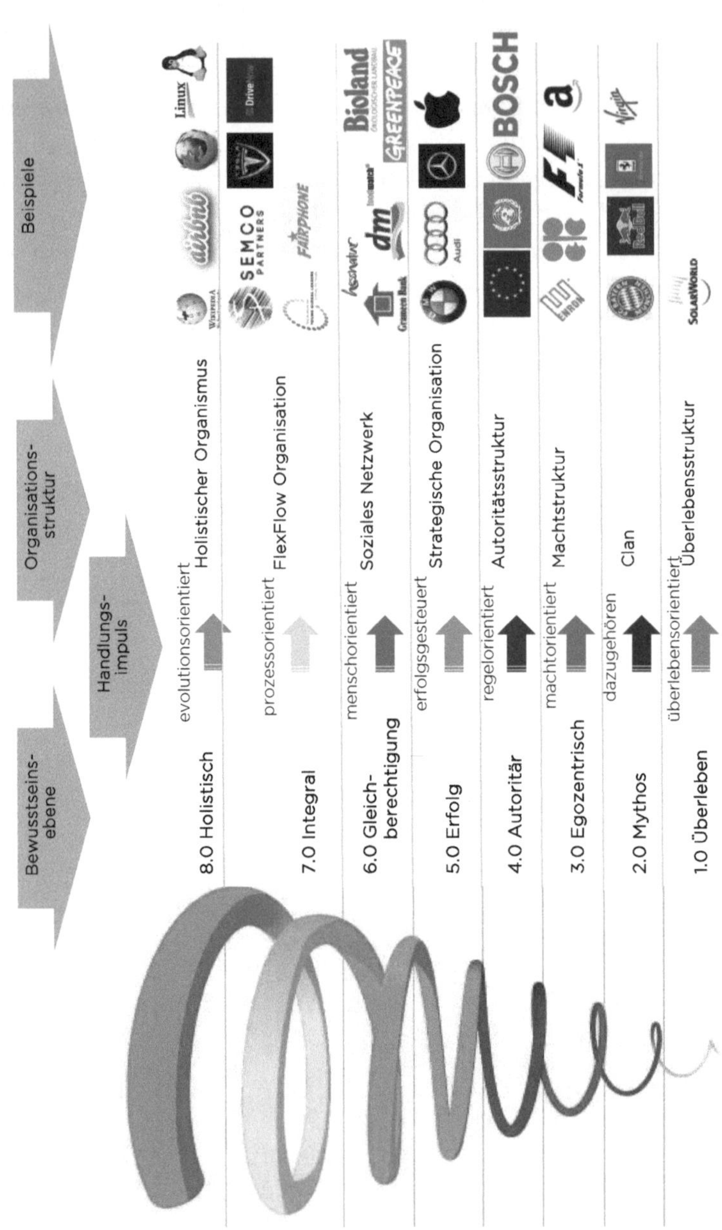

Abb. 21: Potenzialentfaltungskulturen (Götz 2014)

Viele Organisationen sind schon auf dem Potenzialweg

NewTec – Eine grüne Organisation auf dem Weg zur gelben

Ich gehe den Bürogang entlang und sehe an einer Tür das Schild hängen »Stille – nicht stören« und frage den Geschäftsführer: »Was bedeutet das?« Der sagt: »Wir beginnen unsere Meetings mit zehn Minuten Stille, damit sich alle sammeln können, wirklich präsent sind und dann Probleme anpacken ohne Pokerface, politische Spielchen und Kopfsalat.« Wir gehen in sein Büro, und ich kann weder Hektik, Stress noch einen überbordenden Schreibtisch erkennen. Ich frage ihn: »Sind Sie auf dem Weg in den Urlaub?« Aber er antwortet mir: »Nein, ich bin der Berater und Coach von meinen Mitarbeitern, die jetzt selbst alle Entscheidungen treffen.« »Aha«, sage ich. »Und was heißt das?« »Naja«, sagt er. »Bis vor zwei Jahren trafen wir, die vier Geschäftsführer, alle Entscheidungen, jedes Problem kam bei uns an und da lagen sie nun, die Berge der ungelösten Fälle, dann hat es uns gereicht. Jetzt kommen die Mitarbeiter nur noch mit wenigen Fällen, zu denen sie eine weitere Perspektive hören wollen oder erkundigen sich, worauf sie vielleicht noch achten könnten, aber dann trifft jeder seine Entscheidung allein.« »Wow«, sage ich. »Da braucht es viel Vertrauen. Und was passiert, wenn mal was in die Hose geht, ist dann hire and fire angesagt?« »Nein«, sagte er ruhig. »Denn wir können alle aus Fehlern lernen und das Schlimmste wäre, wenn wir als Geschäftsführung überall eingreifen würden, denn dann ist es sofort vorbei mit der Potenzialentfaltungskultur und wir können wieder alles selber machen.«

Diese hier beschriebene Organisation hatte einst an dem »Grün-Sumpf-Syndrom« gelitten. Alle durften alles sagen, jeder wurde angehört und berücksichtigt, keiner tat einem anderen weh, alle fühlten sich gleich und jeder hat jeden einbezogen – und am Ende wurde die Projekte nicht fertig! Also wurde die Ausrichtung gewechselt, die Arbeit fing damit an, Selbst-Wahrnehmung zu schulen, Gefühle zu spüren und benennen zu können und die Haltung im Kontakt zu erweitern von empathisch zu völlig präsent, bei sich, bei dem Anderen und den Blick zu haben für das Potenzial, das daraus entstehen möchte. Konfliktlösungsseminare wurden ergänzt um Workshops zum Thema Präsente Kommunikation. Das alles half, ein neues Bewusstsein im Unternehmens-Alltag zu verankern.

Dieser Prozess wurde Top-Down angegangen, ja Sie haben richtig gelesen. Die Geschäftsführer gingen voran und stellten sich persönlich dem Prozess, dann die

Bereichsleiter und erst dann die Mitarbeiter. Das brachte dem Kulturwandel eine hohe Glaubwürdigkeit, denn die Geschäftsführung hatte von niemanden etwas verlangt, zu dem sie nicht selbst bereit waren. Plötzlich war es in dieser Ingenieurskultur normal geworden, über Gefühle, Zweifel und Bedenken zu sprechen, um aus der neu gewonnenen Präsenz neue Lösungen zu finden, die bis dahin keiner sehen konnte. Auch die Anzahl der Meetings ist gesunken, denn brisante Themen wurden frühzeitiger erkannt und ausgeräumt. Die Konfliktfähigkeit ist gestiegen, denn es ging ja nicht mehr um die Person oder Rolle, sondern um die dahinter stehenden Bedürfnisse und den Menschen. Potenziale wurden erkennbar, die im Unternehmen bisher gar nicht wahrgenommen wurden. Dafür konnte nun Raum gefunden werden. Doch bei allem gab es die ganz klare Haltung, dass alles freiwillig war. Niemand musste irgend etwas.

Stellen Sie sich das bitte einmal so vor: Wenn ein Mitarbeiter einfach nur Software-Entwickler bleiben will, weil ihm das reicht, wird er nicht gezwungen, eine andere Position zu erklimmen, die nicht zu ihm passt. Genauso verhält es sich, wenn ein Mitarbeiter seine Führungsposition wieder abgeben will oder wenn er einfach keine Zeit, keine Lust oder noch Bedenken hat, sein Bewusstsein und seine Wahrnehmung zu entwickeln. Es ist weder gut noch schlecht. Potenzialentfaltungskultur ist ein Angebot, hier wird die Hand gereicht, es werden Wahrnehmungen angeboten und alle vier Potenzialräume werden im Mitarbeitergespräch angesprochen. Das löst bei dem einen oder anderen tatsächlich die Lust aus, sich selbst mehr zu erforschen und zu erkunden, was sein nächster Schritt, was sein eigentlicher Platz ist.

Potenzialentfaltungskultur steht nicht im Widerspruch zur Ressourcennutzung, denn es geht natürlich immer auch um das Geld verdienen. Der wesentliche Unterschied ist aber, dass wir hier nicht stehen bleiben. In besagtem Unternehmen findet viermal im Jahr ein Innovationskreis statt, der sich ausschließlich der Kulturarbeit im Unternehmen widmet, mit den Führungskräften und Mitarbeitern, die das Seminar bereits besucht haben und es in die Praxis umsetzen. Und hier sehen wir wieder den Unterschied zu »Orange« oder »Grün«. In einem 360°-Stuhlkreis sind es Gleiche unter Gleichen, egal welche Hierarchiestufe. Wenn die Geschäftsführer aus einer globaleren Sicht nicht einverstanden sind mit einem Vorschlag, dann gibt es allerdings kein »rotes« Machtwort, mit dem auf einen Schlag »Grün« und »Gelb« totgemacht würde, sondern es gibt einen inneren Kreis, bei dem sich die vier Geschäftsführer über ihre Bedenken, Impulse und Fragen unterhalten und damit weitere Anstöße geben wollen für eine noch bereichherndere »gelbe« Kulturarbeit.

NewTec

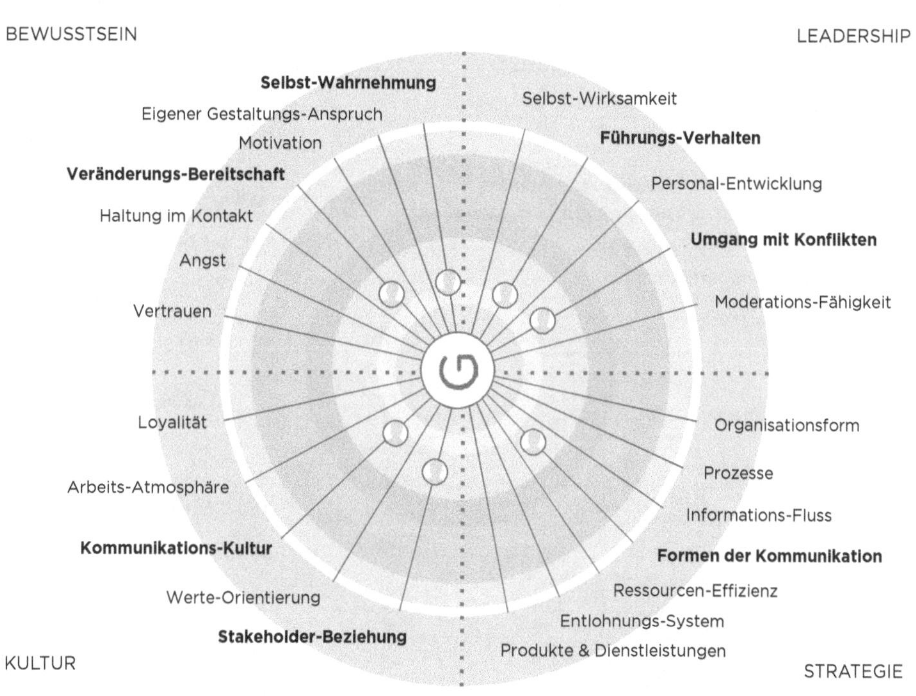

Abb. 22: Potenzialentfaltungskultur NewTec (Götz 2014)

Stimmt das, was Peter Drucker sagt: »Culture eats Strategy for Breakfast«?

Ich ging in den Seminarraum und erlebte tote Gesichter, resigniert und irgendwie verloren. Rational gesehen waren alle Führungskräfte bemüht und engagiert, einen Weg aus der strategischen Sackgasse zu finden. So viele Workshops haben sie schon veranstaltet, aber keine Auswege gefunden. Die Wahl war jeweils Pest oder Cholera, den Bereich zusperren oder verkaufen. In jedem Fall lag ein Scheitern auf der ganzen Linie.

Wie geht es Ihnen, wenn Sie scheitern? Noch mehr Gas geben und irgendwie verbissen versuchen, das Ruder rumzureißen? Und wer kümmert sich um die Gefühle? Wer um das Vertrauen in neue Wege und um Motivation und Veränderungsbereitschaft? Also womit anfangen? Mit einer neuen Strategie oder mit dem Bewusstsein oder mit beidem? Wer neue Strategien finden und umsetzen will, darf sich auch an dem Potenzial der Mitarbeiter orientieren.

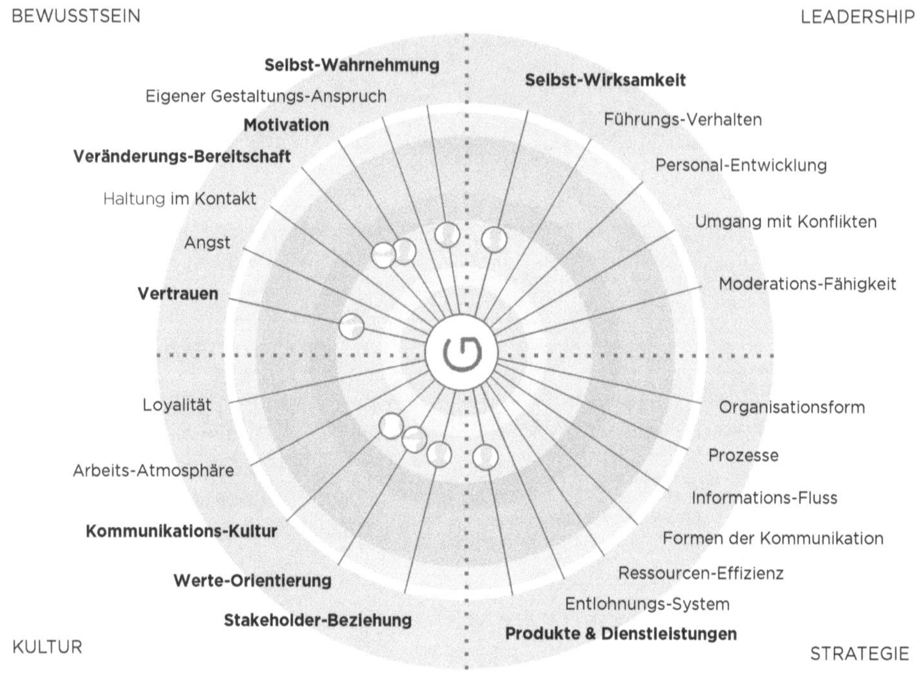

Abb. 23: Potenzialentfaltungskulturen Beispiel 2 (Götz 2014)

Stecken Sie einfach mal alle zusammen und stellen alles in Frage und bauen Sie wieder völlig anders zusammen. Spielen Sie nicht dasselbe Spiel etwas besser, sondern ein anderes Spiel. Erlauben Sie sich, anders zu sein, nicht besser. Nach und nach erwächst daraus ein neues Vertrauen, eine neue Wahrnehmung von sich und dem Kollegen, eine pure Freude am Ausprobieren. Wofür stehen Sie denn eigentlich? Was macht Sie und die anderen wirklich aus? Wie wollen Sie Ihre unternehmerische Welt gestalten? Was lernen Sie über sich selbst und Ihre

Potenziale, wenn Sie Misserfolg und Scheitern bei sich, bei Mitarbeitern und Kollegen erleben? Suchen Sie offene Antworten und beobachten, was passiert.

In dem Beispielunternehmen passierte das unglaubliche »Culture eats Strategy for breakfast«. Das war natürlich erst der Anfang, denn für eine neue Unternehmenskultur brauchte es ein neues Bewusstsein. Also machte sich der komplette Führungskreis auf die Innere-Leadership-Reise, um Antworten auf die Fragen zu bekommen: Aus welchen Impulsen heraus handele ich? Was ergibt für mich wirklich Sinn? Was ist mein Beitrag für die Wirtschaft und Gesellschaft? Was ist mein Wertekompass, der diesen Beitrag unterstützt? Wie kann ich mir meiner Gedanken und Gefühle bewusst werden, aufgrund derer ich so handele? Worauf basiert meine Motivation zur Veränderung? Was ändert sich an meinem Verhalten meinen Mitarbeitern gegenüber und wie stehe ich deren Potenzialen gegenüber, wenn ich meine Konzepte über mich und die Welt fallen lasse, wenn ich das »orange Bewusstsein« des immer höher, schneller, weiter loslasse? Wenn ich Platz mache für eine sinnstiftende Kultur der Partnerschaft, der Begegnung auf Augenhöhe mit Mitarbeitern, Lieferanten und Kunden? Welche sinnstiftenden Potenziale und Produkte ergeben sich dann daraus für eine nachhaltige Welt?

In einem Prozess über fünf Jahre haben wir parallel Top-Down mit dem 50er Führungskreis an dem individuellen Bewusstsein und der kollektiven Kultur gearbeitet, die innerhalb des Konzerns zu einer neuen Strategie geführt hat und als Testlabor weltweit gesehen wird.

Unser größter Albtraum ist es, unsere Innovationskraft zu verlieren

Wie findet Innovation statt? Im Kopf, aber nicht nur da. Denn erst dann, wenn wir ein Bewusstsein erlangen über unsere Gefühle, Gedanken und Haltungen, dann verstehen wir auch, was wir wirklich im Außen wahrnehmen und was uns eigentlich steuert. Die Titanic ist nicht aufgrund einer kleinen Eisspitze untergegangen, sondern durch den Aufprall auf den gigantischen Eisberg unter der Wasseroberfläche. Nur den wollte keiner – zumindest nicht rechtzeitig – wahrhaben. Also liegt die Chance in der Wahrnehmung dessen, was »wirklich« Sache ist und das zuerst zu akzeptieren, denn Innovation beginnt damit, das Alte in Frage zu stellen.

Wie können Sie das aber tun, wenn Sie nicht bereit, willens und fähig sind, das »Alte« loszulassen? Loslassen geschieht erst einmal durch das Annehmen und die Wertschätzung dessen, was Sie erreicht haben. Gehen Sie an diesem Punkt nicht weiter, sondern halten Sie einfach einmal inne. Sobald Sie den »Eisberg« näher erforscht haben, bekommen Sie einen »stabilen Kompass«, der Sie auf dem Weg im Sturm leiten kann, wenn wir Innovationen entwickeln wollen. Denn erst wenn wir das Gewohnte verlassen, haben wir eine Chance, das Neue zu entdecken, zu sehen, aber das braucht Mut, Vertrauen und Rückgrat. Erst wenn wir gelernt haben, mit Unsicherheit, Unklarheit und Angst vor dem Versagen umzugehen, schaffen wir einen sicheren Raum für Neues und genau das haben wir bei unserem Kunden, einen marktführenden, mittelständischen Konzern, gebraucht.

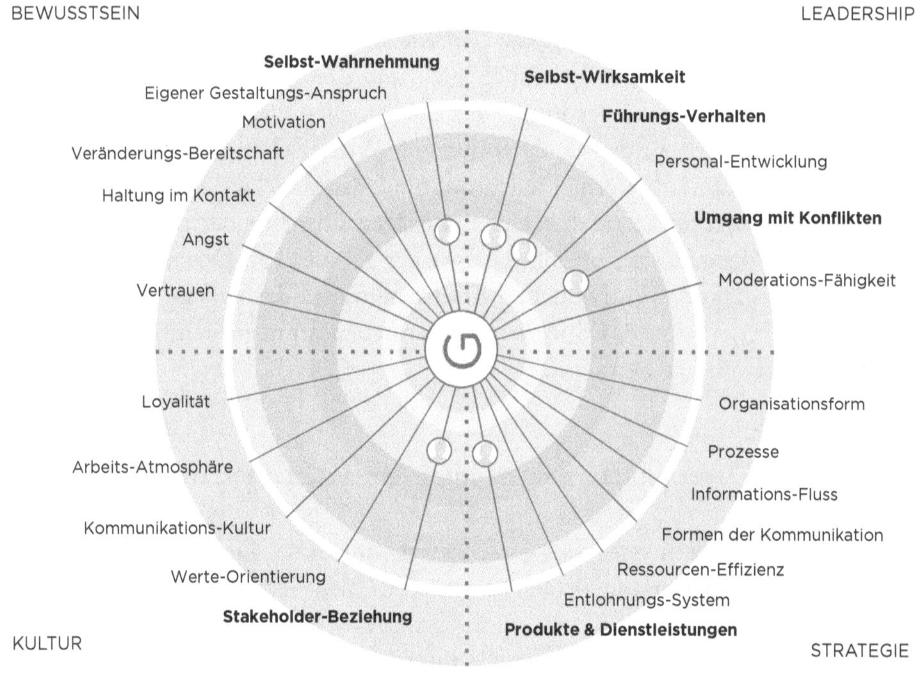

Abb. 24: Potenzialentfaltungskulturen Beispiel 3 (Götz 2014)

Nachdem 2005 ein Joint Venture aus einstigen Wettbewerbern geschaffen wurde, begann unsere Arbeit 2005 mit dem Aufbau eines Pools von Kultur-Architekten, der nicht als Haifischbecken angelegt war für Kronprinzen, sondern als Entwicklungsbecken einer kritischen Masse von Potenzialentfaltern für eine neue, gemeinsame Innovationskultur. Durch das Schaffen eines gemeinsam gelebten Wertekanons, einer gemeinsamen Sprache, gemeinsam erlernter Kultur- und Innovationswerkzeuge und einer Forschungsreise zu dem Integralen Inneren Kompass verzahnten sich getrennt lebende Kulturen aus der Historie zu etwas Neuem. Der nächste Schritt muss es nun sein, weiter über die Kraft des individuellen Bewusstseins hinaus ein allseits präsentes Momentum zu generieren, das überall Akzente für neues Denken und Handeln setzt. Damit hat dieses Netzwerk das Potenzial, die Unternehmenskultur von unten nach oben neu zu beleben.

Integrales Potenzial-Mapping 7.0 der deutschen Wirtschaft

Bevor wir zu den Ergebnissen des Integralen Potenzial-Mappings 7.0 der deutschen Wirtschaft vordringen, lassen Sie mich das Tool kurz erklären, mit dem wir das Thema am 24.7.2013 erkundet haben. Beteiligt waren außer mir noch Thomas, Susanne, Axel und Markus.

Was ist ein Integrales Potenzial-Mapping 7.0?

Es geht um eine tiefere Erforschung des wirkenden Bewusstseins einer Organisation, eines Unternehmens, einer Nation oder eines Systems. Durch das Gruppenfeld und die Gruppenintelligenz werden personale und transpersonale Räume erforscht, die Informationen enthalten, die jenseits einer kognitiven Stärken-Schwächen-Analyse oder einer systemischen Hypothesenbildung liegen. Das limitierende Bewusstsein, dass sich aus den blinden Flecken der persönlichen Wahrnehmung ergibt, wird auf diese Weise erweitert. Durch Intuition und Präsenz wird eine Wahrnehmung ermöglicht, die tief liegende *Fixierungen* und unbewusste *Potenziale* einer Organisation oder eines Unternehmens offenlegt, greifbar und spürbar macht. Die auf dieser Basis gewonnenen Potenziale entfalten sich dann in einem zweiten Schritt zu konkreten neuen unternehmerischen Lösungen, die langfristig tragen und wirksam sind.

Wie funktioniert ein Integrales Potenzial-Mapping 7.0?

Bei einem Integralen Potenzial-Mapping 7.0 öffnen sich alle Teilnehmer für intuitive Wahrnehmungen und Inspirationen, die jenseits des rational-logischen Denkens angesiedelt sind. Auch wenn Sie jetzt skeptisch sind, die gewonnenen Informationen sind häufig eine sehr gute und treffsichere Ergänzung zu herkömmlichen Analysen des Wirtschaftssektors. Während der intuitiven Analyse stellen die Teilnehmer bewusst ihr rational-logisches Denken in den Hintergrund, sodass die intuitiven Informationen mehr Platz erhalten. Das bedeutet jedoch auch, dass der folgende Text weder rational schlüssig, noch kohärent erscheinen muss. Es besteht kein Anspruch auf einen direkt übersetzbaren Wahrheitsgehalt.

Stattdessen werden innere Bilder, körperliche Empfindungen und Gefühle direkt ausgedrückt und mitgeteilt, was auf einen stark rational-fokussierten Leser eher chaotisch wirken kann. Jedoch dienen diese Techniken dazu, die Intuition und Inspiration im ganzen Team anzusprechen, auszulösen und einen gemeinsamen kreativen Prozess in Gang zu bringen.

Um als Leser tief in den folgenden Text einzutauchen und einen Nutzen daraus zu ziehen, empfiehlt es sich für die nächsten Seiten, eine rational-logische Sicht zu vernachlässigen und sich für ein tieferes Empfinden und ein erlebbares Wahrnehmen der deutschen Wirtschaft zu öffnen. Lesen Sie nicht objektiv *über* die Wirtschaft, sondern intuitiv *aus ihr*. Nehmen Sie wahr, wo Sie innerlich dasselbe fühlen oder wo Sie eine andere Wahrnehmung haben. Nehmen Sie wahr, bei welchen Informationen sich Ihr ganzes System anspannt und ein Widerstand auftaucht – achten Sie auch auf Ihre Körpergefühle – und wo sich Ihr System entspannt oder sogar ein Aha-Effekt auftaucht. Ergänzen Sie das Gesagte durch Ihre eigene Wahrnehmung. Die Information für einen Bewusstseinswandel in der deutschen Wirtschaft entsteht nicht aus dem rational-logischen, bereits bekannten Raum, sondern aus dem noch Ungeformten, welches sich uns als erste *Ahnung* zeigt. Nur so kann wirklich Neues auftauchen.

Ergebnisse des Integralen Potenzial-Mappings der deutschen Wirtschaft

Stefan Götz: »Wo steht die deutsche Wirtschaft heute? Welche Energie hat sie? Welche unbewussten Teile, Blockaden gibt es? Was ist das Potenzial? Welche Aufgabe in der Welt hat sie?«

Susanne: »Ich sehe zuerst mal das deutsche Land geographisch innerhalb von Europa und merke, wenn ich mich darauf einstimme, ist da eine ziemliche Wucht und Kraft. Dann spüre ich eine Liebe für das Ganze, also dieses Deutschland, das Wirtschaftssystem und die Kultur dieses Ganzen. Da ist ein Gefühl, als ob das enorme Gewicht von Deutschland durch diese Karte durchsinkt.«

Markus: »Als ob es seine eigenen Wurzeln kontaktiert, was ich sehr gesund empfinde. Nach dem letzten Krieg war Deutschland sehr erschüttert und jetzt ist ein gesunder Prozess im Gange – nicht nur für Deutschland, es kommt eine neue Zeit, so fühlt sich das an.«

Suanne: »Es gibt enorm viel Bewegung im Wirtschaftssystem, sodass mir schwindlig wird, und ich ein bisschen die Bodenhaftung verliere.«

In der deutschen Wirtschaft besteht die Tendenz, immer mehr zu tun und in Aktionismus zu verfallen.

Axel: »Wenn ich mich einfühle in die deutsche Wirtschaft, dann merke ich ein Hadern, weil ich diese Wucht auch in mir spüre, diese Form von Ausdehnung mit enorm viel Kraft und Intelligenz. Ich mag gar nicht richtig landen, irgendwas in mir zieht sich zusammen, ich beginne zu wanken mit meiner ganzen Kraft. Es kommen das Thema ›Selbstwert‹ und die Frage, ob ich das wirklich darf (lacht). Absurd, aber die deutsche Wirtschaft hadert mit ihrer Wucht.«

Thomas: »Ja, das ergibt auch Sinn für mich.«

Wenn wir die Werte- und Sinnfrage nicht stellen, dann hebt die deutsche Wirtschaft immer weiter ab und wird sehr, sehr viel ungesünder, als sie es jetzt schon ist.

Thomas: »Da gibt es einen ganz hohen Bedarf an Sinn, wobei Sinn nicht mit Zielen zu verwechseln ist. Es geht um die Einbettung in etwas Größeres, in etwas Integrierendes. Ein ethnozentrischer (gruppenbezogener) oder staatlicher Sinn greift nach meinem Gefühl zu kurz, es braucht eine größere Betrachtung.«

Stefan Götz: »Wie ist die deutsche Wirtschaft verbunden mit dem Hier und Jetzt? Wo ist die Verbindung zu den Menschen, zur Geschichte?«

Die Verbindung zur Basis fehlt. Um das zu kompensieren, versucht man, den Motor schneller zu drehen, als würde das mehr Stabilität geben.

Axel: »Wenn ich mich dahin verbinde, dann merke ich, das ist so heiß, da ist so viel Energie am Vibrieren. Ich weiß gar nicht, wer das überhaupt aushält. Es ist, als ob man sich die Finger auf einer heißen Platte verbrennt.«

Markus: »Wenn ich die Innen-Außenseiten-Betrachtung der vier Quadranten (vgl. AQAL-Modell nach Ken Wilber) mache, dann gibt es in Deutschland eine ganz starke moderne, sogar postmoderne Wirtschaft und Kultur, auch auf der mentalen, kognitiven Ebene, aber unsere Emotionalität hängt immer noch in diesem ethnozentrischen, alten Sumpf fest, da hat es keine Entwicklung gegeben. Die Ebenen der Technik, der Kognition und der emotionalen Reife klaffen stark auseinander. Es gibt in der emotionalen Entwicklungslinie einen starken Nachholbedarf. Es sind ein oder zwei Generationen vergangen, seit in Deutschland etwas ziemlich Furchtbares generiert wurde für ganz Europa. Dass wir langsam an einen Punkt kommen, wo das überhaupt mal Raum findet und nicht mehr ausagiert, nicht mehr in Krankheit und auch nicht in Aktionismus verdrängt werden muss, sondern wirklich eine tiefere Betroffenheit für die Welt entstehen darf. Da gibt es für Deutschland, für die deutsche Wirtschaft eine Aufgabe, die nicht nur darin besteht, möglichst billig mit Hightech irgendwelche Teile herzustellen, sondern da kommt nun vermehrt diese Sinnfrage. Es wird mir noch mal deutlich, dass die emotionale Linie gekappt ist, was zu einer Fokussierung auf den Verstand und auf Ablenkung in Arbeit geht, die selbst ganz wenig reflektiert ist.«

Die Bewusstheit über emotionale Vorgänge ist unterentwickelt, es wird oft nicht gefühlt. Das führt zu einer Fokussierung auf den Verstand und die Ablenkung in der Arbeit.

Stefan Götz: »Wo gibt es in der deutschen Wirtschaft Felder, Gebiete oder Personen, die diese emotionalen Potenziale haben, leben oder tragen können?«

Markus: »Das Erste, was ich jetzt noch intuitiv wahrnehme, ist ein kollektiver Schock. Das ist der Grund, wieso man nicht in die Basis runterkommt. Da würde man den Schock fühlen. Denn die emotionale Linie ist bis zum Ethnozentrischen entwickelt, steckt aber noch in diesem Sumpf fest. Das ist der Sumpf, den ich auch fühle, wenn Gruppen zusammenkommen, eine Art kollektive Kontraktion.«

Die Individuen halten ihr Potential zurück und zeigen sich nicht ganz, als ob es gefährlich wäre, nach vorne oder in eine Führungsposition zu gehen.

Axel: »Und es ist auch spürbar, was das System für eine Kraft auf den Einzelnen hat. Wenn ich jetzt auf die Gesellschaft schaue, sehe ich diese schon weiterentwickelt. Aber wenn die Menschen im Unternehmen sind, dann fallen dieselben Menschen zurück in ihrer Entwicklung.«

Viele haben für sich eine wesentlich höhere Kompetenz entwickelt, als sie sich trauen, bei ihrer Arbeit und im Unternehmen einzubringen!

Axel: »Es gibt eine abgespaltene Angst, nicht wirklich vorne zu stehen und zu sagen: ›Wir lassen Leute mit vollkommener emotionaler und ethischer Inkompetenz an die Spitze!‹ Und ich merke, da brodelt etwas von unten hoch.«

Thomas: »Das deckt sich auch mit meiner Intuition, dass gerade Führungspersonen einen Stress haben, der erst mal nicht wirklich zu erklären ist mit dem Alltag. Sondern es kommt eine Komponente rein, die wir dann als ›viel Arbeit, Termine und viel dies und jenes‹ rationalisieren. Aber ich glaube, hier presst sich eine andere Instanz rein, die verkannt wird als das, was sie ist, und dann wird mit noch mehr Terminen und noch mehr Anstrengung versucht, das System eng zu halten, statt sich mal zurückzulehnen, hinzuschauen und sich zu fragen: ›Wie viel Reibungswiderstand produzieren wir?‹«

Wenn wir uns ehrlich fragen: »Bin ich wirklich noch mit dem Herzen dabei?« – Dann könnte sich viel verändern.

Thomas: »Also, was ich oft wahrnehme ist, dass Führungspersonen in der eigenen Familie andere Verhaltensweisen befürworten als in der Firma. Es fehlt der Transfer aus dem Persönlichen in eine größere Einheit (Firma, Organisation). Bei der Arbeit geht es noch ums Überleben, um Macht und um Angepasstsein, doch die Leute sind nicht glücklich damit. Das führt zu einem starken, inneren Stress, der unter Umständen sogar machtvoller und zerstörerischer ist, als der ganze andere Stress aufgrund der Terminüberlastung. Eine innere Zerrissenheit, da Werte aneinanderstoßen, was nicht erkannt wird.«

Stefan Götz: Wo sind Kräfte in der Wirtschaft, die Unterstützung geben können? Sind es mittelständische Unternehmer, Manager oder gar Frauen? Wer hat das Vertrauen und den Mut, sich in der Wirtschaft hinzustellen und diese Geburt des Neuen zu begleiten?

Thomas: »Also, ich glaube, dass es solche Individuen schon gibt, aber ich weiß nicht, ob es eine deutsche Firma gibt, wo sich das Integrale schon zeigt. Wobei ich auch schon einen anderen Trend sehe. Es geht um die abgeschnittene, emotionale Linie, und da muss es noch nicht gleich Second-Tier-Bewusstsein zeigen. Es geht erst mal darum, über die Blockade zu kommen.«

Viele mittelständische und junge Geschäftsführer fühlen einen intrinsischen Antrieb, die Wirtschaftskultur zu verändern. Sie benötigen Unterstützung und Ermutigung.

SUSANNE: »Ich sehe, dass das ganze Wirtschaftssystem ganz von allein hochkocht und irgendwann geht wie bei einem Druckkochtopf die Luft raus, weil es so heiß ist. Dann sackt das ganze System runter und kommt in Kontakt mit der Basis.«

STEFAN GÖTZ: »Wäre dann Burn-out sogar hilfreich?«

MARKUS: »Ja, wenn es nicht zu zerstörerisch ist und in eine kompetente Hilfe fließt, jenseits von Psychopharmaka. Also wenn ein Schritt erfolgt, der die zurückgebliebenen Emotionen aufarbeitet, in Richtung postmodern, vielleicht sogar integral. Je mehr Leute in den Burn-out kommen, desto mehr werden die Leute merken, es geht nicht so weiter. Und desto mehr setzen sich auch Methoden aus der nächsten Bewusstseinsebene durch, weil es durch Burn-out immer mehr Präsenz und Achtsamkeitstraining für Führungskräfte gibt, und das immer mehr zum Mainstream wird. Das wäre ein Ausdruck in den rechten Quadranten. Die Gefahr von Regression ist natürlich da.«

AXEL: »Ich sehe eine hohe Intelligenz am Werk, welche sich auf das Neue ausrichtet. Der Schmerz ist die Legitimation für die Veränderung.«

Burn-out und Schmerz ist die Legitimation, um das Wirtschaftssystem nachhaltig zu verändern und neuen kreativen Impulsen eine Chance zu geben.

STEFAN GÖTZ: »Was könnte der Dienst der deutschen Wirtschaft im Integralen sein?«

MAKRUS: Ich glaube, dass es in Deutschland eine Empfänglichkeit für höhere Werte gibt. Und dann ist uns natürlich hier mal die Katastrophe passiert bzw. wir haben sie kreiert, dass wir so ein Streben nach etwas Höherem kollektiv in den Dienst von etwas ganz Primitivem gestellt haben. Und jetzt braucht es eine ganz hohe Achtsamkeit, um ein Potenzial nach vorne zu entwickeln mit möglichst viel Nutzen für möglichst viele, sodass wir mit dem Herzen und der Seele wieder dabei sind. Wobei ich Seele nicht nur als Synonym für die psychischen Vorgänge sehe, sondern wirklich für eine höhere Intelligenz.«

THOMAS:

> *Ich glaube, die deutsche Wirtschaft hat eine extrem hohe Kompetenz, mit Komplexität umzugehen, wenn sich das mit einem feinen Wertesystem verbindet, werden kreative und innovative Lösungen für die ganze Welt entstehen.*

»Dieses Bild taucht in mir auf, mit mehr Freude und Herzenergie. Strukturen werden sich völlig verändern und die Schnelligkeit ist nicht mehr so stressig.«

> *Der Schlüssel liegt darin, dass das Herz und die Werte wieder integriert werden. Wenn dann auch noch der Sinn dazukommt, wird es in der kognitiven, aber auch in der technischen Entwicklungslinie einen Quantensprung geben.*

»Das kann ganz leicht gehen.«

AXEL: »Bei mir taucht da ›der Dienst für die Welt‹ – aus innerem Überfluss heraus – auf. Nicht aus einer Enge, sondern weil wir wirklich erkennen, dass es uns besser geht, wenn wir möglichst viele mit einbeziehen.«

> *Eine Öffnung hin zum Fühlen führt zu einer viel intelligenteren Wirtschaftskultur, in welcher Machtstrukturen ihre Wichtigkeit verlieren.*

»Da braucht es eine Öffnung zum Fühlen, damit es wieder zu einem kompetenten Umgang mit aufgestauten emotionalen Bereichen aus dem eigenen Leben, aus der Firma und aus dem Kollektiven kommt. Dass sich die Emotionalität, wie z. B. die Angst, wieder in Möglichkeiten und Möglichkeiten sich in Liebe und Mitgefühl erweitern können. Und plötzlich spielen auch enge Machtstrukturen keine so große Rolle mehr. In dem Punkt fallen die weg, wie auch Dämme brechen können. Ich habe Gänsehaut, weil es immer näher an das Potenzial der deutschen Wirtschaft kommt, was das für eine Dynamik ist, welche Freude und was für eine Lebendigkeit plötzlich entsteht. Wenn man das in altmodischem

Orange (Spiral-Dynamics-Modell) sagen würde: ›Was für ein Effizienzgewinn! Unglaublich!‹ Also eine Mords-Chance für Kooperation auf einer viel, viel, viel höheren Ebene. Wo viele Entlohnungs- und Arbeitszeitmodelle sich anpassen und der rechts unten Quadrant sich stark anpassen würde. Das wäre viel weniger ein Problem, als wir jetzt denken. Und wir schauen viel zu viel auf Kennzahlen und versuchen, unten rechts was zu ändern, was sich auf einer Ebene nur oben links und unten links, also in dem Erleben, in dem inneren Erleben öffnen wird.«

> *Wenn die deutsche Wirtschaft sich wieder vermehrt den inneren Quadranten zuwendet, wird die zurückgehaltene Energie wie ein Korken rausfliegen und das ganze Potenzial und der Erfindergeist wird wieder sprudeln!*

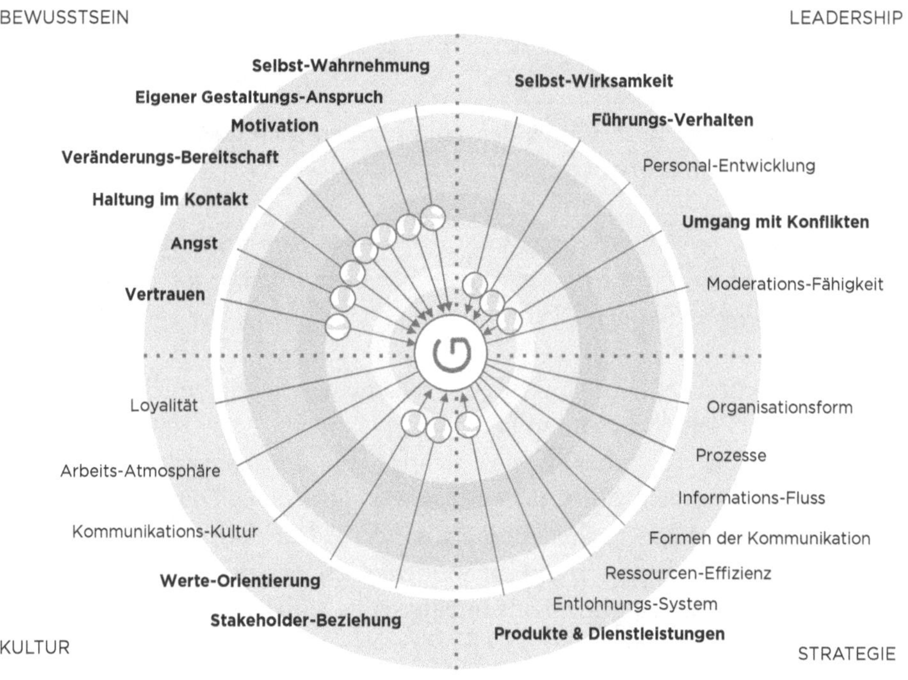

Abb. 25: Potenzialmapping der Deutschen Wirtschaft (Götz 2014)

Susanne: »Also was ich spüre, ist einerseits Erleichterung, wenn ihr darüber sprecht. Gleichsam merke ich, geht es mir irgendwie zu schnell und ich spüre einen Schmerz in der Brust und im Herz. Es gibt eine Begeisterung und da kann ich auch mitgehen. Und gleichzeitig verstummt etwas.«

Markus: »Wenn wir uns dem Schmerz in dir gemeinsam stellen würden, dass das nichts ist, mit dem du dich zurückziehen musst und verstummst, sondern was wir gemeinsam teilen und sagen können: ›Ja, wow, so geht es uns mit dem.‹ Und das kommt vielleicht auch noch ans Tageslicht.«

Susanne: »Ja, dann beginnt es zu atmen in mir.«

Markus: »Dass das, was wir emotional in uns zurückziehen, wieder, wie du das gerade gemacht hast, ausgesprochen wird.«

Axel: »Ich bin in dieser Firma und mir wird es eng, wenn ich morgens zur Arbeit gehe und alle gucken sich an und denken: Ja, das kenne ich …«

In diesem Wirtschaftssystem ist ein Teil von uns verstummt. Dieser Teil braucht Aufmerksamkeit und Anerkennung, damit Entwicklung stattfinden kann.

Susanne: »Ich hätte noch was zu den Führungspersonen und dem Prozess, den sie durchlaufen müssen:«

Management und Belegschaft müssen gemeinsam ein neues Verständnis von Führung entwickeln – weg von einer Machtstruktur, hin zu Strukturen, welche eine kollektive Intelligenz begünstigen.

Susanne: »Es braucht auch von der Belegschaft einen Schritt zu sehen, dass Führung was Gutes sein kann und soll.«

Thomas: »Das ist kulturell sehr wichtig, was du aussprichst, für uns in Deutschland. Dass von oben nicht per se was Schlechtes kommen muss und wir automatisch dagegenhalten müssen, sondern dass Führung ja auch heißt: Wie werde ich, wie kann ich geführt werden? Dass es genauso Führungsthema ist. Und es geht darum, gemeinsam Intelligenz zu entfalten und nicht die Leute hinter sich her zu schleifen.«

Markus: »Weil ich glaube, in dem Augenblick, wo wir als Team sehen, wo die gemeinsame Intelligenz wirklich hingeht, dann werden wir auch alle mitgehen, weil eine Begeisterung ausbricht. Und in dem Moment, wo Macht ausgeübt wird, dann ist das immer so eine ganz heikle Geschichte, besonders in Deutschland. Damit eine Hierarchie nicht aufgrund von Positionen entsteht, sondern von Kompetenz, wo man sich wieder traut, auch Charisma und Herz zu leben. Ein gemeinsames Fühlen – was nicht heißt, dass alles Friede, Freude, Eierkuchen ist, aber dass man auch mal – in Verbindung – jemandem sagen kann: ›Ja, o. k., jetzt gehst du mit oder du gehst in ein anderes Team oder du fliegst raus.‹ Aber dass die menschliche Verbindung wirklich entsteht.«

Stefan Götz: »Verbindung ist seit einigen Minuten in mir stark präsent, eben das Verbindungen in ganz vielen Facetten ein Thema ist. Also wie bin ich mit mir und meinen Gefühlen verbunden und mit meiner inneren Stimme, die ich verstummen lasse? Wie bin ich mit meiner Geschichte verbunden, mit der Kultur, und wie bin ich mit Führung verbunden, auch mit einer Führung aus einer höheren Intelligenz? Denn dann brauche ich nicht gegen jemanden gehen, der über eine Machtposition führt, weil ich weiß, ich bin ohnehin geführt. Also mir scheint, als ob Verbindung nach innen wie außen ein Schlüssel sein kann, der uns da ganz werden lässt.«

Markus: »Genau, und eben das zu spüren, was fehlende Verbindung verhindert, z. B. spüre ich ein Misstrauen nach oben? Gleichzeitig spüre ich als Leiter das Misstrauen nach unten, dass die gegen mich sind? Ich spüre, dass ich mich in meine Rolle reinkontrahiere und dadurch nicht wirklich in meiner vollen Kraft und meiner vollen Verantwortung stehe. Dass ich nicht in meiner vollen Liebe an meinen Platz gehe und dafür stehe.«

Jeder muss sein Misstrauen gegenüber Führenden oder Geführten wieder zu sich nehmen, indem er es sich bewusst macht und nicht mehr nach außen projiziert.

Axel: »So entsteht wieder Verbindung. Es braucht auch eine starke Re-Integration der Körperkompetenz, weil viele Leute ihren Körper völlig vergessen und übergehen. Durch die Re-Integration der emotionalen Kompetenz wird sich auch die kognitive Kompetenz noch mal ganz, ganz anders entfalten können. Es braucht eine Art von Demut, von Hingabe auch an eine größere Intelligenz. Dass es nicht mehr nur um meinen Vorteil geht und um den Vorteil der Firma, sondern dass es wirklich um was Größeres geht.«

Markus: »Gleichzeitig berühren wir eine Schicht im Wirtschaftssystem, die sehr müde und erschöpft ist. Jetzt macht das auch völlig Sinn für mich, dass wir uns antreiben für Dinge, die uns auf einer Ebene nichts mehr wert sind. Also ich gehe nicht für das, was mich begeistert, bin müde und müde und ziehe mich mehr und mehr zurück.«

Stefan Götz: »Die Frage ist doch: Ist das System Burn-out?«

Markus: »Ja, auf einer Ebene ist es ja nur der Ausdruck eines nicht nachhaltigen Systems und nicht nachhaltige Systeme crashen früher oder später, das sehen wir auf allen Ebenen, individuell, in Gruppen, in ganzen Wirtschaftszweigen.«

Axel: »Was ich beim Potenzial noch fühle – im Quadranten rechts unten – ist eine enorme Schaffens- und Manifestationskraft. Wenn sich das Innen und das Außen wieder verbindet über Werte und Mitgefühl, wird das in beide Richtungen explodieren und sich entspannen, also entwickeln. Das ist nicht auseinanderfliegen (lacht), sondern eine Riesenexpansion von Kompetenz. Und ich möchte wertschätzen, dass so viel Kreativität schon vorhanden ist, trotz wenig vorhandener Kohärenz von innen und außen (lacht). Was wir jetzt haben, ist nur die gute Idee von gestern und vorgestern. Wir sind an einem Punkt, an dem wirklich was Neues entstehen kann. Da gibt es eine Kollektivierung der Intelligenz, des intelligenten Gespräches und des inspirierenden Dialoges, das ist unser Zukunftspotenzial. Dass auch die Schaffenskraft und rechts oben die Wirksamkeit enorm zunehmen wird und viel, viel mehr Fähigkeiten abgerufen werden, wenn sich links oben die emotionale Blockade lösen kann, wenn da was vorwärtsgeht, wird rechts oben eine Megapower ausgelöst. Dass ich mich wieder traue, mich zu zeigen, experimentierfreudig bin, Sachen anpacke und wieder in Beziehung gehe als ganzer Mensch, auch in der Wirtschaft.«

Susanne: »Also, ich sehe rechts oben, wenn ich näher zoome, noch eine andere Entwicklung.«

Der ganze ineffektive Teil, der im Moment an Arbeit getan wird, um etwas zu kompensieren, wird wegfallen. Das System wird effizienter, entspannter und mit weniger Arbeit wird mehr erreicht!

Susanne: »Und wie sieht Integrales Leadership 7.0 konkret aus, das uns diesen Quantensprung ermöglichen kann? Individuell und kollektiv für eine neue Ära?«

Kapitel 3

Offen für Integrales Leadership? Die Antwort aus der Zukunft

3. KAPITEL

Offen für Integrales Leadership? Die Antwort aus der Zukunft

Führung, Kommunikation, Kultur & Strategie 7.0

Führung 7.0

Führung versteht sich im Second-Tier-Bewusstsein 7.0 weder als demokratisch, charismatisch oder direktiv noch als autoritär. Die Essenz der neuen Führung ist potenzialentfaltend. Was heißt das? Das machen wir doch heute schon, oder? Ja, stimmt, es gibt Unternehmen, die nicht nur Ressourcen von ihren Mitarbeitern abrufen – also das, was schon da ist – sondern die darüber hinaus das Potenzial entfalten, das sie bereits wahrnehmen können.

Was ist also daran neu? Neu ist, dass wir aufhören, dem Mitarbeiter weitere Kompetenzen zu vermitteln in dem Denken, dass er oder sie den Job ansonsten auf der höheren Führungsebene nicht machen kann. Vielmehr geht es darum, dass wir einen Raum, ein Bewusstsein ermöglichen, in dem sich das schlummernde Potenzial des Mitarbeiters entfalten kann. Das ist quasi Tun durch Nicht-Tun, indem ich dem anderen meine Meinung oder Sicht darüber, was sein Potenzial zu sein hat, nicht aufdränge. Diese Art der aktiven Unterlassung ermöglicht dem Mitarbeiter, sein höchstmögliches Potenzial an der Stelle einzusetzen, wo es am besten wirken kann für das Wohl des Unternehmens und der Gesellschaft. Er darf mich also beeindrucken, als dass ich ihn bevormunde.

Jetzt sehe ich schon manche Chefs die Stirn runzeln, denn für sie ging es bisher doch darum, ein Team zu haben, dass ihre Umsatz-, Ergebnis- oder Kostenziele erreicht. Und wenn eben genau diese Chefs jetzt Potenziale der Mitarbeiter entfalten sollen, dann torpedieren diese Potenziale möglicherweise ihre Ziele und der Mitarbeiter geht obendrein noch in eine andere Abteilung oder verlässt sogar das Unternehmen, um dorthin zu gehen, wo er besser wirken kann. Schöne neue Welt? Ja und nein, denn erstens gilt diese Potenzialentfaltung wechselseitig und zweitens profitiert jeder von dem höchstmöglichen Potenzial. Thomas Peters,

US-amerikanischer Bestseller-Autor, bekannt geworden mit dem Buch »In Search of Excellence«[32] trifft den Nagel auf den Kopf: »True Leaders don't create followers, they create more leaders.« Frei übersetzt: »Wahre Führer schaffen keine Mitläufer, sie kreieren mehr Führer.«

Also, was heißt das konkret? Potenzialentfaltung funktioniert nur dann, wenn jeder zuerst sein Bewusstsein entwickelt und erweitert. Vom orangen 5.0-Ziele-, Vernunfts-, Effizienz-, Konkurrenzbewusstsein über grünes 6.0-Wertschätzungs-, Team,- Fürsorgebewusstsein zum gelben 7.0-Potenzial-, Dualitäts-, Integrations-, Kooperationsbewusstsein. Der Weg von Stufe zu Stufe führt über die Infragestellung der eigene Perspektive, der eigenen Überzeugungen und der daraus resultierenden Erfahrungen. Die Frage ist schlicht, gibt es einen besseren Weg und bin ich bereit und wage frisch zu denken. Habe ich das Vertrauen in etwas, was ich noch nicht kenne? Das klingt leicht, oder? Das machen wir doch heute schon, jeden Tag stehe ich vor neuen Herausforderungen. Ja, stimmt und auch wieder nicht ganz. Heute versuchen wir auf der Basis dessen, was wir kennen, neue Wege zu gehen. Morgen lassen wir den neuen Weg auf uns zukommen und sind bereit, uns in dem Nicht-Wissen zu entspannen. Wir öffnen uns ganz und gar den unbekannten Möglichkeiten und integrieren auftretende Widerstände in uns selbst, weil wir sie inzwischen wahrnehmen können.

Wie heißt es denn so schön: »Leaders go first.« Nicht als charismatische Krieger, sondern als offene, bewusste Nicht-Wissende, die sich ihren inneren Hürden entspannt stellen und zuwenden. Es ist so, als ob Sie im Winter zum ersten Mal auf dünnes Eis gehen und nicht wissen, ob es schon trägt. Und bei dem ersten Knacksen der Eisplatte beginnen die Emotionen zu laufen, das kann Zweifel, Unsicherheit, Wut oder auch Angst sein, je nach Überzeugung und Erfahrung, die Sie in Situationen mit dünnem Eis gemacht haben. Kennen Sie das?

Jetzt wäre es doch total einfach, wenn wir uns entspannen und warten würden, was kommt, um dann auf der Welle dessen zu surfen. Wo ist das Problem? Ich sage es Ihnen, genau in dem Moment, bevor der nächste Entwicklungsschritt kommt, macht sich Ihr Ego breit und wirft Ihnen den Prügel zwischen die Hax'n, denn Ihr Ego hat kein Interesse daran, dass Sie Ihr Potenzial entfalten. Das Ego ist sich selbst am wichtigsten, also regiert es mit Angst und Gier, denn so kann es Sie und alles um Sie herum jederzeit kontrollieren. Gehorsam setzt selten Potenziale frei, es ruft bestenfalls einen Teil der bekannten Ressourcen ab. Sie können also sehr sicher sein, dass sich bei Ihnen abgrundtiefe Schattenseiten zeigen, die Sie gar nicht gerne von sich selber sehen wollen und schon gar nicht wollen, dass andere diese womöglich an Ihnen entdecken. Sie werden alles dafür tun, dass diese gut verborgen bleiben. Sie verwenden einen großen Teil Ihrer Energie darauf, Masken aufzusetzen und einen Panzer um sich herum zu bauen. Das Problem dabei ist nur, dass Ihnen dann genau diese Energie fehlt, um wirklich kreativ zu sein. Obendrein schotten Sie sich mit dem Panzer von den Potenzialen ab und halten sich als Gefangener Ihrer Begrenzungen. Für die Chancen eines 7.0-Bewusstseins ist das keine gute Strategie. Die Lösung liegt darin, die Anteile in Ihnen, die Sie bisher gut vergraben haben, jetzt zu integrieren.

Integrieren heißt in diesem Fall zu akzeptieren, dass es eine Überzeugung in Ihnen gab oder gibt, dass Sie genau so sind, wie Sie es eben als Schatten wahrnehmen. Ein Beispiel: Wenn Sie immer der Beste sind, sich immer mehr fordern, Ihre Mitarbeiter immer mehr fordern und es kaum aushalten können, wenn in Ihrem Team ein Mitarbeiter ist, der ein gelbes Bewusstsein 7.0 mit einer Tun-durch-Nicht-Tun-Haltung hat, dann werden Sie all Ihre Wut und Ärger über diese Haltung auf diesen Mitarbeiter projizieren. Vielleicht würde jemand mit einem orangen Bewusstsein 5.0 sagen, er soll mal in die Gänge kommen, dann hätten wir den Konflikt nicht! Aus 5.0 betrachtet hätte er sogar recht, aber aus 7.0? Stellen Sie sich das bitte mal vor: Sie stehen unter Zeitdruck, sollen Ihre Ziele erreichen für das laufende Geschäftsjahr und sind gerade dabei, entweder einen sehr großen Auftrag zu akquirieren oder ein großes Forschungsprojekt zu stemmen oder eine Produktion zu reorganisieren, und dann haben Sie es mit einem Kunden, einem Kollegen oder einem Vorstand zu tun, der scheinbar genau diese Tun-durch-Nicht-Tun-Haltung hat. Spätestens jetzt wird Ihnen das Ausmaß der Begrenzung klar, oder?

Was hat das jetzt mit uns zu tun?

Auf der bewussten Ebene fragen Sie sich auf 5.0, wie man Ziele durch Nicht-Tun erreicht. Vielleicht fragen Sie sich noch, wie es der Kunde, der Kollege oder der Vorstand überhaupt so weit geschafft hat. Sie haben sich alles hart erkämpfen müssen und dann so etwas. Und jetzt werden Sie von diesem Typen auch noch in Ihrer Zielerreichung behindert. Da kochen Sie doch innerlich vor Wut. Wieso müssen Sie sich mit so einem Typen herumschlagen?

Gleichzeitig kann es gut sein, dass auf der unbewussten Ebene eine Menge anderer versteckter Überzeugungen in Ihnen aktiv sind. Denken Sie an den Eisberg, von dem Sie nur ein Neuntel oder Zehntel über der Wasserfläche sehen. Interessant ist an diesem Eisberg, was von ihm unter der Wasseroberfläche ist, was Sie nicht sehen können oder wollen. Denken Sie an die Titanic. Nehmen wir mal an, Sie seien bereit, über Ihre unbewussten Überzeugungen nachzudenken – sprich Ihren Eisberg unter der Wasseroberfläche zu erforschen – dann würden Sie den Schlüssel für ein Bewusstsein 7.0 in sich entdecken, eine Menge Kunden, Mitarbeiter, Kollegen, Partner und Vorstände 7.0 magnetisch anziehen, mit denen Sie völlig neue Potenziale zum Wohle aller entfalten könnten. Der Preis dafür wäre, dass Sie nicht mehr Ihrem Ego folgen, sondern Ihrer Essenz, und bevor Sie Ihre Essenz entdecken können, dürfen Sie einige Schalen davon abschälen – wie bei einer Zwiebel. Die Schalen sind veraltete, unbewusste Überzeugungen, die Sie wütend, ärgerlich oder zweifelnd machen, wie z. B. »Ich bin nicht gut genug.« Es ist nie gut genug. Es reicht nie. Ich kann klotzen, wie ich will, immer braucht es noch mehr. Kennen Sie so etwas?

Sehen Sie es vielleicht mal so: Michelangelo hat 1504 vor dem Palazzo della Signorina eine 5,17 Meter hohe Skulptur – »David« – aufgestellt, die aus einem einzigen Marmorblock gehauen wurde und an der Michelangelo drei Jahre arbeitete, nachdem vor ihm zwei Bildhauer aufgegeben hatten. Auf die Frage, wie er so ein grandioses Meisterstück überhaupt habe erschaffen können, antwortete er der Überlieferung nach: »Der David war immer schon da gewesen. Ich musste lediglich den überflüssigen Marmor um ihn herum entfernen.« Sind Sie bereit, den überflüssigen Marmor um Sie herum zu entfernen?

Was können Sie jetzt tun?

Möglicherweise haben Sie irgendwann einmal eine Erfahrung gemacht, in der Sie nicht die angemessene Wertschätzung bekamen, die Sie gewünscht oder erwartet hatten, vielleicht von einer Person, die Sie sehr schätzten. Sie fühlen sich nicht akzeptiert, so wie Sie sind. Und damit das nie wieder passiert, haben Sie sich geschworen, immer Vollgas zu geben. Doch irgendwann brennt selbst der beste Ferrari aus, wenn er nur bei höchster Drehzahl fährt. Und genau das ist der entscheidende Unterschied. Solange Sie im Außen den Fehler allein bei Ihren Mitarbeitern suchen, können und werden Sie Ihr Potenzial nicht entfalten. Und wenn Sie sich das nicht gestatten, werden Sie es den Anderen auch nicht gestatten und bleiben auf der orangen Konkurrenzsoftware 5.9.9 stecken – in einer gelben Welt 7.0. Sie brennen daher langsam, aber sicher aus.

Die große Chance in dem Bewusstsein 7.0 der Potenzialentfaltung besteht darin, dass wir die Kreativität, Inspiration und Innovationskraft aus den scheinbaren Dualitäten und Paradoxien in unserer Welt schöpfen können, weil wir jetzt nicht mehr die eine oder andere Seite bekämpfen »müssen«. Ein Führen aus diesem Bewusstsein braucht keine feste Ordnung und Kontrolle, es kann die scheinbare Widersprüchlichkeit nicht nur tolerieren, sondern vor allem als Kreativitätsraum nutzen für integrale Lösungen, Produkte und Dienstleistungen.

Kommunikation 7.0

Eine Kommunikation, die auf diesem Bewusstsein gründet, ist geprägt von Achtsamkeit gegenüber den eigenen Bewertungen, Begrenzungen und Schatten, aber auch gegenüber den eigenen Potenzialen. Sie eröffnet den Blick für das Potenzial im Anderen und bleibt nicht an der Oberfläche der momentanen Ressourcen und Kompetenzen hängen. Die Grundlage der Kommunikation liegt in der wertschätzenden Achtsamkeit der grünen Bewusstseinsstufe 6.0, wie sie beispielsweise Marshall Rosenberg durch die »Gewaltfreie Kommunikation« in die Welt gebracht hat. Hier wird auf besondere Art und Weise Wertschätzung für die eigenen *und* die Bedürfnisse des Gegenüber Wert gelegt – mehr noch, es erfolgt eine Unterscheidung zwischen Handlung, Interpretation, Gefühl, Bedürfnis (Wert) und Wunsch.

Es geht darum, zu verstehen, dass wir anders als Tiere die Chance haben zu unterscheiden zwischen einem Impuls, einem Gefühl und einer Reaktion darauf. Es sind die Sichtweisen, die Bewertungen und Überzeugungen, die unser Handeln öffnen oder begrenzen. Aus diesem Grund bestimmt in diesem Modell die kommunizierte Information selbst die Wahrnehmung und nicht die Interpretation der Wahrnehmung. Wenn ich also z. B. sage: »Ich stelle fest, dass Du auf meine E-Mail nicht geantwortet hast und deswegen bin ich sauer«, hat das eine andere Konsequenz, als wenn ich sage: »Ich habe keine Antwort erhalten.« Erkennen Sie den Unterschied? Im ersten Fall habe ich eine absolute Interpretation dessen, was geschehen ist, und im anderen Fall lasse ich offen, ob die E-Mail bei mir im Spam gelandet ist oder an einen falschen Absender geschickt wurde.

Erst wenn wir diesen Unterschied machen, eröffnen wir größere Räume des Denkens und Handelns. Ohne diesen Unterschied sind wir eingesperrt in Gedanken- und Gefühlsautomatismen. Wie in diesem kleinen Beispiel könnte der Automatismus folgendermaßen aussehen. Ich bekomme keine Antwort. Keiner nimmt mich ernst. Ich bin sauer und ziehe mich zurück. Der Andere zieht sich auch zurück, meidet mich und der Kreis der Schlussfolgerungen schließt sich. Keiner nimmt mich ernst, sag ich doch! Und dann mache ich immer wieder die gleiche Erfahrung. Etwas in mir verhärtet sich und was glauben Sie, wie ich dann auf andere Menschen zugehe? Wie werde ich meinen Beziehungs- und Kommunikationsraum kreieren für meine Mitarbeiter und Kunden? Welche Erfahrungen werde ich ihnen ermöglichen?

Eine Kommunikation 5.0 orientiert sich an fixen Zielen, Vorgaben, Ratio, Leistung, Motivation, Prämien und Boni. Alles ist planbar. Kommunikation wird genutzt, damit alles, was ich will, klar ist. Und damit ich auch sichergehen kann, motiviere ich meine Mitarbeiter mit Prämien, Boni und Incentives. Das Problem ist nur, dass auch Mitarbeiter sehr anpassungsfähig sind und lernen, wie sie am besten Boni und Prämien bekommen und dabei sehr kreativ vorgehen, vielleicht aber lassen sie dafür ihre tatsächlichen Potenziale links liegen? Wenn es nur Prämien für Verbesserungsideen in anderen Abteilungen gibt, dann werden sie ihre Leistung in meiner Abteilung leicht zurückschrauben und ihren Kollegen aus der anderen Abteilung bitten, die Idee einzureichen. Gibt es nicht? Dann empfehle ich Ihnen die Lektüre »Punished by Rewards« von Alfie Kohn (Kohn 1993).

Eine gelbe Kommunikation 7.0 geht noch einen Schritt weiter. Sie erfasst nicht nur die handelnden Personen mit ihren Denk- und Erfahrungsräumen, sondern bereichert die Kommunikation um einen Lösungsraum jenseits des aktiven Wissens der Personen, weil es die kollektive Intelligenz nutzt. Möglich wird das dadurch, dass wir im Bewusstsein 7.0 gelernt haben, uns zu öffnen für das Wissen im Nicht-Wissen. Ich werde später im Detail darauf eingehen. Für den Moment bitte ich Sie, die Möglichkeit in Betracht zu ziehen, dass es uns gelingen kann, durch den U-Prozess von Otto Scharmer, in dem die Begrenzungen des Denkens, Fühlens und Wollens losgelassen werden, um an einen Quellpunkt des Potenzials zu kommen, an dem Sie völlig verbunden und präsent sind mit dem Hier und Jetzt. (Im Kapitel 4 beschreibe ich unter dem Punkt »Presencing – Lassen Sie los für Potenziale aus der Zukunft« auf Seite 160 diesen Prozess im Detail mit einer praktischen Übung.) Und genau an diesem Punkt eröffnet sich gemeinsam mit Ihrem Gegenüber ein neuer Raum der Kommunikation jenseits der bisherigen

Ressourcen. Hier haben Sie Zugang zu einem Wissen aus dem Nicht-Wissen. Und genau dadurch können Sie schlicht mehr wahrnehmen – von einer höheren Bewusstseinsebene aus. Die Hauptfähigkeit einer Kommunikation 7.0 liegt in der eigenen Persönlichkeitsentwicklung, Wahrnehmung und dem Öffnen für den Potenzialraum. In dieser Frequenz kommunizieren Sie selbst dann, wenn es mal Zwischentöne aus niedrigeren Frequenzen geben sollte. Klingt das unmöglich für Sie?

Ich praktiziere diese Kommunikation in meinen Coaching-Sessions mit erstaunlichen Ergebnissen. Probleme lösen sich schneller, ungeahnte Potenziale werden sichtbar und auch schneller umgesetzt. Das Arbeiten wird leichter, da ich immer mehr vertrauen kann auf das Wissen, das im Nicht-Wissen verborgen liegt. Und jetzt stellen Sie sich bitte mal die Potenziale im unternehmerischen Kontext vor. Aus vielen Gesprächen unter Kollegen mit Personalchefs, Vorständen und CEOs wird deutlich, dass die meisten Change-Programme schon lange nicht mehr den gewünschten Kulturwandel bringen. Bisweilen herrscht Ratlosigkeit ob der investierten finanziellen und zeitlichen Ressourcen. In der heutigen Businesswelt verpuffen Milliarden in veralteten, ineffizienten und nicht mehr zeitgemäßen Beratungs- und Führungsmethoden, die den eigentlichen Kern der Herausforderungen nicht treffen, denen wir auf allen Ebenen begegnen. Wie könnte also ein unternehmerischer Bewusstseinsansatz 7.0 hier helfen? Wie könnten selbst hartnäckige Fixierungen einer Organisation wieder in Fluss, wie mehr Energie in verfahrene Situationen von Projekten oder ins Team kommen, die uns bei den globalen Herausforderungen der Neuzeit unterstützen? Thomas Hübl, Vertreter einer evolutionären Spiritualität, spricht von der Transparenten Kommunikation, die den Potenzialraum eröffnet:[33]

»Die Transparente Kommunikation bezieht eine weitere Ebene, die transpersonale Perspektive, mit ein. Methoden wie die Gewaltfreie Kommunikation lehren, Projektionen zurückzunehmen. Wenn im Miteinander des menschlichen Kontakts heftige Emotionen ausgelöst werden, wird dem anderen keine Schuld zugewiesen. Die Verantwortung bleibt bei einem selbst und die Gefühle und Bedürfnisse werden auf eine rücksichtsvolle und friedliche Art ausgedrückt. In der Transparenten Kommunikation verlagert sich der Blickpunkt und umfasst neben den einzelnen Menschen gleichzeitig den sie umgebenden Raum. Es kommt ein transpersonaler Aspekt hinzu. Ohne diesen bleibt man an die eigene Perspektive gebunden und schaut weiterhin durch die eigenen Augen. Die Transparente Kommunikation öffnet uns neue Tore zu einer umfassenderen Informationsebene unseres Lebens. Lösen wir uns von unserem individuellen Fokus, der sehr von unseren Konditionierungen, Vorlieben, Gewohnheiten, Annahmen über die Welt usw. geprägt ist, so nehmen wir viel mehr von den Dynamiken des Lebens wahr. Dies lässt uns hinter die Interpretation der Menschen als Objekte im Außen gehen und zunehmend Menschen von innen erfahren. Erkennen wir, dass wir nicht Menschen, sondern Wirklichkeiten treffen, in denen diese Menschen auftauchen, an die sie glauben und die sie verteidigen, dann entsteht ein tieferes Mitgefühl und Verstehen. Beginnen wir die Innenräume oder Erfahrungswelten anderer Menschen zu begreifen und durch unser Sein zu erfassen, machen wir einen Quantensprung in unserer Kommunikation. Wir heben sie in die nächste Stufe der Evolution. Dies hilft uns, viele Konflikte da zu erkennen, wo sie stattfinden, und lässt uns von den Symptomen auf die Wurzeln schauen. Transparente Kommunikation ist eine Form des Lebens, in der wir unterschiedliche Ebenen des Bewusstseins genauso einbeziehen wie verschiedene Entwicklungs- und Intelligenzebenen. Es fordert von uns, dass wir uns auf eine erfahrungsbezogene Erforschung des Lebens einlassen. Nur dann werden wir die Welt wirklich erfassen lernen – als eine Form des Austauschs, in der wir einen gemeinsamen Beziehungsraum wahren und die kosmischen Adressen von Bewusstseinsinhalten wahrnehmen lernen. Wir beziehen uns direkt, anstatt uns mit Symptomen aufzuhalten. Dies schafft ein hohes Maß an interpersoneller Klarheit, fördert unseren authentischen Ausdruck und gleichzeitig auch ein höheres Maß an kollektiver Intelligenz. Dies bildet die Grundlage eines neuen WIR.«

Eine Unternehmenskultur 5.0 setzt auf Konkurrenz. Der Bessere steigt auf, und wenn keine Performance mehr geliefert wird, gibt es das sogenannte Outplacement. Ein schönes Wort für einen begleiteten Rauswurf mit Scheck. Unternehmen 5.0 haben erkannt, dass neben Konkurrenz auch Teams wichtig sind. Wie, jetzt sollen Alphatiere auch noch zusammenarbeiten? In aufwendigen Teamtrainings indoor oder outdoor mussten die Alphatiere nun Brücken über Bäche bauen und sich in luftiger Höhe im Klettergarten gegenseitig unterstützen, um so das Gefühl für ein Miteinander zu entwickeln. Wer davon am meisten profitierte, war die Event-, Incentive- und Teamtrainingsbranche. Aber Zusammenarbeit kann man eben nicht verordnen, wenn das Bewusstsein dafür nicht geschaffen ist.

Unternehmen 6.0 haben da schon eine weitere Entwicklung gemacht, denn jetzt wurden Wertesysteme, Führungsprinzipien, Leitbilder und Verhaltensmaßstäbe ausgearbeitet. Wenn es gut lief, wurden sie wenigstens im Führungsgremium diskutiert und verabschiedet und dann in die unteren Ebenen kommuniziert. Nur in wenigen Unternehmen wurde ein Prozess des Dialogs initiiert, der das Ergebnis für das ganze Unternehmen offenließ und alle Mitarbeiter mit einbezog, nachdem sich jeder selbst darüber klar wurde, was das für ihn oder sie selbst bedeutete.

Eine Kultur 7.0 geht da noch einen Schritt weiter. Das Stichwort ist Potenzialentfaltung aus dem gelben Bewusstsein 7.0. Der Fokus in kulturbildenden und prägenden Maßnahmen liegt darauf, den Integralen Inneren Kompass zu entfalten. Ja, Sie haben richtig gelesen, es geht nicht mehr darum, etwas zu entwickeln, was noch nicht da ist, sondern es geht darum, das was da ist zu entfalten, wie bei einem Geburtstagsgeschenk oder einer Zwiebel, um zum Kern zu gelangen. In dieser Kultur gibt es keine Change-Programme mehr, die alles und alle ändern wollen, meist auch noch vergebens. Nein, hier geht es darum, eben nichts zu ändern, sondern seinen Blick zu öffnen, wahrzunehmen und anzuerkennen, was ist – das volle Potenzial und nicht die Ressourcen. In so einer Kultur werden geradezu die Vielfalt, Diversität und Dualität gefördert, woraus ein maximal großes Feld von Möglichkeiten erzeugt werden kann, weil niemand für seinen Standpunkt kämpfen will und muss. Wie bei einem Weltklasse-Orchester wird die Musik ein Erlebnis, das völlig neue Welten eröffnen kann, wenn sich alle trotz oder wegen ihrer Unterschiedlichkeit virtuos in dem Fluss des Klanges, dem größeren Ganzen einordnen. So kann zwischen dem Publikum und dem

Orchester eine Resonanz entstehen, die nicht nur für Gänsehaut sorgt. Alle, die die Chance hatten, bei so einem Konzert dabei gewesen zu sein – ob Rock, Pop oder Klassik – wissen, wovon ich rede. Die Energie, der Flow, der hier erzeugt wird, vereint Herz und Verstand und setzt ungeahnte Kreativitätsenergien frei. Und genau das passiert in der Unternehmenskulturen 7.0. Wer jetzt noch auf seine Kontrolle, Ziele, Dominanz und Hierarchie aus 5.0 besteht, hat entweder die Qualitäten von 7.0 missverstanden, Angst vor Autoritätsverlust oder braucht noch Unterstützung auf dem Weg zu seinem Bewusstsein 7.0. Klar, ein erfolgreicher Manager 5.0 ist heute noch ein Sieger, aber auch ein Rund-um-die-Uhr-Manager, denn alles lastet auf seinen Schultern. Bei 7.0 liegen weder Erfolg und Misserfolg in einer Hand noch Ruhm und Schande, aber jede Menge Potenziale, die im diversen Miteinander spielerisch leicht entstehen.

Strategie 7.0

Strategiefindung 5.0 basiert auf dem Konzept des Konkurrenzdenkens und sucht die bestmögliche Verteidigung oder Angriffsstrategie auf den Märkten, die sich mit den bestehenden Ressourcen und Kernkompetenzen des Unternehmens vereinbaren lassen. Michael E. Porter hat dazu in den 90ern den gedanklich-strategischen Rahmen mit dem Werk »Competitive Advantage« geliefert. Danach bekommt nach ausgiebiger Analyse der Wettbewerbsbedingungen und der internen Ressourcen das Management zwei Hauptstrategien an die Hand: Differenzierung oder Low-Cost-Leadership. Noch heute finden wir diesen Ansatz im Kern mehr oder minder weit verbreitet in den Vorstandsetagen. Die Limitierung in diesem Ansatz ist jedoch das Denken in »Entweder-oder«, das Festhalten an bestehenden Marktmeinungen und Kompetenzüberzeugungen: Dies können wir und jenes können wir nicht. Technologiesprünge werden in diesem System nur bedingt vollzogen, jedenfalls nur unter großer Vorsicht und in einem begrenzten, kalkulierbaren Rahmen.

Eine Strategiefindung 7.0 im gelben Bewusstsein geht neue Wege. Das »Entweder-oder« ist zugunsten eines »Sowohl-als-auch« transformiert. Ähnlich wie in einer Batterie kommt es erst durch die Plus- und Minus-Pole zu einer Bewegung, zu einer Energieladung, mit der wir kreieren können und zu Innovationen für z. B. einen integrierten dritten Weg, den Unternehmen 5.0 nicht auf dem Radar haben. Das könnte auch eine nachhaltige Lösung sein, die allen hilft, dem

Unternehmen, der Gesellschaft und der Natur. Gibt's nicht, geht nicht? Dann besuchen Sie doch Unternehmen wie z. B. den Outdoor-Ausrüster Vaude am Bodensee oder die Drogeriemarktkette dm, gegründet von Götz Werner. Mehr noch, Strategiefindung ist eben nicht mehr ein zentral gesteuerter Prozess des Top-Managements, sondern ein dezentrales, amorphes Gestalten aller Manager und Mitarbeiter.

In dieser Hinsicht hat mich besonders folgendes Unternehmen beeindruckt: Semco. Einige von Ihnen werden dieses außergewöhnliche Unternehmen aus Sao Paolo, Brasilien, kennen. Ricardo Semler, ein Visionär, übernahm das traditionell und autokratisch geführte Unternehmen von seinem Vater unter der Bedingung, dass er es radikal demokratisieren dürfe. Das Besondere heute ist gerade die radikal demokratische Art und Weise, die sich schon als beginnend gelbe 7.0 abzeichnet, in der Ricardo Semler sein Unternehmen führt. Er verzichtet auf Strategie und verzeichnet ein zweistelliges Wachstum pro Jahr, er führt die Geschäfte ohne Kontrolle, aber mit viel Bewusstsein gegenüber dem Bedürfnis der Selbstverwirklichung der Mitarbeiter, ohne Angst vor Kontrollverlust, mit viel Vertrauen in die individuelle und kollektive Potenzialentfaltung. Das würde wahrscheinlich jedem Manager 5.0 nachts den Schlaf rauben. Auf die Frage, was die Unternehmensstrategie von Semco sei, antwortet Ricardo Semler: »Semco has no official structure. It has nor organizational chart. There's no business plan or company strategy—no two-year or five-year plan, no goal or mission statement, no long term budget. The company often does not have a fixed CEO.«[34] Frei übersetzt: »Semco hat keine offizielle Struktur, kein Organigramm, keinen Businessplan, keine Strategie, keinen Zwei- oder Fünfjahresplan, kein Ziel- oder Mission-Statement, kein Langfrist-Budget, und die Firma hat oft noch nicht einmal einen gesetzten CEO.« Stellen Sie sich das mal bei BMW, Siemens, Lufthansa oder auch sonstwo im Mittelstand vor. Selbst bei den Benediktinern gibt es eine Strategie, wie ich im Gespräch mit Abtprimas Dr. Notker Wolf, dem weltweiten Sprecher von 25 000 Mönchen und Nonnen, erfahren habe.

Ist dieser Ricardo Semler von allen guten Geistern verlassen? Nein, ich glaube nicht. Mit seinem Bewusstsein 7.0 hat er erkannt, dass es die beste Strategie ist, Menschen ihr Potenzial entfalten zu lassen oder ihnen dabei zumindest nicht im Weg zu stehen. Auch bei Semco wurden früher Strategiepläne gemacht – langfristig, mittelfristig – und das Budget für das folgende Jahr bestimmt. Bis Semler jedes Jahr erneut festgestellt hat, dass das Budget nie der ursprünglichen Planung entsprach. Alle Mitarbeiter rannten irgendwelchen sinnlosen Zahlen hinterher und Controller hatten Hochkonjunktur, ganz getreu dem Motto »Budget is King«. Bis sich Semler mit seinen Mitarbeitern unterhielt und fragte: »An welchen Zukunftsprojekten arbeitest Du gerade? Und wie weit reicht Dein Denken und Planen in die Zukunft?« (Semler 2004) Die meisten Antworten lagen etwa bei sechs Monaten. »Und was ist danach?«, fragte er. »Weiß ich nicht«, war die Antwort. Das war der Grundstein für eine neue Denkweise, nämlich dass eine fixe Strategieplanung in einer volatilen Welt keinen Sinn ergibt oder sogar Ressourcen verschwendet, die anderswo sinnvoller eingesetzt werden könnten. Und Semler ist auch genau dafür bekannt, Sinnloses einzustellen oder zu ändern und das subito.

Heute kann und kommt jeder Mitarbeiter mit einem konkreten Businessvorschlag zu seinem Manager, wenn er ein Potenzial bei sich und auf dem Markt entdeckt hat, das er heben möchte. Besonders wenn Mitarbeiter vielleicht sogar in ihrem privaten Alltag merken, dass sie irgendein Problem in einem anderen Markt besser lösen könnten, dann erhalten sie von Semler die Chance, es auch zu tun. Richard Branson von Virgin hätte seine wahre Freude an solchen Mitarbeitern. Wie wir alle wissen, liebt er genau solch ein Denken und solche Verhaltensweisen. Was ihn an anderen Branchen aufregte, das hatte eine nahezu magische Anziehungskraft für ihn, besonders wenn es ein David-gegen-Goliath-Spiel war – sozusagen ein aussichtsloses. Wenn Sie sich sein heutiges Imperium von über 300 Firmen anschauen, finden Sie alles: Musik, Airline, Finanzdienstleistung, Cola etc.

Verstehen Sie was, ich meine? Auf 7.0 dienen Unternehmen den Menschen und nicht umgekehrt. Das Bewusstsein 7.0 ermöglicht den Menschen, ihr echtes Potenzial zu schöpfen, denn sie handeln nach einem sehr bewussten Integralen Inneren Kompass; wir kommen im Detail noch darauf zu sprechen. Der Kern eines Integralen Inneren Kompass ist, Klarheit über die Mission zu gewinnen. Also, was ist mein Beitrag in dieser Welt? Was ist meine Lebensaufgabe? Während in einem Bewusstsein 5.0 noch die Kernfrage ist, wie ich schnell erfolgreich werde, angesehen und vielleicht sogar berühmt und unentbehrlich, so ist in einem Bewusstsein 7.0 eben die Kernfrage, wie ich dem großen Ganzen dienen kann. Wie das gelingen kann und was das für einen Unterschied macht – für Sie, für Ihre Organisation und die Gesellschaft? Sind Sie bereit für die Antwort?

Berühmt werden oder Mission erfüllen

Mein erstes Leben war bestimmt von großen, ja übergroßen Visionen berühmt zu werden, einfach zu den ganz Großen dazuzugehören, gesehen, respektiert und gefragt zu sein. Der Fokus meines Daseins war bestimmt von Beruf, Karriere und Business. Kennen Sie das? Doch was ist der Sinn davon? Fühlen Sie sich deshalb gut, weil Sie jetzt ein besseres Auto fahren als Ihr Kollege oder Nachbar? Sie haben sicher auch schon gemerkt, dass es immer jemanden gibt, der noch besser ist, noch mehr Geld hat, noch angesehener ist, noch mehr Macht hat, oder? Kennen Sie doch auch. Waren Sie mit all dem wirklich dauerhaft glücklich? Und wie lange? Wenn Sie dieses Buch bis hierher noch lesen, dann deshalb, weil es in Ihnen eine Sehnsucht gibt nach etwas Sinnvollerem, jenseits von Ruhm, Status, Ehre und Macht.

Wie erkennen Sie aber sich selbst, Ihre Aufgabe, Ihre Identität und das, was jetzt zu tun ist? Indem Sie sich ganz und gar dem Moment hingeben, in die vollkommene Präsenz und Wachheit des Augenblicks. Spüren Sie die Verbindung mit der Natur und den Menschen. Nehmen Sie wie ein Teleskop, ein Seismograf oder ein Radioempfänger genau die Impulse auf, die diesem Moment gehören. Lauschen Sie in sich hinein, neugierig, offen und bereit den »unfassbaren« Impuls zu empfangen. Diesem Impuls folgen Sie mit dem Herzen und treten in den Dienst dieser Aufgabe und Mission. In dieser Qualität sind Sie achtsam mit den Menschen, der Natur, dem Moment und sich. Sie beginnen, sich mit Ihren Bedürfnissen, Anliegen und Aufgaben zu zeigen und sich dafür verletzbar – aber auch empfänglich zu machen.

Lassen Sie mich wieder eine Metapher benutzen. Dieser Prozess ist so ähnlich wie die Geburt eines Kindes. Die Mutter macht sich empfänglich für das Kind, das kommen will. Sie kann das Wesen des Kindes nicht bestimmen und doch gibt es ihm oder ihr Ihre Qualitäten mit auf den Weg, genauso der Vater. Und auch die Geburt selbst ist kein aktiver Part der Mutter, die den Zeitpunkt der natürlichen Geburt nicht bestimmen kann, aber empfänglich bleibt für die Wehen und den richtigen Moment. Und in Ihrem Sein als Mutter leistet sie aktive Hilfe bei der Geburt, indem sie sich völlig hingibt. Denn genau in diesem Moment ist sie völlig hilflos, dem Geburtsprozess ausgeliefert und nur in großem Vertrauen und völliger Hingabe kann sie ihrer Aufgabe gerecht werden.

Ich weiß, jeder Vergleich hinkt, aber können Sie spüren, nachvollziehen, was ich meine? Lebensaufgabe und Mission sind nicht etwas, was wir uns erdenken oder gar aussuchen können, wie als Kinder im Spielzeugladen. Es ist eine tiefe Erfahrung auf unserem Lebensweg, die sich uns offenbart, wenn wir bereit sind, wirklich hinzuschauen, hinzuhören und hinzuspüren. Viktor Frankl, der Begründer der Logotherapie und Existenzanalyse, ist ein Pionier darin, diesen Sinn erfahrbar zu machen. Als Jude wurde er wie ein Großteil seiner Familie ins Konzentrationslager deportiert und konnte insbesondere wegen seiner Überzeugungen der inneren Freiheit und dem Erkennen des Lebenssinns überleben. Er war felsenfest davon überzeugt, dass wir als Menschen selbstbestimmt leben und in jeder Situation erneut unseren Lebenssinn erfahren können. Und das gerade vor dem Hintergrund seiner Inhaftierung im KZ. Nach der Befreiung durch die US-Truppen 1945 diktierte er 1946 in nur neun Tagen das Buch »Ein Psychologe erlebt das Konzentrationslager«, von dem bis 1997 in der englischen Fassung »Man's Search for Meaning«[35] mehr als neun Millionen Exemplare verkauft worden sind. Die Essenz davon ist, der Sinn muss gefunden, er kann nicht gegeben und schon gar nicht erdacht werden.

Verstehen Sie, was ich meine? Nicht nur die schönen Erfahrungen, sondern gerade auch die intensivsten, vielleicht sogar essenziellsten Momente in unserem Leben offenbaren uns den Sinn und die Aufgabe unseres Lebens. Denn genau hier liegen auf einer unbewussten Ebene die Impulse für unsere Aufgabe bereit. Die gute Nachricht ist, dass wir auch gleichzeitig die Werkzeuge finden, die wir dafür brauchen. Also das ist doch eine völlig neue Sicht dessen wie ich, wie wir, bisher unser Leben betrachtet haben, oder? Weg vom Schicksal hin zu einer Selbstbestimmung im Erkennen unserer Aufgabe auf unserem Lebensweg. Für mich ist das eine wunderbare Erkenntnis. Klingt fast wie eine spannende Teamarbeit zwischen Sherlock Holmes und Buddha.

Und genau diese Erfahrung habe ich gemacht, wenn ich auf die bisherigen Krisen in meinem Leben zurückblicke. In jeder Krise war der Keim für einen fundamentalen Wendepunkt in meinem Leben hin zu einem stimmigeren, besseren Leben – mehr in Einklang mit meiner Lebensaufgabe und meiner Mission. Ob das als Student war, als ich während des Vordiploms an der Bandscheibe operiert wurde. Da konnte ich kaum vor Schmerzen lernen und doch wie durch ein Wunder bestand ich alle Prüfungen und mir wurden quasi zwei Semester geschenkt, in denen ich zum ersten Mal ohne Ergebnisdruck jeden Tag meinen Impulsen folgen konnte, um etwas zu tun oder nicht zu tun. Es war eine der schönsten Zeiten in meinem Leben, bevor ich nach Paris studieren ging. Auch nach meinem Burn-out 1998, als ich meinen Job aufgegeben hatte, ohne finanzielle Reserven dastand und meine Scheidung zu verdauen hatte, fand ich während eines Aufenthaltes in einer psychosomatischen Klinik zurück zu meinem leichten, neugierigen, lebensfrohen Wesen. Und ob Sie es glauben oder nicht, aus dieser Leichtigkeit heraus habe ich auch Brez'n in den Bierzelten auf dem Oktoberfest in München verkauft. Als ich dann zufällig auf einen ehemaligen Kommilitonen traf, der mich mit leidvoller, gestresster und völlig irritierter Miene als frisch gebackener Wirtschaftsprüfer eines großen Wirtschaftsprüfungs-Unternehmens ansah, wusste ich warum ich diesen Burn-out hatte. Keine sechs Wochen später war ich mit meiner neuen Aufgeschlossenheit einer Frau begegnet, die wie ich an der Europäischen Wirtschaftshochschule ESCP-EAP studiert hatte. Und da ich dem Jahrbuch der ehemaligen Studenten für München entnahm, dass sie als Managementtrainerin arbeitete, wollte ich unbedingt erfahren, was das ist. Kennen Sie das? Sie führen ein Gespräch und bei jedem Satz spüren Sie ein innerliches Nicken. Genauso ging es mir und am Ende des Gesprächs fragte ich sie unbekümmert: »Wie komme ich in diese Branche?« Sie sagt zu mir: »Das trifft sich gut, denn ich habe so viele Aufträge, dass ich dich gut gebrauchen könnte.« Seitdem bin ich dem Himmel so dankbar, dass ich meine Mission in diesem wunderbaren Beruf leben darf. Einstein soll gesagt haben, wir könnten unsere Probleme nie auf der Ebene lösen, auf der wir sie kreiert haben. Stimmt. Also schenken wir uns diese Chance bei den nächsten Herausforderungen, eine Ebene höher zu schauen, welche Chancen, welche Potenziale und welche Werkzeuge für uns darin verborgen sind auf unserem Weg zu mehr Größe, Wahrheit und Leichtigkeit.

Wie sieht dann dieses Leben konkret aus? Es ist völlig neu und doch auch wieder nicht. Als Sechsjährige haben wir das alle schon gelebt. Wir sind als Abenteurer neugierig umhergelaufen und haben die Welt erkundet, nicht denkend, wer das jetzt gut oder schlecht findet, sondern nur schauend: Wo fließt Energie? Wo ist das Leben? Wo spielen andere Kinder? Da gab es noch kein »Ich mache etwas, um etwas anderes zu erreichen«. Wir wollten einfach mit den anderen Kindern spielen. Wir vertrauten dem Leben. Was könnte denn schon passieren? Nichts, denn wir hatten kein zwingendes Ziel, außer das Leben zu entdecken. Wir haben nicht die Frage gestellt, wie schaut der Tagesplan aus, sondern der Tagesplan hat sich einfach ergeben! Wäre so eine Einstellung die Grundlage für ein Leben 7.0? Fein, wie sieht dann konkret der neue Alltag aus? Wie beginne ich den Tag?

Worauf achte ich? Was ist meine Ausrichtung? Was mache ich konkret? Wenn ich bisher Zielen hinterhergerannt bin und meine Aktionsliste abgearbeitet habe, um mein Ziel zu erfüllen, dann hatte ich klare Schritte vor Augen, was heute zu tun ist. Vielleicht gab es diese oder jene Überraschung und ich einen Umweg nehmen und mehr oder weniger Energie aufbauen musste, um das Ziel doch zu erreichen, aber wenigstens waren das Ziel und die Messlatte bekannt. Aber was ist jetzt das neue Ziel? Ich bin kein Angestellter, dessen Chef die Vorgaben macht und Ziele definiert. Also, wonach richte ich mich als Selbstständiger aus? Ist es das Geld, das Einkommen?

Ist es das Gefühl zufrieden und glücklich zu sein? Mit dem Herzen in Verbindung mit meinen Mitmenschen, Kindern, Familie, Freunden, Bekannten und Kunden zu sein? Ist es ein Leben im Hier und Jetzt, in dem ich wachsam und achtsam bin und einfach nur beobachte, was sich gerade entwickelt und dem ich folge? Ist es eine Ausrichtung an meiner Vision, Lebensaufgabe oder Mission? Woran kann ich sicher erkennen, dass ich meine Mission nicht vom Ego definiert, erdacht habe, sondern dass ich sie über die Entwicklung meines Lebens erfahre? Oder richte ich mich nach den Potenzialen des kleinen Kindes aus, das in mir so glücklich war, aus dem Bauch heraus lebend? Oder ist es ein »Sowohl-als-auch« aus allen Komponenten, die kongruent miteinander sind?

Das Leben ist eben nicht schwarzweiß. Ich lebe immer auch in der Mischung von früher und heute, doch ich habe einen neuen Kurs gesetzt Richtung Mission. Natürlich sind meine Ängste und Gier nicht ganz verschwunden, aber das Herz wird immer größer und kräftiger und gibt mir den nötigen Wind, um auf dem Kurs bleiben zu können. Meine Mission »Herzen entzünden« kann sich immer wieder neu nähren, füllen und erweitern durch meine Lebensaufgabe »Vertrauen lernen«. Genau das gibt mir Kraft und Energie, meiner Vision zu folgen. Nicht als Missionar, sondern als Brückenbauer zwischen den Welten, zwischen Ego und Liebe, zwischen maskuliner und femininer Energie, zwischen Herz und Verstand, zwischen Ökonomie und Ökologie, zwischen Westen und Osten.

	Früher	Heute
Vision	Weltbeste Unternehmenskultur schaffen	Wirtschaft, die der Gesellschaft dient
Mission	TOP-10-Businesstrainer sein	Herzen öffnen und Liebe entfalten
Bewusstes Ziel	Berühmt werden	Mission leben
Lebensaufgabe	Besser sein	Vertrauen lernen
Identität	Powertyp	Wegbegleiter, Potenzialentfalter
Innere Haltung	Größenwahn, Unabhängigkeit, Geltungssucht	Dankbarkeit, Achtsamkeit, Lebensfreude
Überzeugung	Erfolg für den Besseren	Erfolg ist menschlich
Fähigkeiten	Motivieren, mitreißen, powern, Grenzen sprengen	Inspirieren, Mut machen, wagen, öffnen, wahrnehmen, Empathie, Grenzen respektieren

Abb. 26: Wandel des Integralen Inneren Kompass im Bewusstsein 7.0

Nach über 30 Jahren darf ich endlich Frieden, Liebe, Dankbarkeit und Lebensfreude in mir spüren. Darf inspirieren, Mut machen und mich diesen neuen Weg wagen zu gehen – mit Gleichgesinnten. Sinn ist nur ein anderes Wort für Achtsamkeit. Und wer sind Sie?

Wer sind Sie – ein Hühneradler?

»Es war einmal ein Indianer, der lebte im Norden Amerikas, dort wo die großen Wälder, die hohen Berge und weiten Graslandschaften sind. Jedes Jahr wanderte der Indianer von Norden nach Süden und von Süden nach Norden. Auf einer Wanderschaft kam er zu einer Hühnerfarm. Als er sich genauer umsah, entdeckte er mitten in der Hühnerherde einen Adler, der sich seltsam bewegte und pickte und scharrte wie die anderen Hühner. Beim Anblick dieses Hühneradlers spürte der Indianer einen Schmerz in seinem Herzen. Er ging zum Farmer, bat um ein Glas Wasser und wollte ihm den Hühneradler abkaufen. Mit der Bemerkung »Endlich bin ich dieses nutzlose Vieh los! Er frisst nur mein Futter und legt keine Eier!« schenkte der Farmer dem Indianer das Tier. Der Indianer bedankte sich und nahm seinen neuen Freund liebevoll auf seinen Arm.

Der Indianer sang ihm Lieder, erzählte Märchen und Geschichten von den großen heiligen Vögeln und was seine Stammesbrüder mit den Adlerfedern machen. Langsam, ganz langsam wurden sie Freunde, der Indianer und der Hühneradler. Und so überlegte er, wie er seinem Freund helfen konnte, sich daran zu erinnern, dass er kein Huhn, sondern ein Adler war. Einige Tageswanderungen entfernt gab es einen hohen Berg, dessen eine Seite in einer sehr langen Steilwand abfiel. Und dorthin musste er ihn bringen, damit der Hühneradler sich wieder in einen echten Adler verwandelte. Einige Tage und Nächte wanderte der Indianer. Endlich, an einem heißen Sonnentag im Sommer erreichte er die Spitze des Berges. Eine Nacht noch, bis zum nächsten Mittag wollte er warten, um seinen Freund gut vorzubereiten für den großen Augenblick des Abschieds. Lange saß er in der Nacht, seinen Adlerfreund im Arm. Alles war still und er betete. Über ihm der Mond und die Sterne.

Am nächsten Morgen ging der Indianer wieder mit seinem Freund zu der Stelle, von der aus er ihn weit hinaus in den Abgrund werfen würde. Alles war gut. Die Sonne stand hoch am Himmel, der Wind war günstig. Und ganz zärtlich, mit Wehmut und Zuversicht im Herzen, nahm er Abschied von seinem Freund und streichelte behutsam die wunderschönen Adlerfedern. Dann drehte er sich einige Male schnell um seine Achse, sammelte seine ganze Kraft und warf das herrliche Tier weit und hoch hinaus. Und voller Angst sah er, wie sein Freund tiefer und tiefer fiel – wie ein Stein. Manchmal sah er den Ansatz eines ungeübten und taumeligen Flatterns, wieder und wieder und noch einmal, schon weit unten in der

Tiefe und fast verloren. Dann. Endlich. Die Flügel des großen Vogels breiteten sich aus und hielten, waren stark genug. Getragen vom Aufwind zog der Adler erst kleine, dann immer größere Kreise, so sicher, fest und stark. Oben tanzte und lachte und sang der Indianer voll Freude. Nach einer Weile näherte sich der Adler seinem Freund. Mit einer Adlerschwinge streifte er fast das Kopfhaar so, als wollte er sich auf diese Weise bedanken und verabschieden. Und nicht lange darauf war er verschwunden im weiten Himmel. Der Indianer kniete nieder.«[36]

Welcher Hühneradler sind Sie?

Lassen Sie es uns gemeinsam herausfinden mit dem Integralen Inneren Kompass. Er ist das Werkzeug, das Ihnen auf kompakte Art und Weise auf dem Weg Ihrer Bewusstseinsentwicklung von 5.0 über 6.0 zu 7.0 und darüber hinaus Orientierung geben wird. Gehen wir auf Ihre »Integrale Expedition« und finden die Möglichkeiten und Potenziale, die sich daraus ergeben für Sie und die Gesellschaft um Sie herum.

Der Integrale Innere Kompass 7.0

Abb. 27: Der Integrale Innere Kompass (vgl. auch Dilts 2013, S.88)

Der Integrale Innere Kompass[37] schenkt uns Orientierung für unser Leben, wenn wir uns auf uns selbst einlassen, uns selbst erforschen und unser Leben mit den erfreulichen und schwierigen Erfahrungen selbst »lesen« und »deuten« lernen. Wenn wir das, was wir lesen und in uns erkennen, auch fühlen und erfahren, dann öffnen wir uns auch für ein Bewusstsein über die Möglichkeiten unserer authentischen Wirksamkeit in der Welt. Verhalten wir uns auch kongruent zu unserem Integralen Inneren Kompass, dann öffnen sich Potenzialräume mit einer erheblichen Manifestationskraft.

Was sind also die richtungsweisenden Ebenen des Kompasses? Und durch welche Fragen können wir einen Zugang zu ihnen bekommen? Bevor wir genauer einsteigen, möchte ich betonen, dass wir uns jetzt einer der komplexeren Fragen des Lebens widmen und ich möchte nicht den Eindruck erwecken, wir könnten dieses Instrument nebensächlich abhandeln. Es ist eine »Landkarte«, mithilfe derer wir uns in einer komplexen Materie zurechtfinden. Wichtig ist, dass die Landkarte nie das Territorium ist, das sie kartografiert. Also, sind Sie bereit?

Die stärkste Richtungskraft besitzen die Vision und Mission, die uns im Leben »mitgegeben« ist, woher auch immer sie zu kommen scheint. Ein Kollege von mir, Hubert Kölsch, umschreibt es etwa so: »Wir leben auf einem anderen Planeten, quasi wie im Paradies, immer Sonnenschein, weiße Strände, Palmen usw. Es kann schon auch mal langweilig werden. Kaum vorstellbar, oder? Aber selbst nach einigen Monaten Paradies wird es langweilig. Also dann gibt es da einen Flyer von der Agentur für Lebensaufgabe und einen Infoabend. Wir gehen da hin und dann werden sogar – wie auf dem Jahrmarkt – Lebensaufgaben ausgerufen, bis eine Aufgabe dabei ist, die uns so richtig antörnt, sagen wir mal z. B. ›Vertrauen lernen‹.

Wie in dem Auktionssaal bei Sotheby's schlagen wir zu und sind total happy damit. Dann macht es plötzlich plumps und wir fallen auf die Erde und vergessen bei dem heftigen Aufprall völlig, was unser Job war. Wir führen unser Leben wie alle anderen, es gibt gute Zeiten und weniger gute Zeiten, aber irgendwie versuchen wir alles in unserem Leben zu planen: Schule, Studium, Beruf, Karriere, Freunde, Familie, Kinder usw. Kennen Sie vielleicht, doch in diesem Fall wird das mit der Planung immer beschwerlicher und die ersten Krisen kommen, Trennungen, Kündigungen, Scheidungen, irgendwie das volle Programm.

Wir geben immer mehr Gas, aber irgendwie werden die Einschläge immer heftiger und wir werden immer wütender mit uns, unserem Umfeld und dem Leben, das so schwierig ist. Bis wir an irgendeinem Tag vom Leben ausgeknockt werden, aus der Bahn fliegen und plötzlich dämmert uns, dass wir doch damals ein Versprechen abgegeben haben, einen Job angenommen haben, nämlich ›Vertrauen lernen‹. Und plötzlich wird alles ganz klar, wieso wir diese heftigen Erfahrungen machen müssen zum Thema Kontrolle, denn es ist unser Job zu lernen, wie Vertrauen geht. Und wenn wir es lernen würden als ganz harter Knochen, dann könnten wir es auch weitergeben an andere Menschen, die davon auch eine Scheibe gebrauchen könnten.«

Das ist also Ihre Lebensaufgabe, deswegen machen Sie all diese Erfahrungen in Ihrem Leben, die sich wie ein roter Faden durch alles hindurchziehen. Das eine wäre ohne das andere nicht möglich gewesen. Es ist wie eine Forschungs- und Lernreise. Alle Stationen dabei machen plötzlich Sinn und sind wichtig für Sie, um Ihren Job zu erfüllen, den Sie angenommen haben. Verstehen Sie jetzt, wieso das alles Sinn ergeben könnte in Ihrem Leben? Genau über diese Idee haben Sie Zugang zu dem Sinn, zu Ihrer Vision und zu Ihrer Mission. Dinge Ihres Lebens hängen so zusammen, leiten sich daraus ab und ergeben einen vollständigen Inneren Integralen Kompass, ein Drehbuch, das Sie lesen können.

Ein Beispiel: Vor einigen Jahren hatte ich die Chance, ein intensives Gespräch mit den »Huberbuam« zu führen. Sie gehören zu der Weltspitze der Extremkletterer, auch bekannt durch den Kinofilm »Am Limit« und vielen weiteren Expeditionen und Auftritten im Fernsehen. Mich hatte besonders interessiert, wie ihr Innerer Kompass aufgebaut ist, der solche Pionierleistungen ermöglicht. Das Gespräch hat bei mir Gänsehaut bewirkt, je länger und intensiver wir sprachen, um letztlich eine Dimension des Sinns zu erreichen, der all ihr Wirken und Sein erklärte. Gerne will ich Sie an der Essenz dessen teilhaben lassen.

YouTube #7: Huberbuam, *Am Limit*

Der Integrale Innere Kompass am Beispiel der Huberbuam

»Wenn ich immer nur Projekte realisieren würde, die ich von Anfang an schon quasi zu 100 Prozent für erfolgreich durchführbar halte, dann ist es langweilig, dann ist es schon ein bekannter Pfad«, Alexander Huber, Extrembergsteiger.

»Mein Lebensweg geht über die Berge, es ist mein Mittel zum Zweck, um den inneren Gipfel zu finden, wie alle Religionen im Grunde genommen letztendlich auf eines zuströmen: Ganz oben anzukommen, zu Gott oder in die nächste Dimension zu kommen«, Thomas Huber, Extrembergsteiger.

Sinn, Vision und Mission

- Was ist mein höchstes Potenzial, das sich entfalten kann für eine Lebensaufgabe, die weit größer ist, als meinem Ego zu dienen?
- Was ist dann mein Bild von einer Welt, in der dieses Potenzial entfaltet ist?
- Wofür trete ich ein in der Gesellschaft und im Unternehmen?
- Welcher rote Faden in meinem Leben lässt erkennen, was meine Lebensaufgabe ist?
- Wie unterstützen mein Potenzial und mein Handeln das große Ganze?
- Wie stelle ich meine Führungsstärke in den Dienst des Unternehmens und der Gesellschaft?
- Was ist mein Beitrag im Unternehmen und in der Gesellschaft?

Abb. 28: Der Integrale Innere Kompass der Huberbuam (Götz 2014)

Den Huberbuam geht es nicht darum, die ersten zu sein, sondern es geht vielmehr um einen persönlichen Entwicklungsweg, das Beste aus sich heraus zu entwickeln, den inneren Gipfel zu erreichen und damit stimmige Pionierleistungen zu ermöglichen. Eine über sich hinausgehende Vision ist (noch) nicht erkennbar.

Identität

- Wer bin ich dann?
- Welche Rolle habe ich?
- Wie übereinstimmend ist diese Rolle mit meiner Vision und Mission?

»Wir sind Grenzgänger, wollen aber leben.« Der Grenzgänger ist sehr stimmig mit der Vision und Mission der Huberbuam, den inneren Gipfel zu erreichen. Daraus realisieren sie Projekte, die an die Grenze gehen, die es ermöglichen, den inneren Gipfel zu erreichen, sich selbst und sein Potenzial zu erfahren. Als Grenzgänger suchen sie die intensive Situation, die sie ihre Einzigartigkeit erfahren lässt und die so stark ist, dass eine immense Freude entsteht, in der für sie die nächste Dimension, Gott oder die vollkommene Verbundenheit zu sich selbst erfahrbar wird.

Werte und Überzeugungen

- Wie passen meine Werte zusammen mit meiner Vision und Mission?
- Welche Werte sind mir im unternehmerischen Kontext oder Team wichtig?
- Wie stimmen diese Werte mit meinen persönlichen Werten überein?
- Wie sehr lebe ich diese Werte täglich?
- Woran erkennen Mitarbeiter, dass ich diese Werte lebe?

Der kongruente innere Kompass der Huberbuam ermöglicht kongruente Werte für Spitzenleistung.

Thomas: Leidenschaft, Neugierde, Freude, Disziplin.

Alexander: Hingabe, Intensität.

Fähigkeiten, Talente und Potenziale

- Welches Potenzial wird sichtbar, greifbar aus einem Bewusstsein des Quellpunktes? (Ausführlich erläutert in Kapitel 4 unter dem Punkt »Presencing – Lassen Sie los für Potenziale aus der Zukunft« auf Seite 160.)
- Welches Bewusstsein öffnet sich immer mehr in der Erfüllung meiner Mission?
- Welche Fähigkeiten und Ressourcen sind jetzt schon verfügbar, um meine Mission und Vision zu leben?
- Mit welchem Bewusstsein und Potenzial ermutige, inspiriere ich und lade andere ein, ihr Potenzial ebenfalls zu entfalten?

Thomas: »Gerade die Wachheit, die Sensibilisierung, das Im-Hier-und-Jetzt-Sein ermöglicht ein erweitertes Wahrnehmen der Jetzt-Situation, dessen was jetzt wichtig ist im Grenzbereich. Es ist das Potenzial der absoluten Wachheit, die eine tief greifende Verbindung zwischen Mensch und Natur ermöglicht für ein Hinauswachsen über sich selbst. Es ist ein Bewusstsein, ein Wahrnehmen jenseits des Denkens, Fühlens und Wollens. Dadurch öffnet sich ein völlig neuer Raum für das Beste in sich selbst, für das Beste aller, für das Beste der Mission.«

Alexander: »Gefühle wahrnehmen und nutzen als Entscheidungshilfe, sich nicht von ihnen überwältigen lassen. Die Intensität der Gefühle nutzen, um durch vollkommene Hingabe einen Lösungsraum zu öffnen, der intuitiv Klarheit gibt für die nächsten Schritte. Es ist das Potenzial des Einlassens in das, was gerade ist. Bereit zu sein, sich allem zu stellen, was ist.«

Verhalten

- Welches Verhalten wird sichtbar?
- Wie kongruent ist es mit meinen Werten?
- Welche Verhaltensmaßstäbe werden sichtbar?
- Welcher Kommunikationsstil hilft mir, meine Mission zu leben?
- Aus welchem Bewusstsein heraus kommuniziere ich?
- Welche Achtsamkeit habe ich gegenüber meinem Körper?

Pionierleistungen bei den Huberbuam kommen nicht aus dem Verhalten einer destruktiven Konkurrenz, sondern aus dem Verhalten einer förderlichen Konkurrenz. Was ist der Unterschied? Der Fokus! Der mutige Schritt eines Bruders, den nächsten Schritt in der Potenzialentfaltung anzugehen, ist eine Bestärkung für den anderen Bruder, seinen nächsten Schritt anzugehen. Der Blick geht weg von einem dominierenden Verhalten hin zu einem ermutigenden, inspirierenden Verhalten und der Einladung, dass auch *du* deinen nächsten Schritt in deiner Potenzialentfaltung gehen und das *Beste in dir* wach rufen möchtest. Die eigenen Talente, Stärken, Potenziale zu entwickeln in einer förderlichen Konkurrenz, heißt, sich gegenseitig Mut zu machen für die eigene Bestleistung. Dem anderen ist nichts zu neiden.

Umwelt

- In welchem Umfeld halte ich mich dann auf?
- Wer sind dann meine Partner, Kunden, Lieferanten, Mitarbeiter?
- Mit welcher Strategie bewege ich mich/bewegen wir uns am Markt?
- Welche Organisationsform leben wir?

In diesem Bewusstsein wähle ich Strategien, die an den Potenzialen in mir, meiner Mission und Vision orientiert sind, denn es geht nicht darum, einem fremden Original zu folgen oder etwas zu kopieren, als wüsste ich eine unstreitbare globale Wahrheit. Es geht vielmehr darum, mein Potenzial, mein Bestes zu leben und nicht das Wesen und Potenzial von jemand anderem zu übernehmen. Eine Zusammenarbeit mit anderen orientiert sich demnach nicht an einem perfekten, sondern einem High-Performance-Team. Was ist der Unterschied? Es bedeutet nicht, im Team die Stärken zu stärken und die Schwächen auszubalancieren, sondern es bedeutet, dass jeder zuerst an sich selbst arbeitet. High-Performance-Team heißt zuallererst High-Performance-Selbst. Wenn ich »Be the best you can be« lebe, dann hat das eine magnetische Anziehungskraft auf Menschen mit einem ähnlichen Bewusstsein, sei es ein Mitarbeiter, Partner, Kunde oder Lieferant.

Der Integrale Unternehmerische Kompass 7.0

Aus meiner Erfahrung als ehemaliger Strategieberater bei Roland Berger & Partner war klar, dass von den »Brightest Stars« der Top-Consulting-Companies, wie z. B. McKinsey oder Boston Consulting Group, hervorragende Strategien erarbeitet werden. Gleichzeitig konnte ich aber auch feststellen, dass nicht alle dieser Strategien umgesetzt wurden. Warum eigentlich? Mir wurde immer mehr bewusst, dass Menschen keinen Strategien folgen, sondern den Energien, die sich aus einer Stimmigkeit zu dem eigenen Integralen Inneren Kompass ergeben. Auf Dauer kann niemand gegen seine Natur arbeiten, ohne dass er oder sie ausbrennt und damit deutlich unter seinem oder ihrem Potenzial bleibt. Wenn dann die Performance auf Dauer ausbleibt, trennen wir uns von solchen Mitarbeitern, ohne zu merken, dass wir vielleicht selbst gehen müssten, weil wir nur noch einer Angst folgen, nicht dazuzugehören, aber keiner inneren Überzeugung mehr folgen. Dann kommt uns das »Bauernopfer« gerade Recht, auf das wir unsere Angst und Wut projizieren können über unseren fehlenden Mut, die Strategie selbst zu ändern oder das Unternehmen zu verlassen.

In meiner jetzigen Coaching- und Beratungstätigkeit zur Unternehmenskultur und Potenzialentwicklung in Unternehmen, kann ich immer mehr feststellen, dass es einen direkten Zusammenhang gibt, wenn also eine orange Konkurrenzkultur mit Machtkampf herrscht, die eher einem Krieg gleicht, finden wir das Unternehmen auch sehr oft in Verdrängungsmärkten wieder, nämlich dort, wo sie den Krieg austragen können. Vergessen Sie nicht: Wir leben unsere Überzeugungen nach innen und außen.

Das Potenzial im Integralen Inneren Kompass

Stellen Sie sich bitte einmal vor, wie es wäre, wenn in einem Unternehmen jedes Mitglied des Führungsgremiums in einem persönlichen intensiven Prozess seinen eigenen Integralen Inneren Kompass – also seine Vision, Mission, Lebensaufgabe, Identität, Werte und Überzeugungen – erforscht, aus dem heraus es täglich handelt, und aus dem er oder sie strategische Entscheidungen fällt und seine Mitarbeiter tagtäglich führt. Glauben Sie nicht, dass es für die Qualität der Potenziale des Unternehmens essenziell wichtig ist zu sehen, aus welchem Integralen Inneren Kompass Sie handeln und führen? Und wenn das schon für Sie zutrifft, dann umso mehr für Ihre Kollegen und Mitarbeiter aus allen Bereichen, oder?

Meine Erfahrung ist, dass sich auf der persönlichen wie auf der unternehmerischen Ebene eine völlig neue Qualität der Stärke der Ausrichtung ergibt, wenn dieser Aspekt berücksichtigt werden kann. Und das hilft allen – Ihnen, Mitarbeitern, Partnern und Kunden, denn das, was hierbei entsteht, sind nicht nur Produkte und Dienstleistungen mit einer neuen Qualität, die dem gelben Bewusstsein 7.0 entspricht, sondern eine authentisch-nachhaltige Wertschöpfungskette, die von den Kunden 7.0 auf ganz besondere Weise honoriert wird oder sogar zur Bedingung gemacht werden wird. In der Zukunft der Märkte 6.0 und 7.0, auf denen sich viele Produkte ähneln oder gar austauschbar sein werden, wird eben viel entscheidender sein, wie und auf welche Art und Weise sie hergestellt werden und wie mit ökologischen und sozialen Ressourcen umgegangen wird.

Einige von Ihnen als Konzern-Manager werden sich jetzt vielleicht fragen, wie das in einem controllinggetriebenen Konzern, in dem alle zwei bis vier Jahre die Manager wechseln, funktionieren soll? Dann frage ich Sie, wer macht denn die Strategien? Roboter oder Menschen? Wer entscheidet denn, welche Strategie letztlich genommen wird? Und auf welcher Basis wird entschieden? Welche Bedeutung, glauben Sie, wird da der Integrale Innere Kompass des Führungsgremiums haben? Oder glauben auch Sie noch an den »homo oeconomicus«, der objektiv, rational, optimal entscheidet, so wie wir es damals an der Uni gelernt haben? Vielleicht werden Sie mir noch entgegenhalten, dass der Integrale Innere Kompass der Führungsmannschaft eine Rolle spielen mag bei strategischen und Führungsentscheidungen, aber es doch einen Unterschied von beruflich und privat gäbe, sodass wir dann zwei Kompasse verwenden müssten.

Vielleicht ist Ihr Verhalten verschieden in diesen Bereichen, also in Ihrem Job sind sie »tough« und zu Hause eher »soft«. Oder es ist so, dass Sie im Job durchgetaktet sind und zu Hause ohne strengen Terminplan leben. Trotzdem überlegen Sie bitte, welche Konsequenzen es für Sie und das Unternehmen gleichermaßen haben muss, wenn Sie auf Dauer zwischen 8 und 18 Uhr nach einem »aufgesetzten« Integralen Unternehmerischen Kompass handeln und zwischen 18 und 8 Uhr Ihrem Integralen Inneren Kompass folgen, der völlig entgegengesetzt wirkt. Können Sie sich vorstellen, welche Reibung dabei entsteht? Welche innere Zerrissenheit? Welche Energie und Potenziale verschwendet werden? Und was wäre, wenn es einen Dialogprozess gäbe für das Führungsgremium, in dem die Vielfalt der Integralen Inneren Kompasse in einem ersten Schritt erforscht und wertgeschätzt würden. Zu wissen, was meinen Kollegen wirklich antreibt, wofür er steht, was ihm oder ihr wirklich wichtig ist, was Bestand und Bedeutung jenseits des Strategie-Papiers für ihn oder sie hat, könnte eine völlig neue Kraft, Stimmigkeit und Potenziale entstehen lassen für eine dauerhaft erfolgreiche Strategie, die sich aus dem fundamentalen inneren Potenzial jedes Einzelnen nährt.

Jetzt werden Sie sich fragen, wie soll das denn zwischen all den Alphatieren gehen, die sich jetzt schon kaum »riechen« können? Gute Frage, denn das klingt unüberwindlich. Trotzdem frage ich Sie zurück, wie lange können Sie sich das unternehmerisch noch leisten, wenn gleichzeitig von der neuen Generation Y das Bewusstsein 7.0 erfolgreich am Markt gelebt wird und unbemerkt an Ihnen vorbeizieht? Weil Sie es nicht wahrnehmen können oder wollen?

Bedeutet Unternehmertum nicht gerade auch, Potenziale zu entfalten? Und welche Potenziale wollen Sie denn entfalten, wenn nicht die Ihrigen und die Ihrer Mitarbeiter? Innovationen kommen (noch) nicht von Robotern. Man muss sich im Führungsgremium nicht in den Armen liegen, um seinen eigenen Integralen Inneren Kompass zu erforschen. Alphatier kann auch bleiben, wer mutig als Erster vorangeht und unterstreicht, weshalb er sich als Alphatier sieht und weshalb er Führungsperson ist. Also Menschen mit einer Begabung und einem Willen, kein Mitläufer, sondern fähig, weitere Führungspersonen neben sich zu entwickeln. Dann bedeutet Alphatier Achtung und Achtsamkeit gegenüber der eigenen Mission und Lebensaufgabe und der von Mitarbeitern, oder?

Beispiele aus der Praxis belegen, dass dieser Ansatz nicht nur machbar ist, sondern dem Unternehmen im Führungsgremium einen völlig neuen »Drive« geben kann. Woran liegt das? In einem Gespräch mit einem mittelständischen Unternehmer, Johannes Werbach von NewTec, erfuhr ich dazu Folgendes:

»Im Führungskreis haben wir Ende 2012 beschlossen, dass wir unsere innovative Kultur weiter entwickeln und entfalten wollen zu einer Potenzialentfaltungskultur. Was wir damit beabsichtigen ist, das ganze Potenzial, alle Talente unserer Mitarbeiter in allen vier Quadranten zu entfalten, wenn sie es möchten. Dieser Schritt hat unseren Führungskräften eine nachhaltige, integrale Vision gegeben, für die sie sich jeden Tag aufs Neue gerne einsetzen. Sie haben bereits mehrfach bewiesen, dass sie Erfolge erzielen können, Ergebnisse einfahren und Innovationen erfolgreich auf den Markt bringen können. Aber jetzt öffnet sich ein völlig neues Fenster, Mitarbeiter zu fördern, entwickeln und wachsen zu sehen. Was gibt es Schöneres, als zu erfahren und zu erleben, als wenn Mitarbeiter über sich hinauswachsen? Wenn sie eine sinnvolle Tätigkeit machen und gerne selbstständig einen Beitrag am Unternehmen leisten.«

Gehen Sie doch mal in diese Unternehmen. Lassen Sie sich inspirieren. Je mehr Sie sich dafür öffnen, desto mehr Beispiele werden Sie finden, wie das wirklich gehen kann. Und das Beste ist, Sie müssen ja nicht gleich alles kopieren, eben kein Benchmarking machen, sondern die reine Inspiration nutzen, um zu überlegen, wie es für Sie, Ihren Bereich, Ihr Unternehmen zu passenden Umsetzungen kommen könnte.

Der Integrale Unternehmerische Kompass 7.0 ist speziell entwickelt für Unternehmen,

- die einen nachhaltigen Weg gehen;
- die in eine Führungskultur des Vertrauens, der Inspiration und der Verbindung zwischen Herz und Verstand investieren
- und in der Folge den Menschen und sein Potenzial in den Mittelpunkt des unternehmerischen Handelns rücken;
- die für ein »Sowohl-als-auch« von Ressourcen und Potenzialen sorgen
- und aus dem Miteinander von Konkurrenz-Bewusstsein und Kooperations-Fähigkeit innerhalb und außerhalb des Unternehmens kreative Kraft ziehen;
- die ihre Wirksamkeit und Glaubwürdigkeit aus dem Innen und Außen generieren;
- für die Werte, Mission und Vision gewünschte Realität sind
- und die damit auch in die Persönlichkeitsentwicklung der Führungskräfte und Mitarbeiter investieren, um diese Vorreiter-Rolle immer wieder neu mit Leben füllen zu können;
- die langfristige Potenziale entfalten wollen für stimmige Pionierleistungen, die dem Wohle der Kunden, der Mitarbeiter, der Natur und der Gesellschaft dienen.

Während sich der erste Schritt Ihrer Orientierung darauf bezieht, dass jedes Führungsmitglied eines Unternehmens sich seines eigenen Integralen Inneren Kompass bewusst wird, geht es im zweiten Schritt darum, in einem spiralartigen Prozess alle einzelnen Integralen Inneren Kompasse des Führungsgremiums zu einer gemeinsamen, authentischen, kraftvollen unternehmerischen Ausrichtung zu vernetzen: dem Integralen Unternehmerischen Kompass.

Der Prozess des Integralen Unternehmerischen Kompass 7.0

Das Führungsgremium verbindet sich kreisförmig und öffnet einen Potenzialraum. Dabei geht es nicht um einen kognitiven Prozess oder gar den einer Diskussion oder um Brainstorming. Es geht um einen Potenzialprozess (nach den renommierten Management-Vordenkern Peter Senge und Otto Scharmer – siehe Kapitel 4 ab Seite 149).

Abb. 29: Der Integrale Unternehmerische Kompass 7.0 (Götz 2014)

Genau nach diesem Verfahren lassen wir auf der Ebene der Vision unsere Vision einfließen, öffnen uns gleichzeitig für die Vision der Kollegen und die Impulse, die wir aus der Präsenz erfahren können, wenn wir mentale Konzepte in uns zurücksetzen. Ein derart verbundener, vernetzter und rezeptiver Prozess hat die Kraft und das Potenzial, langfristig und nachhaltig zum Erfolg und Wohle aller zu wirken. Und das ist doch genau das, was wir wollen. Mit jeder Ebene, die wir weitergehen in dem Prozess über Mission, Identität, Werte, Überzeugungen, Strategien, Kompetenzen, Verhalten, Umwelt, Produkte und Dienstleistungen, verbinden und vernetzen wir unsere Potenziale. Diese werden schrittweise konkretisiert und erste Prototypen werden direkt sichtbar und erfahrbar. Der ganze

Prozess wird per Audio oder Video aufgenommen, durchgängig moderiert und mit dem höchstmöglichen Grad an Bewusstheit und Einlassung durchgeführt. Macht Sie das neugierig auf eine Umsetzung? Ahnen Sie vielleicht schon, was alles passieren kann und möglich wird? Sind Sie dabei?

Kapitel 4

Sind Sie bereit für Integrale Kompetenzen 7.0 zur Potenzialentfaltung?

4. KAPITEL

Bereit für Integrale Kompetenzen 7.0 zur Potenzialentfaltung?

Von Ressourcen-Nutzern zu Potenzial-Entfaltern

(Aus dem Vortrag »Discover your Potential« von Professor Dr. Gerald Hüther, Neurobiologe und Hirnforscher, gehalten auf dem Summit 2012 der Stiftung Entrepreneurship.)

»Die Intensität der Vernetzung lässt das Gehirn wachsen, aber nur wenn Begeisterung eine Erfahrung ermöglicht, die unter die Haut geht, wenn es eben für Sie selbst wichtig ist, nicht für Ihren Chef, Partner oder sonstwen.

Lernen und Wachstum geht nicht durch Anstrengung, egal wie stark Sie sich abmühen werden, egal wie viele Stunden harter Arbeit Sie noch investieren in dieses oder jenes Projekt. Das Hirn ist kein Muskel, es tut sich nichts durch Übung. Es geht nicht mit Anstrengung. Es geht mit einer emotionalen Aktivierung der emotionalen Zentren im Mittelhirn. Das ist der Todesstoß für die Form der Gesellschaft, die wir im Moment führen.

Es sind die Zellgruppen mit wunderbaren Fortsätzen, die neuroplastischen Botenstoffe freisetzen, allerdings bei den meisten von uns kaum noch im Betrieb. (…) Das können Sie sich vorstellen wie Dünger fürs Gehirn, der bei entsprechender Begeisterung so stark ausgeschüttet wird, dass er bis in den Zellkern der nächsten Zelle den Impuls weiterleitet und diese Zelle auch erregt. (…) Und dann bildet diese Zelle neue Eiweißmoleküle, um neue Fortsätze zu bilden, um neue Kontakte zu schmieden und um bestehende Kontakte noch zu intensivieren. Und genau in diesem Moment der Begeisterung, wenn wir ein Problem gelöst haben, in diesem Zustand der Erregung, in dem neue Vernetzungen gebildet werden, dann werden diese Vernetzungen gedüngt und dadurch dicker und fester. Und schon haben Sie neue Potenziale.

Potenziale müssen nicht entdeckt, sondern wiedergefunden werden, denn sie waren schon mal da. Denn als Kind hatten Sie am Tag 50 bis 100 solcher Begeisterungsstürme in Ihrem Hirn. Jeden Tag! Jeden Tag ging quasi diese Gießkanne an und hat Ihr Gehirn entwickelt, vernetzt und verschaltet und genau deswegen haben Sie so schnell gelernt. Besitzstandwahrer können vor lauter Festhalten nichts mehr dazu lernen, denn wenn der Strom des Lebens vorbeizieht und Sie wollen mit dem ganzen Gepäck Ihrer überkommenen Überzeugungen gegen den Strom auf der Stelle bleiben, dann haben Sie zu rudern wie ein Verrückter und dann sind die Chancen groß für einen Burn-out.«

Und in wie vielen Firmen erleben wir den Besitzstandkampf? Bereich Vertrieb gegen Produktion, Vorstand A gegen B, Headquarter gegen Filialen. Hüther erzählt weiter:

»Man müsste mit dem lebendigen Fluss des Lebens mitgehen, aber dann müsste man sich auch jeden Tag ein Stück weiterentwickeln. Das, was Menschen wirklich daran hindert, ihre Potenziale zu entfalten, sind ihre geistigen Besitzstände, das sind die fest im Hirn verankerten Vorstellungen, wie es zu sein hat. (…) Ideen sind nichts Kognitives, da hängt ihr Herz dran, das wusste schon der junge Marx. (…) Ideen, die unsere Intelligenz besiegt, die unsere Gesinnung erobert, an die der Verstand unser Gewissen geschmiedet hat, das sind Ketten, denen man sich nicht entreißt, ohne sein Herz zu zerreißen. (…) Damit Sie das Potenzial Ihrer Ideen erfassen können, erinnern wir uns doch an den letzten London-Marathon 2012. Der älteste Teilnehmer war 100 Jahre alt, der ihn auch beendet hat. Der Marathon-Weltrekord der über 80-Jährigen liegt bei 3 Stunden 43 Minuten und 27 Sekunden.« (Hüther 2012)

Als ich das recherchiert hatte, hat es mich fast umgehauen, denn 2001 habe ich mir dieses große Ziel selbst gesetzt, einmal in meinem Leben einen Marathon zu laufen. Drei Monate habe ich intensiv dafür trainiert, 20 Kilogramm Gewicht verloren, meine Ernährung umgestellt und dann war es endlich so weit. Am 30. September 2001 bin ich mit 37 Jahren nach 4 Stunden und 42 Minuten in Berlin über die Ziellinie gelaufen. Etwa eine Stunde später als der beste 80-Jährige.

Was lernen wir daraus?

Hüther beschreibt weiter: »Erfahrungslernen ermöglicht, Potenziale zu entfalten, wenn es mir wichtig genug ist, mich begeistert und mir unter die Haut geht. Es ist ein komplexes Gemisch aus allem, was man schon weiß und allen Sinneseindrücken, die im multimodalen Kortex (Frontalrinde, Frontalkortex, präfontale Rinde) zusammengeschaltet werden. Was bei Erfahrungen passiert ist, dass gleichzeitig das kognitive und emotionale Netzwerk aktiviert werden und sich dadurch vernetzen. Und wenn Sie immer wieder ähnliche Erfahrungen machen, entsteht eine innere Haltung, eine innere Einstellung oder eine feste Überzeugung, wie es sein muss.

Jetzt können Sie auch verstehen, weshalb die Strategien des letzten Jahrhunderts der Ressourcenausnutzung nicht mehr funktionieren, denn man hat mit allen möglichen kognitiven Mittel versucht, uns zu erläutern, wie wir uns besser verhalten sollen in der Firma, mit den Kollegen oder zu Hause mit dem Partner. Doch das Verhalten resultiert nicht aus kognitivem Wissen, sondern aus einer inneren Haltung (Mindset), die ich aufgrund von ungünstigen oder günstigen Erfahrungen gemacht habe. Also wie kann ich, können wir eine neue günstige Erfahrung machen? Eine positive Koppelung ist immer stärker als eine negative, denn so sind Sie groß geworden, so haben Sie Laufen gelernt.

Also können Sie andere Menschen einladen, etwas wiederzufinden, was sie schon mal konnten. Und wir können in jedem Moment unsere eigene Gestaltungskraft wiederfinden. Aber in Unternehmen kann doch nicht jeder alles gestalten, oder? Doch, sogar die Putzfrau, sogar soweit, dass ihre Arbeit fast überflüssig wird, indem sie die Nutzer der Toiletten anlächeln würde und ganz liebevoll erzählt, wie sehr sie sich freut, diesen Dienst zu leisten, aber sie sich noch mehr freuen würde, wenn nicht alle daneben urinieren würden. Dann fühlt sich die Putzfrau nicht mehr als Opfer ihrer Tätigkeit, sondern als Gestalter innerhalb ihres Rahmens. Und genau darum geht es doch, oder?

Genau deshalb funktioniert das auch nicht mit dem Human-Ressource-Department, weil die Mitarbeiter wie ein Humankapital betrachtet werden, also wie eine Ressource, die genutzt wird, aber nicht wie ein Potenzial. Das würde für uns und unsere Führungspersonen bedeuten, dass wir wie ein Schatzsucher erforschen und entdecken wollen, was in unseren Talenten noch so alles drin steckt, also in ihnen angelegt ist, aber noch nicht zur Entfaltung gekommen ist. Ressourcen nehmen immer nur das, was da ist. Meine Fähigkeiten, mein Wissen, meine Fertigkeiten. Aber in einer Wettbewerbsgesellschaft funktioniert das nicht, wenn ich immer nur meine Ressourcen zum Markt trage. Und deswegen braucht man eine Kultur, in der Menschen einander ermutigen, einladen und inspirieren, neue Wege zu gehen, noch mal etwas Neues anzufangen, was einem sonst keiner zutraut. Begeisterung kann man als Ressource nicht nutzen, auch nicht anordnen und nicht organisieren. Begeisterung kann man in anderen auslösen, weil man selber begeistert ist und glaubt, in dem anderen Potenziale zu sehen und sie zur Entfaltung bringen will. Wir brauchen Begeisterung, auch von anderen Menschen, um in diesen Modus wieder zurückzufinden.« (Hüther 2012)

Auch dieses wunderbare Beispiel von Hüther will ich Ihnen nicht vorenthalten: »Ein 85-Jähriger will noch mal Chinesisch lernen. Das ist kein hirntechnisches Problem, sondern ein Begeisterungsproblem. Um es leicht zu lösen, verliebt sich der 85-Jährige in eine junge 75-jährige Chinesin. Und da die ›junge‹ Chinesin wieder zurück in ihr Dorf nach China geht, wo niemand auch nur ein Wort Deutsch spricht, dauert es nur sechs Monate, bis er fließend Chinesisch spricht. Das können Sie sich auch ohne Hirnforschung vorstellen, oder? Eckhart von Hirschhausen sagt, die Deutschen hätten anstatt eines Frontallappens, wo diese Haltungen verankert werden, einen Jammerlappen.« (Hüther 2012)

Also, was wir jetzt brauchen in unseren Unternehmen, um den Paradigmen-Wandel mitzugestalten, um von Ressourcen-Nutzern zu Potenzial-Entfaltern zu werden, ist ein Kulturwandel. Ein Wandel, bei dem die Führungskräfte die Mitarbeiter ermutigen, einladen und inspirieren, neue Wege zu gehen, etwas Neues zu wagen, sich überhaupt zu wagen, wieder Lust an der Arbeit zu haben.

Worauf warten wir?

Bewusste Leader sind Potenzial-Entfalter

Warum sind manche Manager Ressourcen-Verschwender und einige Leader Potenzial-Entfalter?

Ich denke, wir sind uns einig, dass in Deutschland nicht vom Kopieren gelebt wird, sondern vom Innovieren. Das Sprichwort sagt »Not macht erfinderisch«, es sagt aber nicht, dass Innovieren mit Druck geht, mit einem »Seien Sie doch mal erfinderisch!« Ressourcen, also die bekannten Fähigkeiten in Mitarbeitern und uns selbst, können helfen. Aber wenn wir bei Ressourcen stehen bleiben, verschenken wir die latenten Potenziale aller. Wir brauchen mehr als Brainstorming und raffiniert durchdachte Neuentwicklungs-Prozesse, die hervorragend organisiert sind. Es braucht den Mut, hinter die Kulissen zu sehen, hinter das Gewöhnliche.

Innovieren ist nicht der Relaunch vom Rumspinnen der 90er, als Mitarbeiter im stressfreien Raum, abgeschottet vom Rest des Teams, völlig frei und ungezwungen verrückte Ideen produzieren durften. Innovieren ist zuerst einmal *Inspiration* und *Intuition.* Während Inspiration etwas ist, was wir in einer tiefen Einlassung auf die Gegenwärtigkeit an Unvorhersehbarem finden, bedeutet Intuition das, was spontan der Intelligenz unserer inneren Balance entspringt, um auf komplexe Situationen schnelle und stimmige Antworten zu finden, ohne viel zu denken, zu überlegen oder abzuwägen. Könnten genau das die *zwei Kompetenzen* sein, die in der Zukunft sinnvolle und nutzbringende Innovationen am Markt einführen? Innovationen – sowohl am Produkt, am Prozess und im Businessmodell?

Während wir oft den Eindruck gewinnen, dass unsere Konzernlenker und Manager abgehoben vom Rest der Welt der Mitarbeiter, Kunden und Lieferanten leben, ist das Bodenständige an allem verloren gegangen, sozusagen gerade nicht »en vogue«. Doch was sind die Herausforderungen der Gegenwart? Wir brauchen kein neues Marketing, wir brauchen wieder die Bereitschaft, uns mit dem Boden zu verbinden, mit den Sorgen, Bedürfnissen und Nöten der Menschen im Alltag. »Wir müssen nicht in jedem Menschen einen Kunden sehen, sondern in jedem Kunden einen Menschen«[38], verriet der Marketingpapst Philip Kotler schon vor einigen Jahren.

Dabei ist das keine »Rocket Science«, wie die Amerikaner zu sagen pflegen, also etwas völlig Unmögliches oder gar Hochintellektuelles. Aus eigener Erfahrung als ehemaliger Produktmanager weiß ich nur zu gut, wie sich aus Mangel an Mut und unter Zeit- und Ergebnisdruck schnell intellektuelle »Innovationen« einschleichen können, die wenig mit den Menschen und ihrem Alltag zu tun haben, sie sind deshalb abstrakt, nicht lebensnah. Da ist oft der kognitive Wettbewerbs-Vorteilswunsch Vater der Innovation, und nachdem der Einführungstermin schon beschlossen und kommuniziert wurde, gibt es keinen Weg mehr zurück, das Ergebnis wird einfach durchgezogen. Wenn wir uns also wieder mehr mit den Menschen verbinden wollen, dann geht das am allerbesten, wenn wir, wie der alte Indianer zu sagen pflegte, 100 Schritte in den Schuhen des Anderen gehen.

Gerade die »Share Economy« lebt von dieser Haltung, so wie der Gründer und CEO von Airbnb, Brian Chesky aus San Francisco. Ihm war aufgefallen, dass viele Menschen keine Lust mehr auf anonyme Hotels hatten, sondern auf Land und Leute. Andererseits wusste er auch, dass viele Menschen gerne selbst Gastgeber sind. Somit war die Idee von Airbnb geboren als das Angebot einer Übernachtungsmöglichkeit im privaten Umfeld. Seit der Gründung 2008 wurden weltweit über zehn Millionen Übernachtungen gebucht – die Basis für ein direktes, genaues Kennenlernen der Kultur, der Lebensbedingungen, der Nöte, Wünsche und Bedürfnisse der Menschen, die diese Dienstleistung nutzen. Und weil er sich selbst für diese Nähe zu den Menschen ganz entschieden hat, hat Brian Chesky seine Wohnung in San Francisco aufgegeben und lebt seither in Airbnb-Unterkünften. Was glauben Sie, wie viel Bodenständiges bedeutet das täglich für ihn? Neben wirtschaftlichem Erfolg bewegt ihn auch die große Vision, Menschen aus allen Kulturen zusammenzubringen für ein besseres Miteinander. Tolles Beispiel, oder?

Welches Bewusstsein hilft nun Managern, um zu Leadern zu werden, die Transformationen bewirken und nicht nur Kosmetik machen? Zuallererst die Bereitschaft zu akzeptieren, dass Sie nicht dafür bezahlt werden, sofort für jedes Problem eine scheinbare Lösung anzubieten, sondern sich einzulassen auf Unbekanntes, Variables und persönlich Prozessuales. Vielleicht sogar die Angst des Nicht-Wissens auszuhalten, denn erst das ermöglicht eine völlig neue Ebene des Innovierens. Kennen Sie das? Sie wollten Innovationen und bekamen Produktverbesserungen? Sie wollten Innovationen und bekamen »Mindfuck«, was keiner gebrauchen konnte, weil er das Produkt nicht verstand?

Warum war Steve Jobs so genial? Nicht nur weil er eine starke Vision hatte, ein Pedant war, der sich nur mit dem Besten zufriedengab und ein genialer Marketer war. Auch weil er es wie kaum ein anderer verstand, die Probleme der Zeit zu lösen, hoch-technologisch und doch auf einfachste Art und Weise – auch quer über Branchen hinweg. Er wollte nicht einfach nur besser sein als Microsoft. Er wollte die Welt ein bisschen besser und einfacher machen. Das iPhone entstand 2007 auf dieser Basis, denn er löste das Problem vieler Smartphone-Besitzer. Die Smartphones der Konkurrenz waren ohne Apps, mit fixer Tastatur wie bei Blackberry und damit nicht zukunftsfähig. Kurz gesagt, sie waren einfach nicht smart.

Verstehen Sie, was ich meine? Wie Steve Jobs dieses »Mindset« erreichte, wissen wir nicht, aber wir wissen, dass solche Quantensprünge besonders gut möglich sind durch die Fähigkeit, das eigene Bewusstsein zu entwickeln. Die Hirnforschung bestätigt heute, was der Dalai Lama und andere Vertreter von Meditationsschulen aus praktischer Erfahrung sagen, dass die Seele die Biologie beeinflusst und wir darüber unser Bewusstsein entwickeln können.[39] Stellen Sie sich das mal bitte vor und lassen Sie es sich ganz langsam auf der Zunge zergehen. Sie sind also nicht ausschließlich das Produkt Ihrer Gene und der Umweltfaktoren Ihrer Zivilisation, sondern Ihrer Bewusstseins-Entwicklung. Was heißt das nun? Während wir immer glaubten, je härter wir arbeiten, desto mehr Karriere machen wir und desto glücklicher werden wir sein, ist möglicherweise das Gegenteil wahr? Sie haben sich Ihr Hamsterrad selbst gebaut, denn: »There is no way to happiness. Happiness ist the way.« »Es gibt keinen Weg zum Glücklichsein. Glücklichsein ist der Weg«. Das ist der Punkt.

Wenn wir in unseren Unternehmen für unsere Kunden wirklich etwas bewegen und bewirken wollen, brauchen wir nicht mehr Härte, mehr Krieg, mehr Stärke, mehr Power, sondern mehr Bewusstsein. Sie müssen nicht mehr, sondern fokussierter arbeiten, nicht politisch, sondern gewagter, nicht extern motiviert, sondern aus Ihrem Inneren heraus, nicht schneller, sondern bewusster, nicht mehr in die Zukunft gerichtet, sondern im Hier und Jetzt lebend. Es gilt, eine Achtsamkeit dafür zu entwickeln, was wirklich wichtig ist für uns und unsere Kunden. Das gelingt nicht mit einem permanenten Betrieb im Denken, als Führungspersonen brauchen wir den kühlen Kopf verbunden mit dem Feuer des Herzens und dem Bewusstsein für eine bestimmte Richtung, strategisch wie menschlich. Menschen folgen keinen Zahlen, sondern Energien, Bewusstsein ist Energie. Wie gewinnen wir dieses Bewusstsein? Nicht mit dem Blick nach außen: Was machen die anderen Kollegen, die Konkurrenz, wie komme ich schneller voran? Bewusstsein kommt von innen und das ist die gute Nachricht, denn zum ersten Mal müssen Sie nicht so werden wie die anderen, sondern Sie können und dürfen sogar so werden, wie Sie wirklich sind. Zugegeben, das passiert vielleicht nicht über Nacht und braucht ein wenig Praxis, aber wie viele Jahre harter Arbeit haben Sie schon investiert, um da anzukommen, wo Sie jetzt sind? Und sind Sie happy? Was war der Preis, den Sie dafür bisher bezahlt haben, gesundheitlich, familiär, in Ihren Beziehungen? Sind Sie wirklich glücklich? Gehen Sie morgens mit einem breiten Grinsen zur Arbeit und wieder glücklich nach Hause? Also wenn Sie auch nur ansatzweise etwas von der Ausstrahlung, dem Frieden und der Kraft eines Dalai Lama lernen wollen, dann lassen Sie uns gemeinsam auf diesen Weg schauen.

Das Schlüsselwort ist *Meditation*. Nein, Sie brauchen nicht den ganzen Tag mit Räucherkerzen und einem Mantra auf den Lippen im Lotussitz verbringen. Es reicht schon aus, wenn Sie für wenige Minuten am Tag zur Ruhe kommen, mental wie körperlich. Damit das Geratter und Geschnatter in Ihrem Hirn aufhört. Bethany Kok, eine junge Psychologin am Max-Planck-Institut für Kognitions- und Neurowissenschaften in Leipzig, untersucht den Einfluss des Geistes auf die Gesundheit und sie kommt zu erstaunlichen Ergebnissen. Der Tonus des sogenannten Vagusnerves, der vom Hirnstamm den Hals entlang über die Lunge, Herz und Darm zu den Eingeweiden verläuft, hat wesentlichen Einfluss auf Verdauung, soziale Kontakte und auf den Orgasmus. Wenn das keine Motivation ist. Wie aber wird nun der Tonus gestärkt? Sie ahnen es schon, durch *Meditieren*. Welche Form der Meditation Sie wählen, ist dabei unerheblich, Hauptsache Sie tun es. (Blech 2013)

Der Psychologe Dr. Ott erklärt in seinem Buch »Meditation für Skeptiker«[40] einen weiteren Effekt von mehr Bewusstsein, denn das Meditieren helfe dabei, eingefahrene Denkweisen und Verhaltensmuster zu erkennen und dann auch zu ändern. Das sollte für alle Organisationsentwickler, Personalchefs und Vorstände, die an klassischen Change-Programmen arbeiten, eine wichtige Botschaft sein, die anzeigt, wie solche Programme wertschöpfend gelingen könnten.

Und wem das noch zu wenig an möglichen Potenzialen ist, den inspirieren womöglich die Ergebnisse folgender wissenschaftlicher Arbeit von Dr. Harald Piron (2003)[41]. Er untersuchte klassische Texte christlicher, hinduistischer, buddhistischer und taoistischer Schulen, die beschreiben, dass während der fortgesetzten Meditationspraxis immer tiefere Stufen des Bewusstseins erreicht werden können.

Dann bat er 40 ausgewiesene Meditationslehrer, eine Reihe typischer Erfahrungen hinsichtlich ihrer Tiefe einzustufen:

- Hindernisse
  Unruhe/Langeweile, Motivations-Konzentrationsprobleme
- Entspannung
  Wohlbefinden, ruhige Atmung, wachsende Geduld, Ruhe
- Konzentration
  Achtsamkeit, keine Anhaftung an Gedanken, innere Balance, Energiefelder, Leichtigkeit, Einsicht, Gleichmut, Frieden
- Essenzielle Qualitäten
  Klarheit, Wachheit, Liebe, Hingabe, Verbundenheit, Demut, Dankbarkeit, Gnade, Selbstakzeptanz
- Nicht-Dualität
  Gedankenstille, Einssein, Leerheit, Grenzenlosigkeit, Transzendenz zwischen Subjekt und Objekt

Was haben jetzt die oben genannten Erfahrungen von Entspannung, Konzentration, essenziellen Qualitäten und Nicht-Dualität mit Potenzialen und Potenzialentfaltung zu tun?

Darüber geben uns Mönche aus dem Himalaya Auskunft, die über 10 000 Stunden Meditationserfahrung haben und eigens in die USA gereist sind, um ihr Gehirn darauf untersuchen zu lassen, wie es sich von anderen Gehirnen unterscheidet. Eines der Ergebnisse ist, dass sie Gamma-Wellen hervorbrachten, die 30-mal so stark waren wie bei normalen Studenten. Was heißt das? Die Frequenz unserer Hirnwellen ist je nach unserem Zustand verschieden. Bei einer Frequenz von über 21 Hertz sind wir geprägt von Hektik, Stress und Angst. Zwischen 13 und 21 Hertz bei einer entspannten, nach außen gerichteten Aufmerksamkeit haben wir eine gute Denkleistung. Zwischen 8 und 13 Hertz beginnt eine erhöhte Lern- und Erinnerungsfähigkeit durch Entspannung. Und zwischen 6,5 und 8 Hertz beginnt Kreativität zuzunehmen durch tiefe Entspannung und Meditation. Und genau hier beginnen auch die Gammawellen.

Das ist das *Bindeglied* zu unserem Integralen Leadership und Innovationen für potenziell neue Businessmodelle. Wir brauchen genau diese *Zustände von Kreativität, Achtsamkeit und Leichtigkeit*, um Komplexitäten und scheinbare Gegensätze zu überwinden und auf einer höheren Ebene integrieren zu können, für neue Lösungen, die gut für alle sind. Das ist ein Zustand von Verbundenheit mit sich und der Welt, in dem wir es wagen, uns und das System infrage zu stellen, ohne dass wir bereits eine Lösung in Händen halten müssen. Durch die entspannte Präsenz im Hier und Jetzt geht ein völlig neuer Raum von Kreativität auf für neue Lösungen, die innerlich von allen mitgetragen werden und deshalb auch nachhaltig leb- und umsetzbar sind.

Und wenn wir als Führungspersonen diese Fähigkeiten leben und unseren Fokus hin zu unserer eigenen Bewusstseinsentwicklung stärken, dann hat das nicht nur Konsequenzen für uns, unseren Erfolg, unsere Gesundheit und Lebensfreude, sondern auch für alle anderen, die mit uns zusammenarbeiten – Mitarbeiter, Lieferanten, Partner, Aktionäre und Kunden. Wenn Sie wirklich etwas Großes bewegen wollen, z. B. einen Kulturwandel für Ihr Unternehmen, dann beginnen Sie bei etwas Kleinem, nämlich bei sich selbst und Ihrem Bewusstsein. Das ist der größte aller *Hebel*, den Sie selbst in der Hand haben, das allergrößte Potenzial, das Sie für sich, Ihr Team, Ihren Bereich und Ihr Unternehmen freisetzen können. Dann brauchen Sie auch keine Change-Programme mehr, denn dann sind Sie der *Change*, der alles ermöglicht.

Presencing – Lassen Sie los für Potenziale aus der Zukunft

»U-Theorie/Presencing« von Peter Senge und Otto Scharmer ist ein hervorragender Ansatz zum Öffnen des Potenzialraumes. *Presencing* ist abgeleitet aus dem Englischen: Presence – Gegenwart und Sense – spüren.[42] Peter Senge ist ein renommierter Management-Vordenker aus den USA, Begründer und Bestseller-Autor u. a. von »Die fünfte Disziplin. Kunst und Praxis der lernenden Organisation«[43], der sich zusammen mit seinen Kollegen C. Otto Scharmer, Joseph Jaworski und Betty Sue Flowers über Jahre hinweg intensiv der Frage widmete, wie sich soziale Wirklichkeit entfaltet.[44] In über 150 Experteninterviews mit namhaften Vertretern aus allen Disziplinen, darunter auch dem Nobelpreisträger für Physik, David Bohm, haben sie ein Modell entwickelt mit dem Namen *Theorie U.*

Das Potenzial der Theorie U liegt in der Möglichkeit, tief greifende Veränderung zu vollziehen. Die Grundfrage ist dabei, aus welchem *Impuls* heraus handeln wir? Das wiederum richtet sich danach, aus welcher Perspektive wir auf uns, auf die anderen und auf die Welt schauen. Sehen wir das, was wir erwarten zu sehen? Oder sehen wir das, was wirklich ist? Im ersten Fall sind unsere Möglichkeiten begrenzt auf das, was wir kennen, und wir kreieren immer wieder Situationen und Lösungen, die dem entsprechen, was wir bisher auf der Ebene des Verstandes, des Fühlens und des Willens wahrnehmen konnten. Das ist weder gut noch schlecht. Es ist der Stand unseres Bewusstseins.

Lassen Sie uns gemeinsam eine praktische Übung machen. Nehmen Sie sich bitte einen Stift und ein Blatt Papier und antworten spontan auf folgende Fragen:

- Was denken Sie ist Ihre Aufgabe im Leben, Ihr Platz, durch den Sie einen Beitrag in der Welt leisten?

  Bevor Sie jetzt die nächste Frage beantworten, nehmen Sie sich bitte ein bis zwei Minuten Zeit und folgen einfach den aufkommenden Impulsen, nehmen die auf, die bei Ihnen auf Resonanz stoßen und lassen die anderen geruhsam vorbeiziehen, wie Wolken am Himmel.

- Stellen Sie sich jetzt bitte einen Ort, einen Platz, eine Person oder eine Situation vor, die Ihnen richtig gut tut.

Sind Sie von Musik begeistert? Hören Sie gerade in Ihrem Ohr den Klang, die Stimme, den Ton Ihres Lieblingssängers, Ihrer Lieblingsband oder Ihres Lieblingsorchester und sehen sich jetzt mitten im Live-Konzert, im Theater oder in der Oper mit einer Gänsehaut sitzen oder in der Arena im Konzert stehen, mit einem breiten Grinsen, offenem Herzen und der Musik im Ohr, die Ihnen so unter die Haut geht? Oder sehen Sie sich gerade über das Parkett tanzen, geradezu schweben mit der Person, die Sie so sehr verzaubert. Oder spüren Sie, wie Sie jetzt zur Ruhe kommen? Wenn Sie in der Natur sind, vielleicht in einem wunderschönen Wald, liegend in einer blühenden, duftenden Sommerwiese, am stillen Bergsee, am rauschenden Meer, am weißen Sandstrand, einfach an dem Platz, an dem Sie sich so richtig wohlfühlen? Oder tauchen Sie ein in den stillen Anblick inspirierender Kunst, eines Gemäldes oder einer Skulptur in einer beeindruckenden Kunst-Sammlung. Oder genießen Sie ein Candlelight-Dinner und spüren mit feiner Zunge jede einzelne Gewürz- und Geschmacksnote, lassen das Dessert am Gaumen schmelzen und zelebrieren den zauberhaften Abend mit einem edlen Tropfen Wein. Oder entspannen Sie sich bei einer Massage, bei einer intensiven Berührung in Stille, den Moment genießend, wobei Gedanken wie Wolken an Ihnen vorbeiziehen und Sie Ihre Seele baumeln lassen. Oder sehen Sie sich beim Spielen mit Ihren kleinen Kindern, wie Ihr Herz aufgeht bei der spielerischen Leichtigkeit und Freude, die Ihnen da entgegenschwappt und Sie trägt für diesen Moment. Oder spüren Sie sich und Ihren Körper in der stillen Bewegung von Yoga oder Tai-Chi. Oder sind Sie jemand, der stundenlang mit dem Hund, der Katze oder einem anderen Lieblingstier spielt, tollt und ganz vereint ist mit sich und dem Leben?

Was auch immer Sie anzieht, Sie finden jetzt den Weg, der Sie auf ganz natürliche Art und Weise zur Entspannung, zur Ruhe, in Ihre Mitte und in Ihr Herz bringt. Es ist, als ob Sie innerlich ganz und gar verbunden sind mit sich und der Welt, innerlich berührt, mit offenem Herzen, einfach das zu tun oder zu lassen, was Ihnen gerade gut tut. Sie atmen ein und aus, ein und aus, ein und aus, ein und aus, ein und aus und sind dankbar für den Moment der Ruhe.

- Was ist das, was Sie in die Welt bringen wollen?

Und jetzt, da Sie auf Ihre ganz natürliche Art und Weise an dem Ort sind, der Ihnen Stille, Frieden, Entspannung und Freude vermittelt, gehen Sie bitte einen Schritt weiter und schauen von diesem Ort aus neugierig und offen auf das, was sich neu zeigt an Dingen und Möglichkeiten, an die Sie bisher gar nicht gedacht haben. Es ist, als ob Sie neugierig durch ein Fernglas blicken und eine noch viel größere Welt entdecken, die Sie noch überraschen kann, mit der Sie vielleicht noch nicht oder nicht mehr gerechnet haben.

- Was genau ist der Impuls, den Sie jetzt in die Welt bringen?

  Haben Sie den Unterschied wahrnehmen können, wenn Sie von völlig verschiedenen Orten aus auf die Welt schauen? Welchen Geschmack haben Sie davon bekommen, welche Bedeutung hat das für Sie, welches Potenzial? Es sind Ihre Handlungs-Abbilder, durch die Sie die Welt entdecken wie durch ein Dia, durch das Sie die Wirklichkeit so wahrnehmen und so in der Folge weiterhin als Wirklichkeit kreieren.

Wenn Sie einen Schritt weiter gehen wollen, einen Schritt in Ihrer Entwicklung, in dem Finden neuer Potenziale für Ihr Leben, für Ihr Team, für Ihren Bereich, für Ihr Unternehmen, dann geht der Weg über *Bewusst-Werdung* der Konzepte, die Sie auf verschiedenen Ebenen steuern. Die Kunst liegt darin, dass Sie darin nicht feststecken, sondern sich öffnen und weitergehen, offen bleiben für das, was sich hinter diesen Konzepten befindet. Dafür braucht es einen »U-Prozess des Loslassens«.

Der U-Prozess des Loslassens und Einlassens

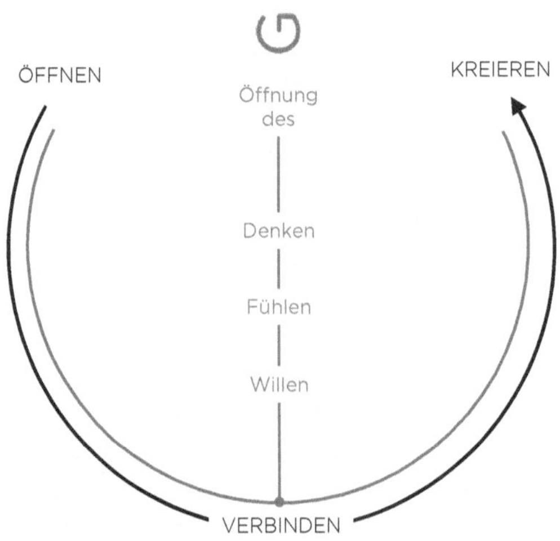

Abb. 30: Die U-Theorie und der U-Prozess (Scharmer 2005, S. 43, 62 ff)

Auf der Ebene des Denkens und des Verstandes geht das Loslassen vielleicht noch einfach, indem wir uns darüber bewusst werden und einfach rational eine andere Entscheidung treffen, als unser Handlungsabbild vorgibt. Sobald wir aber die Ebene des Fühlens und die Ebene des Willens erreichen, offenbaren sich unsere unbewussten Konzepte und Emotionen. Hier liegt die ganze Vielfalt des Menschseins vor, ein bunter Strauß aller Emotionen wie Freude, Frieden, Liebe, Leichtigkeit und Lust, aber auch Angst, Scham, Ohnmacht, Wut, Zweifel, Aggression, um nur einige zu nennen. In diesem Prozessmoment ist es oft sehr wahrscheinlich, dass wir steckenbleiben in Konzepten und Emotionen. Loslassen ist keine mentale Leistung, sondern zu allererst eine Frage der Akzeptanz. Loslassen erfolgt durch Akzeptieren. Das klingt vielleicht ungewöhnlich, aber probieren Sie doch bitte einmal Ihre Wut oder Angst loszulassen, wenn Sie gekündigt oder verlassen werden, wenn Sie vor versammelter Mannschaft vom Chef kritisiert werden und Ihr Gesicht verlieren. Ich würde mich wundern, wenn Sie völlig »cool« blieben. Wahrscheinlicher ist, dass Sie eher kochen vor Wut, versinken vor Scham oder zittern vor Angst. Wie heißt es so schön im Volksmund: Der Weg mit der Angst geht durch die Angst. Also Angst, Wut, Verzweiflung kommen erst dann wieder in Bewegung, wenn wir uns trauen, diese Gefühle zuzulassen. Das heißt nicht, dass wir davon völlig absorbiert werden, sondern die Situation so akzeptieren, wie sie eben gerade ist. Erst durch das bedingungslose Anerkennen dessen, was ist, kommen wir wieder zur Ruhe und können loslassen und neugierig entdecken, was als nächstes sicht-, hör- und greifbar wird. Stellen Sie sich das mal vor, welche neuen Lösungen und Potenziale das freisetzen könnte in Projekten, die sich festgefahren haben und die auch nicht mehr mit herkömmlichen Werkzeugen wie Teamentwicklung, Organisationsstellen oder systemischen Dialog gelöst werden können.

Die letzte Ebene, die wir durchschreiten, ist für die meisten von uns die anspruchsvollste und gleichzeitig die potenzialträchtigste: Die Ebene des *Willens*. Ein Verhaften bedeutet hier, dass wir glauben, dass wir alles wissen müssen oder könnten, in der Arbeit, im Innovationsteam oder z. B. in der Beziehung. Da wir in Europa von der abendländischen Aufklärung geprägt sind und dadurch einen Höchststand an gesellschaftlichen und industriellen Möglichkeiten kreiert haben, ist die Gefahr groß, dass wir das große Potenzial der *Mehrdimensionalität* der Welt durch unsere Eindimensionalität begrenzen. Öffnen wir uns aber für die tatsächliche Vielschichtigkeit der Dinge, lernen wir durch diesen Prozess unsere Mitarbeiter, unser Team, unsere Firma oder Organisation auf eine völlig neue Weise wahrzunehmen und zu lesen, die sehr viel effizienter ist als bisherige Möglichkeiten der Informationserfassung. Mit diesem Tool und der neugewonnenen

Präsenz wird es für uns leichter möglich, auch die hartnäckigsten *Fixierungen* einer Organisation zu identifizieren und aufzulösen. Es ermöglicht uns, stimmige Impulse für Transformation setzen zu können, aus denen innovative Lösungen in die Welt gebracht werden.

Oft spielt uns dabei das *Ego* einen großen Streich, besonders dann, wenn wir auf der Ebene des Fühlens nicht alle Emotionen losgelassen haben, die uns eingrenzen. Doch wenn es uns gelingt, als Vorreiter einer neuen visionären Generation selbstbewusster und wirklich verantwortungsvoller Menschen evolutionäre Entwicklungsimpulse bei uns selbst zu erkennen, zu fördern und umzusetzen, dann entwickeln wir eine *Hauptkompetenz* darin, auf eine einfache, wirksame Art und Weise Antworten auf die globale Komplexität der Zukunft zu finden. Und gerade dieser Ansatz ist dazu bestimmt, anstatt Nachfolger zu wählen, weitere Vorreiter zu entwickeln. Sie zu gewinnen, zu ermutigen und einzuladen, das Gleiche zu bewirken, ist wirklich nachhaltig.

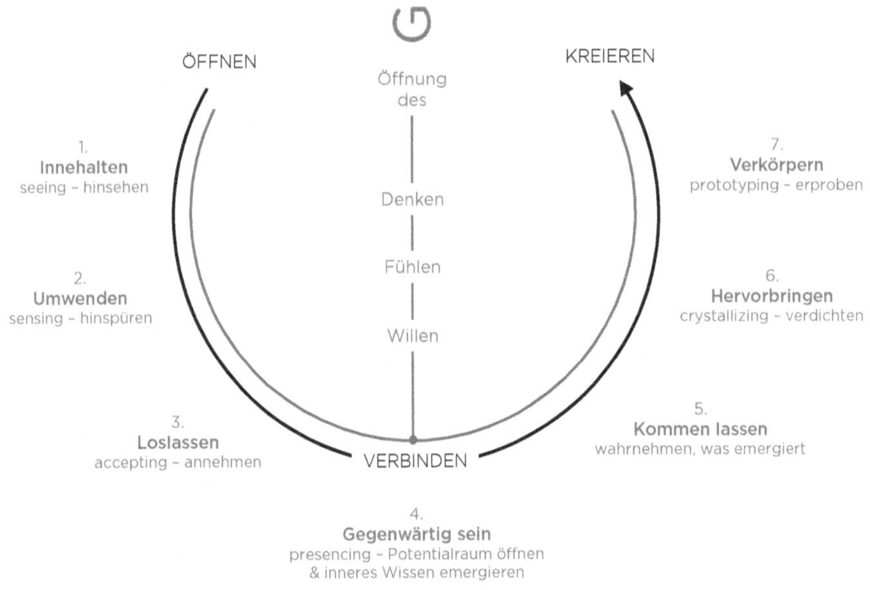

Abb. 31: Der U-Prozess im Detail (Scharmer 2005, S. 43, 62 ff)

Warum trete ich dieses Thema so breit, werden Sie sich vielleicht fragen? Weil die Fähigkeit, Innovationen zu kreieren, die den komplexen Anforderungen der

Zukunft entsprechen, nicht mehr alleine mit dem linear-kausalen Denken der Vergangenheit einhergeht. Wenn wir universelles Wissen freilegen wollen, das jenseits des individuellen Wissens oder des Wissens in Teams besteht, dann ist der U-Prozess hilfreich. Die gute Nachricht ist nämlich, dass jeder Mensch, jedes Team und jede Organisation in sich selbst ein hohes Entwicklungs-*Bedürfnis* und eine hohe Entwicklungs-*Kompetenz* trägt. Je weiter wir uns in den U-Prozess einlassen und uns an den Quellpunkt heranbewegen, desto mehr öffnen wir dieses Potenzial. Es ist ungefähr so, als ob wir mit dem Aufzug durch die Stockwerke des Denkens, Fühlens und Willens nach unten fahren und Stock für Stock registrieren, was wahrzunehmen ist. Gefühle fühlen und wieder loslassen, Gedanken denken und wieder loslassen. Wir lassen alles Stück für Stück, Schritt für Schritt, Ebene für Ebene los, bis wir an dem *Nullpunkt*, an der Quelle ankommen, an der wir alles glasklar sehen: Den Partner zu sehen, wie er ist, die Situation zu sehen, wie sie ist, die Welt zu sehen, wie sie ist, das Problem zu sehen, wie es ist. Wir sind in der völligen Präsenz angekommen. Willkommen im Jetzt.

Die Amerikaner sagen dazu »Nothing to do. Nowhere to go.« Es fühlt sich so an, als ob die Welt einen Augenblick stehenbliebe und gleichzeitig völlig lebendig ist. Wir alle kennen diesen Zustand. Jeder von uns war irgendwann schon mal so eingestimmt. An diesem Quellpunkt geht es um das Wissen des Nicht-Wissens. Hans-Peter Dürr, der Preisträger des alternativen Nobelpreises für Physik drückte es auf dem Bewusstseinskongress der Akademie Heiligenfeld in Bad Kissingen 2013 zu einer ähnlichen Fragestellung so aus: »Mit dem Ahnen sind wir ein ganzes Stück diesem Potenzial näher als dem Wissen.«

Wenn wir also ganz verbunden, ganz wach sind, sind wir offen für jeden Impuls, der kommen mag, dann wir sind keine *Getriebenen* unseres Egos mehr, sondern *Gelassene* des Potenzials. Keine orientierungslosen Macher, die Aktionismus fördern und das mit scheinbar wissenschaftlichen Zahlen belegen, sondern souveräne Leader, die mit dem neuen Bewusstsein einen Zugang zu einem völlig neuen Wahrnehmungs- und Potenzialfeld haben, in dem sinnvolle Lösungen schlummern, die allen dienen. Denn jetzt öffnen wir uns nicht mehr nur mit dem Kopf und dem Herz, sondern mit unserer ganzen *Essenz*. Ein Handeln aus dieser *Quelle* heißt ungefähr, den eigenen Platz einzunehmen und der Welt und der eigenen Aufgabe mit dem eigenen höchsten Potenzial zu dienen. Wenn Sie so wollen, werden wir Sprachrohr des höchsten Potenzials.

Wenn Sie also – symbolisch gesehen – ein Samenkorn sind, das im Quellpunkt geöffnet wird, dann entwickelt sich aus Ihnen die Fülle aller Möglichkeiten dieser

Welt. Der Bauplan in Ihnen ist längst vorhanden, lassen Sie einfach zu, dass ab sofort Licht und Wasser in den Samen eindringen können und das Neue kommt ganz natürlich daraus hervor. Sie nutzen die Kraft Ihres offenen Willens, Herzens und Verstandes auf leichte Art und Weise, wie eine Mutter, die selbstverständlich und ganz natürlich ihr Kind austrägt und zur Welt bringt, ohne dass sie genau weiß, wie sie das tut. Das gilt auch für Männer, denn auch sie haben ihre Aufgabe, ihren Platz, ihr Baby, das sie in die Welt bringen wollen. Glauben Sie, dass Männer das auch können und nicht nur Frauen diese Qualität besitzen? Alles, was es braucht, ist die Bereitschaft zu mehr Bewusstheit. Sind Sie bereit dazu?

Bedingungsloses Vertrauen öffnet neue Lösungsräume

Solange wir aus Angst vor Veränderungen, Angst vor Nicht-gut-genug-Sein, Angst zu versagen, Angst, nicht zu den Erfolgreichen und zu den Führungspersonen zu gehören, handeln, werden wir im Zweifel unsere Mitarbeiter mehr kontrollieren als ihnen vertrauen. Wir werden uns immer absichern und eben nicht alle Informationen teilen, die wir haben, Mitarbeiter mit ambitionierten Zielen gängeln, engen Meilenstein-Reports ein in der Illusion, wir könnten so »best kontrollierbare« Arbeitsergebnisse sicherstellen. Alles, was wir dadurch erreichen ist, dass sich Mitarbeiter auch auf Absicherungsstrategien einstellen und ihre Ressourcen dafür verwenden, nicht aber für ihre Potenziale.

Welches Menschenbild und welche Ängste verstecken sich dahinter? Glauben wir wirklich, als Führungspersonen wüssten wir immer und überall, was die Lösung ist? Eher nicht, oder? Also wenn wir hinter vorgehaltener Hand nur so tun, als ob wir es wüssten, wäre es dann nicht viel sinnvoller, das Potenzial und die Kreativität des Teams zu nutzen, indem wir gerade auf das *Nicht-wissen-Wollen* aufbauen, um neugierig und achtsam zu neuen Erkenntnissen zu kommen? Natürlich wären wir als Führungspersonen nicht mehr die Alleinherrscher, der Star, der es »gemacht« hat, unser EGO wäre wahrscheinlich weniger gebauchpinselt. Aber geht es um unser EGO oder geht es darum, die Potenziale aller freizusetzen und einen Raum des unternehmerischen Gestaltens zu kreieren, in dem jeder mit seinen Potenzialen Platz hat und bereit ist zu erforschen, zu erkunden, neue Wege zu gehen, neue Lösungen zu finden und dabei Fehler machen zu dürfen, um zu wachsen und zu lernen?

Was sind die grundlegenden Bedingungen, unter denen Menschen lernen und wachsen wollen? Das Gesundheitsmodell der »Salutogenese«, das der amerikanisch-israelische Medizinsoziologe Antonovsky (1997)[45] entwickelte, kann uns dazu Anhaltspunkte geben. Denn anders als die meisten anderen Professoren in den 70ern beschäftigte ihn die Frage, was Menschen gesund hält und nicht, was sie krank macht. In der sogenannten »Nonnenstudie« fand er heraus, dass Nonnen, die Demenz haben, trotzdem gesund bleiben, weil sie ein starkes Kohärenzgefühl haben, also die Fähigkeit alle ihre Ressourcen zu nutzen, um gesund zu bleiben. Damit umschrieb er ein grundlegendes, tief verankertes Vertrauen darauf, dass Lebensereignisse vorhersehbar und erklärbar sind, dass Probleme sich grundsätzlich lösen lassen und dass es sich überhaupt lohnt, sich in der Welt zu engagieren.

Verständnis, Gestaltung und Sinnhaftigkeit sind die Wurzeln von Vertrauen im Leben

Wenn das Kohärenzgefühl schon für Gesundheit gilt, um wie viel mehr muss es dann auch Bedeutung haben für unsere Motivation zu wachsen und zu lernen. Drei Kriterien sind essenziell: Verständnis, Gestaltung und Sinnhaftigkeit. Was heißt das jetzt im unternehmerischen Kontext? Wenn wir im Unternehmen Räume und Bedingungen schaffen, in denen Menschen verstehen, was sie tun, es selbst gestalten und beeinflussen können und dabei noch erfahren und erleben, dass sie etwas Sinnvolles – Sinnstiftendes machen, dann haben wir den Dünger für ein neues Bewusstsein entwickelt. Der Dünger heißt *Vertrauen*. Damit meine ich nicht das simple Vertrauen, dass jemand das tut, was ich von ihm oder ihr erwarte, oder dass er oder sie das tut, was er oder sie schon immer getan hat. Wovon ich spreche, ist eine fundamentalere Dimension des Vertrauens in das Leben selbst, in das Hier und Jetzt, in die Energie, in den Anderen, in die Lebensaufgabe und in die Führung. Glauben Sie, das geht nicht? Das gibt es nicht? Nicht im Business?

Vertrauen als Basis für unternehmerische Potenziale

Ich empfehle Ihnen den Blick nach Brasilien in ein Unternehmen namens Semco, das ich im nächsten Kapitel im Detail vorstellen werde. Der Eigentümer und Chairman Ricardo Semler hat das Unternehmen vor gut 20 Jahren von seinem Vater übernommen und seitdem demokratisiert, wie er sagt. Das bedeutet, dass er so wenig in das Unternehmen eingreift wie irgend möglich und es seinen Mitarbeitern überlässt, selbst die Strategien zu definieren. Nach der Unternehmensstrategie befragt, antwortet er völlig entspannt: »Wir haben keine.« (Semler 2004) Stellen Sie sich mal bitte vor, so etwas würde ein DAX-30-Vorstand sagen. Undenkbar?

Ricardo Semler erläutert weiter, es seien die Potenziale der Mitarbeiter, ihre Leidenschaft für ihr eigenes Unternehmertum und ein sinnvolles unternehmerisches Konzept darüber, was sie gerne machen und umsetzen wollen, das die Strategie des Unternehmens definiere. Von abstrakten Kernkompetenzen und allerlei »Papiertigern« hält er nicht viel. Haben Sie eine Ahnung, wie viel Vertrauen das erfordert von einem Vorstand, Chairman oder gar Eigentümer? Vertrauen in sich, in die Menschen, in den Prozess, in die Führung und in die Lebensaufgabe. Viel Ego hat da keinen Platz.

Was ist Ihnen wichtig? Recht haben oder glücklich sein? Wie sollen Ihre Mitarbeiter dieses Vertrauen entwickeln, wenn Sie es noch nicht einmal selber haben? Gabor Steingart, Herausgeber des Handelsblattes, hatte unlängst im Juli 2013 im Handelsblatt Morning Briefing zu dem HB-Artikel »Fitness ist das neue Statussymbol«[46] süffisant angemerkt, dass deutsche Manager wohl bewusster lebten, aber dass das Glücksgefühl nicht dazugehöre. Erlauben Sie mir, bei dem Thema Vertrauen persönlich zu werden, denn es ist zu tiefgründig, als dass ich es theoretisch abhandeln könnte und wollte.

Lebensaufgabe: Vertrauen lernen

2011 hatte ich die scheinbar größte Krise in meinem Leben. Ich war für über sechs Monate völlig ausgeknockt und das Leben zwang mich auf die Knie, um endlich Vertrauen zu lernen. Jahre zuvor war ich einer, der glaubte, seinen Erfolg von A–Z kontrollieren und planen zu können. Mein Kontrollwahn war eine teure, äußerst anstrengende, aber gleichzeitig eine sehr lehrreiche Illusion. Wenn bei Projekten einer aus der Reihe der »Erfolgsspur« tanzte, »musste« ich ihn oder sie zwangsweise und mühevoll wieder auf »meinen« Kurs zurückbringen, denn ich wusste ja, wie alles am besten geht. Das verzehrte sinnlos meine Energie und die der anderen. Aus heutiger Sicht wird deutlich, dass meine Krise die Geburt zu meinem größten Potenzial war, und zwar Vertrauen zu lernen und zu vermitteln für ein Leben im Potenzial. Ich lernte zu vertrauen, mir zuzutrauen, mich zu trauen.

Die Geburtsstunde des Vertrauens kam mit sehr, sehr heftigen Wehen, da ich mich allen Ängsten stellen musste, die mich in diese Krise gebracht hatten: Angst, allein zu sein, Angst, nicht gebraucht zu werden, Angst vor Leere, Angst vor Angst. Was sollte ich den ganzen Tag tun? Ich hatte Angst vor der Existenz, mich und meine Kinder nicht ernähren zu können, Angst zu versagen, Angst zu sterben. Angst durchleben und spüren und das Monster in meinem Kopf besiegen. In diesen Momenten, als ich nichts mehr hatte und völlig nackt war, gab es nur noch eins: beten und die Verbindung zu Gott spüren. Sie können es gerne anders nennen, gemäß Ihrer Überzeugung, Buddha, Mohammed, Jesus, Universum, das Höhere Selbst oder einfach Liebe. Auch wenn Sie Atheist sind und keinen Namen dafür vergeben wollen, das ist nicht so wichtig, aber die Erfahrung und das Gefühl, das Sie damit verbinden, bedingungslos lebendig, geliebt und geführt zu sein, kennen auch Atheisten, oder?

Ich habe in der Vergangenheit viele Gespräche und Interviews mit außergewöhnlichen Menschen aus den verschiedensten Disziplinen führen dürfen: Kunst, Sport, Business, Wissenschaft, Natur und Spiritualität. Für mich war das Erstaunlichste – egal welche Disziplin – am Ende stand immer die gleiche Erkenntnis. Ob Quantenphysiker, Extremkletterer, Maler, Unternehmer oder Benediktiner, was zählt, ist der Glaube, die Überzeugung, die Liebe, oder Demut vor etwas, das größer war als sie selbst.

Wie naiv, töricht, arrogant oder schlicht doof wäre ich, wenn ich nicht spätestens jetzt aufhören würde, mein Leben weiter perfektionistisch planen zu wollen. Denn all die Pläne, die ich je erstellt habe, traten sowieso nie ein! Die meisten Budgetpläne von Unternehmen auch nicht. Somit stellt sich jetzt eine grundlegende Frage: Warum etwas fortsetzen, was keinen Sinn ergibt? Jeff, mein Mentor aus England, fragte für gewöhnlich an dieser Stelle: «When did you walk over water last?« – »Wann bist du zuletzt über Wasser gegangen?« Die Antwort kann nur lauten: im Hier und Jetzt zu sein, Herzenswünsche auszusprechen, nichts zu erwarten, auf dem Weg die Hinweisschilder des Lebens lesen zu lernen und mit der Energie zu gehen, die grad da ist. Dann ist alles gut, wie es ist. Nicht, dass wir automatisch alle Wünsche erfüllt bekommen, aber wir erhalten ständig auf sehr kreative Art und Weise das, was wir brauchen, um unsere Lebensaufgabe und unsere Mission zu erfüllen. Und das kann möglicherweise unsere kühnsten Träume übersteigen. »Gott würfelt nicht«, sagt Albert Einstein dazu.

Mich erinnert das an folgende Geschichte, die mir Jeff als alter Kapitän zur See erzählt hat. Es geht um einen Funkspruch auf dem Meer:

Spanier: »Hier spricht A-853 zu Ihnen, bitte ändern Sie Ihren Kurs um 15 Grad nach Süden, um eine Kollision zu vermeiden. Sie fahren direkt auf uns zu, Entfernung 25 nautische Meilen.«

Amerikaner: »Wir raten Ihnen, Ihren Kurs um 15 Grad nach Norden zu ändern, um eine Kollision zu vermeiden.«

Spanier: »Negative Antwort. Wir wiederholen: Ändern Sie Ihren Kurs um 15 Grad nach Süden, um eine Kollision zu vermeiden.«

Amerikaner: (eine andere Stimme) »Hier spricht der Kapitän eines Schiffes der Marine der Vereinigten Staaten von Amerika zu Ihnen. Wir beharren darauf: Ändern Sie sofort Ihren Kurs um 15 Grad nach Norden, um eine Kollision zu vermeiden.«

Spanier: »Dies sehen wir weder als machbar noch als erforderlich an, wir empfehlen Ihnen, Ihren Kurs um 15 Grad nach Süden zu ändern, um eine Kollision zu vermeiden.«

Amerikaner: (stark erregter, befehlerischer Ton) »Hier spricht der Kommandant des Flugzeugträgers ›USS Lincoln‹ von der Marine der Vereinigten Staaten von Amerika, das zweitgrößte Kriegsschiff der nordamerikanischen Flotte. Ich befehle Ihnen, Ihren Kurs um 15 Grad nach Norden zu ändern! Sollten Sie sich nicht daran halten, so sehen wir uns gezwungen, die Schritte einzuleiten, die notwendig sind, um die Sicherheit dieses Flugzeugträgers zu garantieren.«

Spanier: »Hier spricht der Leuchtturmwächter. Wir fahren nirgendwo hin, wir befinden uns im Leuchtturm A-853 Finisterra an der Küste von Galizien. Ich möchte es Ihnen nochmals ans Herz legen, dass es das Beste, das Gesündeste und das Klügste für Sie und Ihre Leute ist, Ihren Kurs um 15 Grad nach Süden zu ändern, um eine Kollision zu vermeiden.«[47]

Durch die verschiedensten Erlebnisse in meinem Leben wurde mir immer mehr bewusst, dass ein sinnvolles, erfülltes Leben in Lebensfreude und Liebe nur mit Vertrauen zu machen war. Also entschloss ich mich, mich vom Leben selbst in Vertrauen ausbilden zu lassen, es war ja sowieso meine Lebensaufgabe. Ich erkannte nach und nach, dass es verschiedene Formen von Vertrauen gibt:

- Vertraue dir
- Vertraue dem Jetzt
- Vertraue der Energie
- Vertraue dem Anderen
- Vertraue deiner Lebensaufgabe
- Vertraue der Führung, denn du bist nicht allein

Vertraue dem Anderen

Ich dachte, es wäre das Einfachste, meiner Mutter, meinem Lehrer, meiner Frau, meinen Mitarbeitern oder meinem Geschäftspartner zu vertrauen. Das Vertrauen lag darin, dass sie das tun würden, was ich erwartete, was sie immer taten. Also vertraute ich auf die Wiederholung eines Vertrauens. Doch diese Art des Vertrauens ist sehr heikel, denn es ist an eine Erwartung gebunden und an eine Bedingung. Das ist das Problem, denn was ist, wenn sich der Andere einmal anders verhält und ich auf das gleiche Reaktionsmuster vertraue? Es bedarf nur einer winzigen Veränderung in der Beziehung, sodass mein Gegenüber mein Vertrauen als Erwartung entlarvt und einfach keinen Bock hat, meine Erwartungen zu erfüllen. Das kennen wir alle. Am Anfang einer Beziehung, sei es privat oder beruflich, können wir alles vom Anderen haben, irgendwann aber, wenn das Schmetterlingsgefühl im Bauch nachlässt, dann fängt der Lernteil der Beziehung an und wir bekommen nicht mehr alles. Männer und Frauen können ein Lied davon singen. Sie kennen das?

Das Vertrauen der Mütter zu ihren Kindern

Welches Vertrauen in sich und in das Leben müssen Mütter haben, die ihre Kinder neun Monate lang im Bauch tragen und dann zur Welt bringen? Wie groß muss der Prozess des Loslassens sein, wenn Mütter ihr Kind zum ersten Mal dem Babysitter übergeben oder das Kind zum ersten Mal in die Schule geht? Und wie schwer ist es erst für eine Mutter, wenn ihr Sohn oder ihre Tochter zum Studium auszieht oder eine Reise um die Welt macht? Und natürlich gibt es Mütter, die nicht loslassen können, die wie eine Glucke auf ihrem Kind sitzen, was mehr als verständlich ist. Doch das stärkt nicht das Vertrauen des Kindes ins Leben, sondern es schwächt es. Damit sie noch besser verstehen, was ich meine, erzähle ich Ihnen wieder von meinem Freund Jeff aus England.

Jeff vertraut in seine Tochter

Jeffs Tochter wurde gerade volljährig und wollte alleine auf Weltreise gehen. Nicht gerade ein wohliger Gedanke, weder für die Mutter noch für den Vater. Doch jetzt kommt der Unterschied. Jeff sagte seiner Tochter beim Abschied nicht: »Pass auf dich auf, mache dies nicht und jenes nicht«, sondern er sagte seiner Tochter: »Das Wichtigste ist, egal was passiert, wem auch immer du begegnest, vertraue dir und vertraue dem Anderen, dann bist du sicher.« Was für eine Ansage! Wenn wir genau hinspüren, dann schenkte Jeff seiner Tochter Vertrauen. Er traute ihr zu, dass sie selbst auf sich aufpassen konnte, dass das Leben es gut mit ihr meinte und ihr keine Situation zumuten würde, die sie nicht lösen könnte.

Wäre das nicht genau das gleiche Prinzip, nach dem wir mit unseren Mitarbeitern verfahren können? Denn damit machen wir sie stark. Es macht sie nicht stark, wenn wir ihnen alles abnehmen, immer wieder kontrollieren, sie vielleicht vor sich selbst schützen wollen, weil die eine oder andere Aufgabe zu groß ist oder die Präsentation zu wichtig sei. Genau das Gegenteil brauchen wir. Woran erkennen wir einen guten Manager? Wenn er nicht da ist und alles hervorragend läuft.

Bleiben Sie doch einfach mal fern, das nächste Mal bei einem schwierigen Projektmeeting, und trauen Sie Ihren Mitarbeitern zu, dass sie das »Kind schon schaukeln« werden. Zugegeben, am Anfang keine leichte Aufgabe für Sie. Die Mitarbeiter lernen schnell Verantwortung zu übernehmen, wenn Sie sie nur lassen, einmalig, öfter oder sogar immer. Können Sie dem Leben vertrauen und Ihren Mitarbeitern etwas zutrauen? Können Sie das?

Vertraue dir

Also erforschte ich weiter, welche andere Form von Vertrauen es gab, vielleicht ohne Bedingung, ohne Abhängigkeit. 2009 ging ich in die Sahara auf eine stille Findungsreise. Wir waren zehn Wegstreiter, alle absolut verschieden und eines einte uns doch, nämlich die Antwort auf zwei sehr schlichte und doch essenzielle Fragen zu finden: Wer bin ich? Warum bin ich hier? Zusammen und doch jeder für sich gingen wir jeden Tag sechs bis zehn Stunden durch die Wüste und ließen uns »von der Wüste bearbeiten«, wie Charles, der Leiter, zu sagen pflegte. An einem bestimmten Morgen im November packten wir in unseren Tagesrucksack zwei bis drei Liter Wasser, ein paar Power-Müsliriegel, Zündhölzer, Kompass und warme Klamotten und ein Kopftuch für mögliche Sandstürme. Charles erläuterte die Tagesreise, gab uns den Kurs von 140 Grad vor und sagte: »Nach gut acht Stunden werdet Ihr den Truck auf einer kleinen Anhöhe von weitem erkennen und dann sehen wir uns am Abend wieder. Inschallah.« »So Gott will« – frei übersetzt.

Nachdem die Tage zuvor alles glatt lief, vertraute ich meinen Erfahrungen. Charles machte immer klare Angaben, dem folgend erreichte ich zusammen mit den anderen früher oder später immer den Truck. Und wieso sollte das heute anders sein? Also machte ich mich auf den Weg, immer wieder nahm ich den Kompass zur Hand und checkte den Weg. Es war wieder ein sehr heißer Tag, Sanddünen zwischendurch, in denen ich drei Schritte vor und ein bis zwei Schritte zurück machte. Sehr mühsam bewegte ich mich durch die Sahara und machte unter der gleißenden Mittagssonne immer wieder Pausen. Die anderen verlor ich aus dem Blick, denn es gab zu viele Dünen dazwischen. Ich war schon sechs Stunden unterwegs und begann, etwas nervös zu werden. Bin ich noch auf dem richtigen Kurs? Ich checkte wieder den Kompass. Ja, es passt, 140 Grad. Doch so langsam müsste ich doch den Truck sehen! Wo ist er? Ich ging mit etwas Unbehagen weiter, und als ob meine Intuition mir etwas sagen wollte, hob ich den Blick nach links zum Horizont und meinte, etwas Blaues zu erkennen. Das gab's doch nicht! Hatte ich jetzt schon Halluzinationen oder war das eine Fata Morgana? Das lag nie und nimmer auf 140 Grad. Sollte ich jetzt weitergehen auf 140 Grad, wie Charles gesagt hatte, oder folgte ich meiner Intuition und drehte deutlich nach links ab? Und was dann, wenn ich nach zwei Stunden dort ankäme und es wäre nicht der Truck? Dann wäre ich verloren und keiner würde mich dort finden! Was sollte ich nur machen? Ich begann wütend zu werden, rastete fast völlig aus, suchte vergeblich meine Mitstreiter am Horizont. Es war niemand zu sehen. Scheiße, Scheiße, genau diese Situation hasste ich, ich war alleine und keiner war da, mit dem ich mich abstimmen konnte. Und selbst das blöde Handy funktionierte in der Wüste nicht. Würde ich jetzt sterben?

Ich begann zu Boden zu sinken und zu weinen für eine halbe Stunde, die mir wie eine Ewigkeit vorkam. Ich unternahm einen letzten Versuch, am Horizont etwas zu erkennen, ein Zeichen, einen Hinweis, dann fiel mir ein, dass meine Kamera ein Zoom hatte. Damit konnte ich das Blau deutlicher sehen und es schien wirklich der Truck zu sein. Bevor ich aber wirklich meine Entscheidung treffen und meiner Intuition folgen wollte, entdeckte ich plötzlich zwei Mitstreiterinnen am Horizont. Die Rettung. Als wir dann zusammenkamen, diskutierten wir über den richtigen Weg. Zunächst sagten die Mädchen, wir gehen 140 Grad, was Charles gesagt hatte. Ich fragte sie: »Und wenn Charles sagt, spring von der Brücke, springst du dann auch?« Schließlich konnte ich sie überzeugen, nach links abzudrehen und tatsächlich nach zwei Stunden erreichten wir den Truck. Was, wenn ich mir nicht vertraut hätte? Was, wenn ich meiner Erwartung hinterhergerannt wäre? Wem oder was vertraute ich wirklich? Was hat diese Erfahrung mit mir gemacht? Blieb und bleibe ich sauer, weil Charles uns möglicherweise in die Irre geführt hatte? Oder stärkte ich mein Vertrauen in meine Intuition? In meine Führung? In meine Fähigkeit, Hinweise zu beachten und lesen zu können zum richtigen Zeitpunkt?

Die nächsten Tage in der Wüste gaben mir ausreichend Gelegenheit, meine innere Führung, meine Intuition und mein Vertrauen in mich zu stärken. Ich spürte, wie meine Intuition immer präziser wurde und ich im richtigen Moment aufschaute und den richtigen Weg zum Truck nahm, ohne den Kompass zu prüfen. Gott sei Dank. An dem letzten Abend in der Wüste, als wir alle still um das Lagerfeuer saßen und jeder von sich und seiner Reise berichtete, saß ich in Frieden, Gelassenheit und innerer Freude da und sagte: »Ich werde einen Film machen: ›The new way in business‹.« Für neue, partnerschaftliche Wege der Kooperation im Business. Das ist meine Mission. Ich wusste nicht wie, aber ich vertraute darauf, dass sich ein kreativer Weg zeigen würde.

Ich vertraue mir und meiner Mission

Ich erinnere mich noch genau, als ich vor einigen Jahren einen außergewöhnlichen, mittelständischen Konzern mit Weltmarktführerformat beraten durfte. Über viele Jahre hatte sich in gemeinsamen Projekten eine intensive Beziehung zu dem Kunden entwickelt und damit auch Respekt füreinander. Nach und nach lernte ich Führungskräfte aus allen Bereichen weltweit kennen und erkannte mehr und mehr die Themen, Herausforderungen und Chancen des Konzerns. Ich wurde immer wieder mal von dem Personalleiter zum Gespräch eingeladen, um über die eine oder andere Frage zu diskutieren. Als dann ein weiteres internationales Joint Venture geschlossen wurde, stand die Aufgabe an, die Nachwuchsmannschaft auf ihre Aufgaben im Management vorzubereiten. Wir hatten ein schlüssiges Gesamtkonzept präsentiert, eine Architektur von Personalentwicklungs-Maßnahmen aus einem Guss maßgeschneidert. Das war eine Rarität, denn ansonsten definieren Personalentwickler das Konzept und kaufen sich unabhängige Trainer ein, die es dann umsetzen müssen.

Insofern war es für uns Ehre und Verpflichtung zugleich, besonders integer mit der Aufgabe umzugehen. Deshalb war auch die innere Haltung der Gleichberechtigung, der Kooperation und der Anerkennung der Vielfalt der Kunden, Teilnehmer und des Trainerteams wichtig. Jeder Teilnehmer, egal aus welchem Teil der Organisation, sollte dies auch spüren. Der Kunde stellte uns in Aussicht, wenn wir dieses Programm erfolgreich leiten würden, würden wir auch das Globale General-Management-Programm für den ganzen Konzern durchführen dürfen. Also legten wir uns noch mehr ins Zeug und das Programm wurde ein Erfolg. Doch plötzlich erfuhren wir, dass das Programm bereits fest an eine renommierte Beratergruppe vergeben war. Ich kochte vor Wut und stellte meinen Kunden zur Rede. Die Antwort war knapp und bündig: »Stimmt, es ist fix.« Ein paar Tage später bekam ich am Telefon angeboten, als untergeordneter Junior-Partner ein oder zwei Module übernehmen zu dürfen, aber nur unter der Leitung des konkurrierenden Beraterunternehmens. Sie können sich vorstellen, dass meine Schattenanteile Tobsuchtsanfälle hatten und da ich zu dieser Zeit überwiegend für diesen Konzern arbeitete, schaute auch noch die Existenzangst bei mir zur Tür herein. Eine Gefahr für alle Selbstständigen mit großen Projekten bei nur einem einzigen Kunden.

Ich ging fünf Tage und fünf Nächte durch die Hölle, weil mir klar wurde, dass ich unter diesen Bedingungen dem Projekt schaden würde. Denn das schon bestehende Ungleichgewicht und der Machtkampf zwischen den Divisionen des Konzerns und den beiden Eigentümern würde sich dann noch zusätzlich im Beraterteam widerspiegeln und die Dynamik verstärken. Da es aber genau um das Überwinden dieser Thematik ging, war klar, dass es weder professionell noch hilfreich für den Kunden und das Projekt gewesen wäre, und es entsprach meinen Werten der Partnerschaft sowieso nicht. Also nahm ich nach diesen fünf Tagen den Hörer in die Hand, rief den Kunden an, bedankte mich für das Angebot und lehnte es mit oben genannten Gründen ab.

Der Kunde, mit dem ich schon seit Jahren eng, erfolgreich und vertrauensvoll zusammengearbeitet hatte, war sprachlos und fragte kurz nach: »Bist du dir sicher?« Ich sagte »Ja«, bedankte mich für die tolle Zusammenarbeit der letzten Jahre, legte auf, atmete tief durch und fühlte mich so frei wie selten in meinem Leben. Frei auch deshalb, weil ich zu mir, meiner Integrität, Professionalität und Überzeugung gestanden hatte, trotz meiner Existenzangst und meines angekratzten Egos.

Also führte ich die laufenden Module bei dem Joint-Venture-Programm durch, als nach vier Wochen plötzlich der Personalleiter vorbeikam und mich zum Gespräch bat. Ich dachte mir noch, der würde sich jetzt offiziell von mir und uns verabschieden. Und dann passierte das Unfassbare. Er sagte mir sinngemäß: »Herr Götz, wir hatten letzte Woche einen Vorstandsbeschluss zu dem weltweiten Programm und es wurde entschieden, dass Sie die Gesamtleitung des Programms übernehmen sollen anstelle der Beratergruppe. Wir beauftragen Sie, mit der konkurrierenden Beratergruppe selbst ein Projekt-Joint-Venture einzugehen, ein gemeinsames Team zu formen, das ein schlüssiges Gesamtkonzept erarbeitet und umsetzt.« Jetzt war ich sprachlos. Eine Kehrtwende um 180 Grad. Statt einer gewinnt, der andere verliert, jetzt die Kooperation? Ich konnte es kaum glauben, dass so kurzfristig meine Vision der Kooperation im Business endlich wahr werden würde. Nur, wie konnte sich die Situation in vier Wochen so dramatisch geändert haben? Ich weiß es nicht, aber es ist sicher, dass ich für meine Integrität, Klarheit und das Vertrauen belohnt wurde.

In der Folge haben sich die Alphatiere wieder gezeigt und für mich als Projektleiter war es wie ein »18-monatiges Champions-League-Dauerfinalspiel mit den Stars der Stars«. Aus heutiger Sicht kann ich sehen, dass an diesem Projekt bereits meine Vision und Mission sichtbar wurde. Für eine Unternehmenskultur in der Wirtschaft, die auf Herz, Inspiration und Partnerschaft basiert und für vernetzte Potenziale steht, die Lösungen einer höheren Ordnung ermöglichen würden. Mit mir als leidenschaftlichem Brückenbauer zwischen Herz und Verstand entzündet, inspiriert und berührt. Das macht Mut, dem Leben zu vertrauen.

Vertraue dem Jetzt

Da fällt mir wieder eine Geschichte ein, die mir Jeff erzählt hat: »In einem chinesischen Dorf lebte ein Bauer, der ein prächtiges Pferd besaß. Alle beneideten ihn um dieses Pferd. Wenn sie ihn trafen, sagten sie zu ihm: ›Was hast du für ein Glück mit diesem Pferd.‹ Doch der Bauer antwortete gelassen: ›Ob es Glück ist? Wer weiß es?‹ Eines Tages lief ihm das Pferd davon. Nun kamen die Menschen im Dorf und trösteten ihn: ›Was hast du für ein Pech.‹ Doch der Bauer antwortete gelassen: ›Pech oder Glück? Wer weiß das?‹ Einige Tage später war das Pferd plötzlich wieder da – mit ihm drei Wildpferde. Die Dorfbewohner waren sehr verwundert: ›Was hast du für ein Glück!‹ Wieder antwortete der Bauer: ›Pech oder Glück? Wer weiß das?‹ Der Bauer hatte einen Sohn. Und dieser versuchte am nächsten Tag, eines der Wildpferde zu reiten. Doch es warf ihn ab und dabei brach sich der Sohn ein Bein. Die Dorfbewohner trösteten ihn wieder: ›Was hast du für ein Pech. Jetzt kann dir dein Sohn nicht bei den Feldarbeiten helfen und du musst alles ganz alleine schaffen.‹ Doch der Bauer erwiderte nur: ›Pech oder Glück? Wer weiß das?‹ Am nächsten Morgen kamen die Soldaten des Kaisers ins Dorf. Sie rekrutierten junge, gesunde Männer für die Armee, die für den Kaiser in den Krieg ziehen sollten. Als sie den Sohn des Bauern mit seinem gebrochenen Bein sahen, ließen sie ihn im Dorf zurück. Die anderen jungen Männer des Dorfes mussten mit den Soldaten in den Krieg ziehen und kamen nie wieder zurück.« (Allen 2010)

Wenn wir dem trauen, was jetzt ist, weil wir nicht wissen können, was kommt – ob gut oder schlecht – dann leben wir im Vertrauen. Und aus dieser Quelle des Vertrauens erwächst Gelassenheit, Inspiration, Kreativität und Innovation für sinnvolle unternehmerische Potenziale. Die Vergangenheit ist gegangen. Und wenn wir sie loslassen, können wir den Moment, das Hier und Jetzt neu erleben, mit anderen Augen sehen, weil wir einen offenen Blick haben. Wenn wir aber die Urteile, Überzeugungen und Bewertungen aus den vergangenen Erfahrungen ins Jetzt mitnehmen, wird das Jetzt zur Erinnerung des Alten im neuen Gewand. Und dann bleiben wir in der Vergangenheit stehen.

Vertraue deiner Lebensaufgabe

Gerade kommt mir eine Aussage von Dr. Chuck Spezzano[48], Psychologe und Begründer des Kommunikations- und Bewusstseinsmodells Psychology of Vision, in den Sinn, die ich so oft auf seinen Seminaren gehört hatte: »It is never too late to have a happy childhood.« – »Es ist nie zu spät für eine glückliche Kindheit.« Vielleicht denken Sie, jetzt wird es aber ganz schön bunt. Ja, stimmt. Mein Leben wurde wieder bunt, denn ich konnte vieles aus meiner Kindheit mit neuen Augen sehen. Und einer der schwierigsten Momente meiner Kindheit war der, als ich acht Jahre alt war und von meiner Mutter mit dem Kochlöffel geschlagen wurde, weil ich den gleichaltrigen Nachbarsjungen verprügelt hatte. Er hatte mich provoziert und schlecht über mich gesprochen. Es tat mir besonders weh, dass meine Mutter meine Version der Geschichte nicht wissen wollte. Der aufgeregte Anruf der Nachbarin führte unmittelbar zu dieser Reaktion. Lange Zeit fühlte ich mich als das Opfer, erzählte die Geschichte allen und jedem, erzeugte Mitleid und lehnte meine Mutter ab. Die Folgen waren ein anstrengendes Leben als Opfer in allen Bereichen. Das war der Preis dafür, dass ich keine Verantwortung übernehmen wollte für mein Leben und meine Erfahrungen.

Doch irgendwann betrachtete ich die Situation neu. Wie muss sich meine Mutter gefühlt haben? Sie war alleine zu Hause, unser Vater beschäftigt in zwei Jobs, um die Familie und den Hausbau finanzieren zu können, also nicht da. Wir waren vier Kinder, die ganz schön lebendig waren und dann so ein Anruf der Nachbarin. Sie muss sich hilflos, überfordert, ängstlich und wütend gefühlt haben. Was hätte meine Mutter selbst in diesem Moment gebraucht? Wahrscheinlich Liebe, Vertrauen, Empathie und Unterstützung – alles Ressourcen, die sie in diesem Moment nicht hatte. Vielleicht hatte sie selbst als Kind die Liebe von ihrer Mutter manchmal nicht erfahren. Heute kann ich das so sehen, fühlen, spüren und bin mir bewusst, wie sehr ich diese Eigenschaften und Ressourcen auch in mir hatte. Wir können nur das fühlen, was wir selbst kennen oder erfahren haben, selbst wenn es unbewusst ist.

Genau hier liegt der Wendepunkt der Geschichte. Schon damals mit acht Jahren wurde meine Lebensaufgabe, meine Mission sichtbar und die Ressourcen und Fähigkeiten dazu ebenso. Ergibt diese Situation jetzt, durch eine andere Brille betrachtet, nicht viel mehr Sinn, als ein Leben lang Opfer zu bleiben und meine Mutter zu verachten? Hinter diesem dramatischen Ereignis hatte sich auf einer tieferen Ebene meine Essenz gezeigt. Durch eine schwere Krankheit, 40 Jahre später, wurde für mich etwas deutlich fühl- und sichtbar. Meine Liebe, meine Empathie, mein Vertrauen und meine Unterstützung denen gegenüber, die es gut brauchen können. Und das sind Geschenke, die ich von Herzen gerne gebe, da wo es stimmig ist. Endlich bin ich mit der Situation von damals versöhnt und kann meine Mutter ganz in den Arm nehmen. So wurde meine Kindheit wieder glücklich, weil die Beziehung zwischen mir und meiner Mutter geheilt ist. Ich kann ihr sagen: »Danke Mama, dass es dich gibt.«

Vertraue der Energie, dem Fluss

Gestern Abend habe ich die Nachrichten gesehen, und es wurde auch von dem Formel-1-Rennen aus Abu Dhabi berichtet. Sebastian Vettel, Formel-1-Pilot des Rennstalls Red Bull, führte zu diesem Zeitpunkt die Weltmeisterschaft an, aber mit hauchdünnem Vorsprung, also zählte wirklich jeder Punkt. Jeder Punkt könnte am Ende ausschlaggebend für den WM-Titel sein. Durch einen Fehler seines Teams musste er anstatt von Startplatz drei von ganz hinten starten. Was für ein Rückschlag! Doch nach einer spannenden Aufholjagd, in der er sein ganzes Potenzial zeigen konnte, wurde er am Ende noch Dritter. Auf die Frage des Reporters, wie er mit dem Fehler seines Teams umgangen sei, der solch ein Rückschlag war, sagte er sinngemäß: Er nehme den Rückschlag nicht als Rückschlag an, daher müsse er sich auch nichts zurückerkämpfen (Sebastian Vettel, 4.11.2012). Wie gehen wir mit Dingen um, die wie ein Rückschlag aussehen im Beruf, im Projekt, in Beziehungen oder Gesundheit? Ist das, was uns geschieht, wirklich etwas, das uns zurückwirft, oder ist es ein Vorschlag für eine Ausgangslage? Ein Vorschlag zum Sinneswandel?

Vertraue der Führung, denn du bist nicht allein

Wie können uns Situationen oder andere Menschen helfen zu verstehen und dem Leben zu trauen? Nelson Mandela verbrachte 27 Jahre im Gefängnis für seinen Kampf gegen die südafrikanische Apartheid. Doch er kehrte nicht als gebrochener Mann am 11. Februar 1990 aus dieser unvorstellbar langen Gefangenschaft zurück, sondern als Anwalt der Versöhnung zwischen Schwarz und Weiß. Er wurde geehrt mit dem Friedensnobelpreis, den er 1993 zusammen mit dem damaligen Staatspräsidenten de Klerk erhielt. Schließlich wurde er von 1994 bis 1999 der erste schwarze Präsident Südafrikas. Welch starkes Vertrauen in seine Lebensaufgabe und Mission musste Nelson Mandela gehabt haben, um nach 27 Jahren Gefangenschaft nicht als Terrorist, sondern als Versöhner aus dem Gefängnis zu kommen?

Eine kleine Geschichte dazu: »Der Bauer sät im Frühjahr Samen für Mais, Hafer, Roggen, Weizen oder Reis aus. Er gibt Dünger dazu und von Zeit zu Zeit bewässert er die Pflanzen, damit sie gedeihen. Manchmal spricht er auch mit ihnen, hegt und pflegt sie. Doch eines Tages hat er einen schlimmen Albtraum, dass sich seine Pflanzen nicht entwickeln würden, und er beginnt, an jeder Stelle, wo er einen Samen gepflanzt hatte, nachzusehen, ob die Pflanze wirklich wachsen würde.« Zugegeben, diese Geschichte ist schon sehr polarisierend, aber trifft sie nicht manchmal auch auf uns selbst zu? Dass wir kein Vertrauen haben. Kein Vertrauen darin, dass wir geführt, geliebt und manchmal sogar getragen werden vom Leben? Anstatt darin zu vertrauen, dass wir alles – aber auch alles – bekommen, was wir brauchen, beginnen wir jeden und alles zu kontrollieren. »What a busy life«, würde mein Freund Jeff sagen, morgens schon dafür sorgen zu müssen, dass die Sonne aufgeht.

Dankbarkeit und Wertschätzung

Es gibt sicher viele Wege, Vertrauen zu lernen – manche sind leicht, hilfreich oder erfolgreich, andere schwer oder herausfordernd. Meine eigene Erfahrung ist, dass es Wege gibt, die direkt ins Vertrauen münden. Es fällt uns z. B. vielleicht leicht, uns dankbar zu zeigen für die netten und nett gemeinten Geschenke im Leben. Doch wie sieht es aus, wenn die Geschenke im Leben schwierig sind? Was heißt hier Geschenk, wenn wir gekündigt werden, wenn wir die Leitung verlieren, wenn ein Kollege an uns vorbeizieht oder wenn wir mit Burn-out oder Depression krank werden? Dann ist das kein Geschenk, sondern eine Tragödie, oder? Blödsinn. Ich kann mich noch genau erinnern, als ich damals in der Wüste völlig hilflos war und wütend wurde, rumgeschrien habe und Charles am liebsten umgebracht hätte. Später, als ich mich wieder sicher fühlte, konnte ich spüren, wie mich meine Intuition den richtigen Weg hat finden lassen, also konnte ich mich gerade in einer existenziellen Situation auf meine Intuition verlassen. Soll ich das nicht ein großartiges Geschenk nennen? Wie der chinesische Bauer sagte: »Gut oder schlecht, wer weiß?« Also fangen wir doch langsam an, uns für jedes Geschenk zu bedanken. Indem wir uns bedanken, geben wir dem Ganzen eine positive Energie. Eine Sache, die wir als Geschenk betrachten, kann für uns sinnvoll sein, auch wenn wir den Sinn noch nicht sehen können.

Was passiert, wenn wir beginnen, dankbar zu sein für die Intention dahinter, dankbar dafür, dass sich der Schenker Gedanken gemacht hat, auch wenn uns das Ergebnis nicht gefällt? Was könnten wir dann fühlen, spüren und erleben? Eine Verbindung zu dem Schenker. Vielleicht sogar eine Verbindung zu dem, der das Geschenk erstellt hat. Nach und nach würden wir dankbar sein für jeden, der an der Erstellung des Geschenks wissentlich oder unwissentlich beteiligt war. Geradezu ein Dominoeffekt von positiver Energie könnte uns überwältigen für den Rest des Tages. Wie wäre das? Hätte das einen Effekt auf unser Leben? Vor allem darauf, wie wir es erleben?

Wenn wir einen Strauß gelber statt roter Rosen bekommen, wir aber gelbe Rosen nicht mögen, können wir immer noch dankbar sein für die nette Überraschung, die unser Partner für uns hatte. Dann können wir dankbar sein für den Händler, der die schönen Blumen besorgt hat, vielleicht sogar auf Fair-Trade-Basis, für die Fluggesellschaft, die die Blumen aus Ostafrika oder Kenia mitgebracht hat, für den Großhändler in Mombasa, der sie vom Bauern geholt hat, dem Bauern, der die Blumen geerntet hat und dem Sohn des Bauern, der sie gesät hat. Verstehen Sie, was ich meine? Jedes Geschenk ist wie ein Baum, dessen Äste sich immer weiter verzweigen. Am Ende können Sie die Kraft und Schönheit des Geschenkes spüren, weil es Teil Ihres schönen Baumes ist, vielleicht sogar bis in einen Teil der Krone hinein.

Voraussetzung ist die innere Haltung echter Dankbarkeit für das, was wir bekommen haben und nicht eine Enttäuschung darüber, was wir nicht bekommen haben. Dankbarkeit im Alltag muss gepflegt werden. Ich wohne in einer absoluten Traumlandschaft in Oberbayern, am Ammersee nahe München. Ich brauche zu Fuß nur ein paar Minuten zum See mit einem grandiosen Blick auf die Alpen. Inspirierender, berührender und schöner geht es kaum. Doch nur selten nutzte ich in der Vergangenheit diese Aussicht, denn ich dachte, das kann ich später immer noch haben. Statt am Strand spazieren zu gehen und auf das Wasser zu schauen, war ich getrieben, weiter an meiner Berühmtheit zu arbeiten. Welch ein Wahnsinn und heute eine Gelegenheit für Dankbarkeit und Vertrauen in das Leben.

Wenn uns die Haltung von Dankbarkeit noch schwer fällt, dann können wir mit Wertschätzung anfangen. Jeff pflegte mir an dieser Stelle immer wieder zu sagen: »Stefan, what you truly value you will never loose.« – »Was du wirklich wertschätzt, wirst du nie verlieren.« Was meinte er wohl damit? Mein Auto blieb im Winter 2011 wochenlang unbewegt auf der Straße geparkt und war Wind und Wetter ausgesetzt. Für ein Fahrzeug ist es sehr schlecht, wenn es zum »Stehzeug« im rauen Winter wird. Gleichwohl. Jeden Tag, wenn ich raus ging zum Nordic Walking, Spazieren oder Einkaufen, bin ich an meinem Auto vorbei gegangen und habe ihm gesagt, wie schön es sei, wie dankbar ich dafür sei und dass wir zusammenbleiben würden. Vor dem Hintergrund, dass ich nicht mehr wusste, wie ich mich würde ernähren können, war das ganz schön gewagt. Ich versprach meinem Auto sogar, dass, wenn ich keinen Weg fände, es weiter zu finanzieren, ich einen guten neuen Besitzer für es suchen würde. Wie Sie merken, sind Autos eben auch nur Menschen. Als dann im Frühjahr der Service für mein Auto anstand, gab es plötzlich ein nicht zu identifizierendes Geräusch. Keiner konnte herausfinden, woher es kam. Ich wechselte sogar die Werkstatt, dort traf ich auf den jungen, ambitionierten Serviceberater, der sich mit dem Werkstattleiter zusammen unendlich Mühe gab, den Fehler zu finden. Allerdings mussten sie immer wieder Termine verschieben und mir höhere Kosten zumuten.

Zunächst war ich nicht gerade glücklich darüber und gewöhnlich hätte ich begonnen, den beiden Männern Druck zu machen. Sie können sich vorstellen, in welches Spiel man dann einsteigt. Diesmal hatte ich dank meiner Gelassenheit und dem neu gewonnenen Vertrauen ins Leben eine andere Haltung. Erstens spürte ich, wie sehr die beiden bemüht waren und wie wir als »Sherlock-Holmes-Team« zusammengewachsen waren. Es war für uns drei eine gemeinsame Herausforderung und eine Frage der Ehre. Schließlich fanden wir den Fehler, aber die Gesamtkosten lagen bereits bei über 1700 Euro, also Geld, das ich nicht hatte. Gewöhnlich hätte ich wieder gekämpft und gedroht. Diesmal war ich mir sicher, dass wir gemeinsam einen Weg fänden, wie alles finanzierbar bleiben könnte. Da es ein seltener Fehler war, den Audi werksseitig kannte, zeigte sich Audi sehr großzügig und erstattete einen großen Teil aus Kulanz. Verstehen Sie, was ich meine? Ich hatte keine Erwartung, weder an den Audi-Händler noch an Audi selbst. Ich wollte gemeinsam als Team das Problem lösen und wertschätzte das Engagement der beiden.

Verlieben Sie sich in Intuition, Inspiration und Innovation

Was denken Sie, ist an Intuition und Inspiration so integral? Erinnern Sie sich, wie sehr das gelbe Bewusstsein 7.0 und sein Potenzial davon leben, dass wir scheinbar unlösbare Gegensätze aus einem höheren Bewusstsein zu einer neuen, integrierten Lösung zusammenführen können? Der Verstand alleine schafft das nicht, ein Ranking zwischen Verstand, Herz und Bauch sicher auch nicht. Um den komplexen Herausforderungen der Zukunft gerecht zu werden, bedarf es einer neuen Qualität des Bewusstseins, dass sich aus der Qualität der Intuition und Inspiration speisen kann.

Kennen Sie Tesla Motors und Elon Musk als den Gründer von zwei so scheinbar unterschiedlichen Firmen wie Tesla Motors und der Internetbezahlplattform PayPal? Er hat beide groß gemacht. Mit Tesla Motors verfolgt er seine *Vision* der nachhaltigen Mobilität. In einem klassischen Denken wäre er möglicherweise verhaftet gewesen in der Optimierung des Bestehenden und hätte damals, vor zehn Jahren, angefangen, schneller als die traditionellen Autokonzerne das Drei-, Zwei- oder Ein-Liter-Auto zu gebären. Er hätte möglicherweise einen oder mehrere folgender drei Ansprüche von attraktivem Design, hoher Funktionalität oder überragender Sportlichkeit opfern müssen. 2014 wird Tesla Motors ein SUV namens Model X einführen, das auf keinen der drei Ansprüche verzichten muss. Im Gegenteil, gerade die scheinbaren Widersprüche waren der kreative Samen für eine Lösung auf einer höheren Bewusstseinsebene. Das Model X hat ein hervorragendes Raumangebot für bis zu sieben erwachsene Personen mit entsprechendem Reisegepäck, verbunden mit einem emotionalen, ästhetischen Design und der Sportlichkeit eines Porsche 911. In einem alten, kategorischen Denken optimieren wir meist nur eine Lösung für den einen oder anderen Anspruch. Ich weiß nicht, wie Elon Musk und seine Ingenieure denken, aber eines weiß ich gewiss, dass Intuition und Inspiration auf diesem Weg sehr hilfreich sind, um solche Innovationen erfolgreich auf den Weg zu bringen.

Deswegen haben mich folgende Forschungsergebnisse von Professor Dr. Gerd Gigerenzer, Direktor des Berliner Max-Planck-Instituts für Bildungsforschung, und Professor Dr. Michael Schemann, Leiter des Lehrstuhls für Humanbiologie an der Technischen Universität München mit dem Schwerpunkt Neurogastroenterologie, nicht überrascht. Vereinfacht formuliert gibt es neben dem IQ und dem

EQ, der emotionalen Intelligenz, jetzt nämlich auch eine *Intelligenz der Körpermitte*. In den folgenden Absätzen nutze ich einen Artikel vom 16.12.2012 von Nicole Lauscher, Redakteurin bei Focus online, den ich in Teilen widergebe (mit freundlicher Genehmigung von focus online):

»Das Hirn im Bauch gibt es wirklich. Wissenschaftler sprechen sogar von einem Bauchhirn. Es scheint sich einiges in der Körpermitte abzuspielen, was über die Verdauung hinausgeht. Der Bauch als neuer Kopf? So weit wollen die Forscher dann doch nicht gehen. (…) Dabei befindet sich im Verdauungstrakt tatsächlich so etwas wie ein zweites Gehirn: Das enterische Nervensystem ENS hat anatomisch eine sehr ähnliche Struktur und funktioniert auch in etwa wie das Gehirn. Es zieht sich als durchgehendes Netzwerk von der Speiseröhre bis zum Darmausgang mit über 100 Millionen Nerven- und noch mehr Gliazellen. Das sind weitaus mehr, als sich im gesamten Rückenmark befinden. Zudem sind Zelltypen, Wirkstoffe und Rezeptoren in beiden Hirnen gleich. Ihre Funktion ähnelt sich insofern, dass beide autonom sind, also auch unabhängig voneinander und vom restlichen Körper arbeiten können.

(…) Aber was denkt das Bauchhirn so? Kopf- und Bauchhirn stehen im ständigen Kontakt. Doch während 90 Prozent der Informationen vom Darm in Richtung Gehirn geschickt werden, gehen nur 10 Prozent in die andere Richtung. Von den vielen Informationen, die das Bauchhirn tagtäglich zum Gehirn schickt, nehmen gesunde Menschen nur die wenigsten wahr. Sie spüren nicht ständig, wie es im Magen- und Darmbereich blubbert und arbeitet. Doch obwohl beide Hirne so ähnlich sind und das ENS tatsächlich hochintelligent funktioniert – es denkt nicht wie das Gehirn. Der Experte für Neurogastroenterologie hält darum auch den Ausdruck »Bauchentscheidung« für unsinnig, schließlich hätte das enterische Nervensystem nichts mit Urteilsfindung zu tun.

Gerd Gigerenzer, der Direktor des Berliner Max-Planck-Instituts für Bildungsforschung, hat das Buch ›Bauchentscheidungen. Die Intelligenz des Unbewussten und die Macht der Intuition‹[49] geschrieben. Er bestätigt, dass die Bauchentscheidung anatomisch nichts mit dem Bauchhirn zu tun hat. Der missverständliche Ausdruck sei ein rein deutsches Phänomen. (…) Als Bauchentscheidung bezeichnet er ein Urteil, das rasch im Bewusstsein auftaucht, dessen tiefere Gründe nicht bewusst sind und das stark genug ist, um danach zu handeln. Wissenschaftlern helfe sie, Entdeckungen zu machen, Komponisten, Lieder zu schreiben und Fußballern, Tore zu schießen. ›Sie alle handeln intuitiv, das heißt, sie wissen nicht um die Gründe ihres Handelns und sind später nicht in der Lage, ihre Erfolge zu erklären‹, sagt Gigerenzer. (…) Nach welchen Regeln Intuition entsteht, ist heute zum Teil entschlüsselt – um einen mystischen sechsten Sinn handle es sich dabei nicht, sondern um einen wichtigen Teil von Bildung. (…) Wer auf seinen Bauch hört, nutzt in Wahrheit nämlich auch sein Gedächtnis. Er greift auf Erfahrungen zurück, die er bereits gemacht hat, nutzt Faustregeln und sogenannte soziale Heuristiken, also sein Gespür, auf welche Urteile er sich verlassen oder wen er um Rat fragen kann. Wenn er in einer Entscheidungssituation ein schlechtes Bauchgefühl hat, dann, weil Intuition stark mit Emotionen zusammenhängt, welche wiederum Warnsignale sind, die mit körperlichen Veränderungen einhergehen, erklärt Gerd Gigerenzer.

(…) Andreas Glöckner, der Leiter der Forschergruppe ›Intuitive Experts‹ am Bonner Max-Planck-Institut für Gemeinschaftsgüter, hat gemeinsam mit Tilmann Betsch von der Universität Erfurt das ›Kohärenz-Modell der Intuition‹ entwickelt. Es beschreibt Intuition als einen Prozess, der aus neuen Fakten und im Gedächtnis gespeicherten Informationen gute Interpretationen bildet – also die bestmögliche Stimmigkeit herstellt. Demnach ermöglicht Intuition Menschen, in komplexen Situationen unbewusst eine Vielzahl von Informationen schneller zu integrieren als durch bewusstes Entscheiden. In einer Studie, die das Team um Glöckner durchführte, sollten Probanden anhand einer Liste von Informationen urteilen, welche von zwei Personen sich vermutlich eher eines Verbrechens schuldig gemacht hatte. Die Entscheidungssituationen waren so komplex und gleichzeitig zeitlich so begrenzt, dass die Teilnehmer unmöglich alle erhaltenen Informationen bewusst verarbeiten und gewichten konnten, sondern auf andere Strategien ausweichen mussten. Es zeigte sich, dass die Probanden zu blitzschnellen Entscheidungen in der Lage waren und trotzdem alle Informationen und deren Gewichtung berücksichtigten. In anderen Studien zum Zusammenhang von Intuition und Erregung sollten Versuchsteilnehmer anhand von mehr oder weniger widersprüchlichen Fakten Entscheidungen treffen. Je unvereinbarer die Informationen waren und je schwieriger es den Teilnehmern fiel, eine passende Interpretation zu finden, umso höher stiegen ihr Blutdruck und ihre Erregung. ›Diese körperliche Reaktion ist zumindest in manchen Situationen mit Intuition verbunden. Menschen können diese als Bauchgefühl erleben‹, erklärt Glöckner. Er geht davon aus, dass es im Grunde keine Entscheidungen gibt, die Menschen ausschließlich bewusst treffen. Vielmehr würden intuitiv-automatische Prozesse immer aktiviert und in manchen Fällen durch zusätzliche bewusste Prozesse ergänzt.«[50]

Wie kommen wir in den Bewusstseinszustand der Inspiration?

Jedenfalls nicht mit Brainstorming. Dabei kennen die meisten von uns diesen Zustand der Inspiration sehr gut. Denken Sie an damals, als Sie sich verliebt haben. Egal in welchem Alter uns dieses Glück widerfährt, dieser Zustand beflügelt, weil wir uns meist eher unbewusst erlauben, keine Kontrolle mehr darüber zu haben, was passiert, wir folgen unserem Gefühl. Selten ist der Verstand, meistens aber eher das Herz beteiligt. Es ist ein Gefühl der Leichtigkeit, Freude, Unbeschwertheit, des Im-Moment-Fließens. In solchen Momenten gelingt einfach alles, obwohl sich Ihr Job, Ihr Chef, Ihr Arbeitgeber, die Welt und Sie selbst sich nicht verändert haben. Sie lassen einfach los, gehen mit und nicht gegen die Energie, öffnen sich ganz und gar dem, was gerade passiert, und damit der Zustand lange so anhält, braucht es nur eines: dass Sie daran nicht festhalten aus Angst, er könnte wieder verschwinden. Je länger Sie in diesem Vertrauen bleiben können, sich wagen, das Jetzt zu erforschen, und die Fülle an Energie genießen, werden Sie ein »goldenes Zeitalter der Inspiration« erleben in allen Lebensbereichen. Vereinfacht gesagt ziehen dann Herz und Verstand *an einem Strang*, und zwar in die gleiche Richtung. Das ist Inspiration.

Im unternehmerischen Kontext müssen Sie sich nicht gerade in Ihren Mitarbeiter, Chef, Kunden, Lieferanten oder Aktionär verlieben, aber wenn Sie in den gleichen fließenden *Modus* eintauchen, werden sie ähnliche Resultate erreichen. Der Zugangscode heißt *Achtsamkeit.* Was meine ich damit? Sie erinnern sich an das Potenzial der Mission? Eine Mission kann ich mir nicht erdenken, sie entfaltet sich wie ein roter Faden in meinem Leben, wenn ich bereit bin, meine Sinne dafür zu öffnen und das Potenzial besonders hinter den Krisen und Wendepunkten in meinem Leben zu sehen. Das ist Achtsamkeit, ein Bewusstsein, das hinter die Kulissen schauen und damit das Potenzial sehen kann, jenseits unserer bewussten oder unbewussten Bewertungen, wie zum Beispiel über unser Verhalten, das so und so und falsch oder richtig sei.

Sagen Sie einfach nicht, diese oder jene Person sei dies oder das, denn sonst bauen Sie nicht nur einen Vogelkäfig um den Anderen, sondern, ohne dass Sie es merken, auch um Sie selbst. Die Chancen, dass der Vogel den Vogelkäfig verlässt und fliegen will, sind dann eher gering. Wenn ich also selbst in dieser Achtsamkeit lebe, gestatte ich nicht nur mir selbst, mein höchstes Potenzial zu leben, sondern auch den anderen, die mit mir leben und arbeiten. Ein Handeln aus dieser

Achtsamkeit heraus führt dazu, dass alle höchst inspiriert sind. Im Unterschied zu vorher haben wir Freude daran, auch Fehler zu machen, weil ohne Experimentieren kein Wachstum möglich ist.

Denken Sie daran, insbesondere das Führen mit und durch Angst, Druck und Incentives hat kurzfristig eine enorme Antriebswirkung, langfristig führt es jedoch zu einem innovationsschädigenden Handeln, denn keiner ist mehr bereit, Fehler zu machen. Anstatt neue Wege zu gehen, suchen wir den Konsens im Herdentrieb und leben damit weit unter unserem Potenzial, egal in welcher Position und auf welcher Hierarchieebene. Schlimmer noch, wenn wir von Angst getrieben sind, bewusst oder unbewusst, dann brauchen wir einen Teil unserer Energie, uns dafür so zu verstecken, dass niemand erkennen, wahrnehmen oder spüren kann, wie wir wirklich über uns und über die Welt denken. Das Resultat: Wir laufen heiß auf 120 Prozent, produzieren viele Aktivitäten, die viele Ressourcen im Unternehmen binden, oft sogar verbunden mit einem Wettkampf um limitierte Ressourcen. Gleichzeitig ist die Wirksamkeit unseres Handelns weniger als 100 Prozent.

Achtsamkeit als Zugangscode für Inspiration und Intuition hilft uns und den Anderen ein Bewusstsein zu schaffen, das intelligente, nachhaltige Lösungen finden kann für die komplexen Herausforderungen der Zukunft – für Sie und die anderen.

Wie kann Achtsamkeit im Alltag konkret aussehen?

Achtsamkeit in der Kommunikation bedeutet wertungsfreies Zuhören und Sprechen. Dabei laufen permanent dutzende von Bewertungen in unserem Kopf ab, gerade auch jetzt, während Sie diesen Satz lesen. Stimmt das oder stimmt das nicht? Hilfreich oder nicht hilfreich? Intelligent oder dummes Zeug? Es ist auch nicht schlimm, dass uns diese Bewertungen überschwemmen, solange wir uns dessen gewahr sind, dass sie unsere Perspektive bestimmen, wie wir auf Situationen, Handlungsweisen und Herausforderungen schauen. Für mögliche Potenziale und Lösungen kann das mehr oder weniger hilfreich sein. Also, wie geht das?

Erster Schritt: Nicht zu reden, heißt noch lange nicht zuzuhören, genau aus den oben genannten Gründen. Nehmen Sie es ganz praktisch, wenn Sie das nächste Mal in einem Gespräch sind, beobachten Sie Ihre Gedanken und Ihre Bewertungen auf das Gesagte des Gegenübers, bleiben Sie daran aber nicht kleben, um Ihrem Gegenüber dann mehr oder minder stark Ihr Gegenargument oder Ihre Position aufzudrücken. Wenn Sie es nicht aushalten, dann schreiben Sie sich den Gedanken einfach auf, bleiben dann aber weiterhin in Verbindung mit Ihrem Gegenüber und hören bis zum Ende zu. Wenn Sie in dieser Verbindung bleiben – und am leichtesten geschieht das durch Wertschätzung, Neugierde und Offenheit im Blickkontakt – dann kann sich gemeinsam eine völlig neue Ebene finden, an die vorher niemand gedacht hat. Und darum geht es doch, oder? Wenn wir nur unsere Position vertreten, sind wir nachher so schlau wie vorher, dann hätten wir uns dieses Gespräch auch sparen können. Für Innovationen ist diese Strategie nicht erfolgreich.

Der zweite Schritt könnte sein, dass Sie offen in ein Gespräch gehen. Früher folgte ich dem Prinzip, niemals unvorbereitet in ein Gespräch zu gehen. Ich hätte es geradezu als unprofessionell gesehen, wenn ich den Sachverhalt vorher nicht komplett durchdacht und mir eine Position zurechtgelegt hätte. Meistens hatte ich dann auch gleich noch eine Strategie bereit, wie ich meine Position bestmöglich verteidigen konnte. Dann brauchte es schon viel, dass mich der Andere von einer anderen Seite überzeugen konnte. Gegenargumente waren nur noch das Finetuning für meine Überlegungen, die meine Position nur noch stärker machen konnten. Das war nicht nur sehr aufwendig, sondern auch ressourcenverschwendend für meine Kollegen, Mitarbeiter oder Partner. Und potenzialträchtig war es überhaupt nicht.

Wenn Sie also heute das bestmögliche Potenzial heben möchten, liegt Ihre Qualität eher darin, genau zuzuhören, auf sich wirken zu lassen und hinzuspüren, wo sich über Intuition und Inspiration ein Gefühl von Stimmigkeit und Energetisierung einstellt. Handeln Sie nicht sofort, argumentieren und gegenargumentieren Sie nicht. Fragen Sie eher nach, hinterfragen Sie und weiten Sie sich aus. Das schafft nicht nur die Kohärenz zwischen Herz und Verstand, sondern auch die Verbindung zum höchstmöglichen Potenzial.

Der dritte Schritt könnte sein, dass Sie vor und nach einem Meeting für ein oder zwei Minuten innehalten – das kann überall sein, zur Not auch auf der Toilette – und sich innerlich klären, solange bis Sie in der vollen Präsenz und Achtsamkeit für das nächste Thema sind. Die Gefahr schnellen Wechselns zum nächsten Meeting, zum nächsten Thema besteht darin, dass Sie die Qualität der

Intuition und Inspiration nicht mitnehmen oder überführen können. Es kommt zu einem rein kognitiven Austausch von Positionen, im schlimmsten Fall mündet es in Rechthaberei oder Machtkampf. Möglicherweise könnten Sie aber die Erfahrung machen, dass Sie viel weniger Meetings brauchen, weil sie wirksamer werden und davon hätten dann alle mehr: Sie, die Mitarbeiter, die Kunden, das Führungsgremium und die Aktionäre.

Der vierte Schritt führt in den Modus, als Satelliten-Empfänger zu arbeiten und nicht fix in einer Radiostation, die nur auf Senden programmiert ist. Wenn Sie in den Äther Ihres Unternehmens lauschen, was Sie hören können, wenn Sie die Entwicklung beobachten, was Sie sehen können, wenn Sie die globale Frequenz empfangen und was Sie sonst noch spüren können, dann *loggen* Sie sich sozusagen in das universelle Potenzial ein. Im übertragenen Sinne machen Sie sich empfänglich für etwas Neues, das gerade entstehen will. Etwas, was Sie nicht übersehen, überhören können, weil Sie auf Empfang sind. Probieren Sie es aus.

Impulse aus dieser Achtsamkeit tragen das Potenzial in sich, zu Innovationen zu werden, den Spirit des Neuen zu berühren, dann kann die Energie der Implementierung fruchten. In diesem Sinne trifft das Potenzial auf die Bereitschaft des *Empfangens*. Die neue Stärke eines Bewusstseins 7.0 ist die Verbindung aller Energien, die Integration der scheinbaren Widersprüche auf einer höheren Ebene, ist ein tiefer Kontakt zwischen Empfangen (weiblich) und Senden (männlich), feminine und maskuline Energie, Herz und Verstand. Das ist das Integrale Leadership 7.0 der Zukunft – schon heute für die Märkte von morgen.

Um die sendende, maskuline Energie brauchen wir uns keine Sorgen machen, die haben wir in Deutschland im Überfluss. So schreibt der profilierte Publizist und Wirtschaftsjournalist Detlef Gürtler im Evonik Magazin 1/2013 unter »Chancen früher begreifen«[51], worin die deutsche Stärke liegt: »Um eine Basis-Innovation in allen Branchen und Weltregionen durchzusetzen, werden Ausdauer und Marktkenntnis gebraucht, Kreativität und technisches Verständnis, die Fähigkeit eine neue Technologie in immer neue Anwendungsbereiche zu übersetzen, sowie ein gutes Verhältnis zu den Kunden.« Also lassen Sie uns das weiter erforschen, was wir noch nicht so präsent, so bewusst und schon so verankert in uns haben: empfangende, wahrnehmende, zuhörende Fähigkeiten.

Lust darauf?

Der Weg des geringsten Widerstandes

Wie sind Sie bisher in Führungspositionen gekommen? Wie haben Sie Karriere gemacht? Wahrscheinlich haben Sie einen Großteil Ihrer Zeit in den Beruf investiert, sich hochgekämpft, Hürden genommen und sich selbst zu einer sehr effizienten Lösungsmaschine erzogen.

Auch ich war der Überzeugung, in einer linear-kausalen Welt mit viel Energie meine Herausforderungen lösen zu müssen. Und je mehr Energie zur Verfügung stehen würde, desto mehr könnte ich auch schaffen. Kurz, mein Bild der Welt war von Kampf geprägt und meine Hauptaufgabe lag darin, die Dampflokomotive in mir am Laufen zu halten und immer wieder Holz nachzulegen, sodass der Druck immer konstant hoch am Limit bleiben würde. Bloß nicht nachlassen, sonst würde die Lok nach einer Weile zum Stillstand kommen. Und ob dann genügend Energie da wäre, den gesamten Zug wieder zum Laufen zu kriegen? Und dann gab es auch noch das Bedürfnis nach Anerkennung und Berühmtheit, das duldete sowieso keinen Aufschub, ich war also permanent unter Starkstrom. Das hatte einige Vorteile, denn meine Meetings, um Prozessdesigns und Zeitpläne für Seminare zu entwickeln, waren supereffizient und in gegebener Zeit erfolgreich. Viele meiner Kollegen und Kunden waren dafür sehr dankbar und damit war die Sache erledigt – eine trügerische Sicherheit.

Denn die Rechnung wurde wie immer ohne den Wirt, also ohne die Teilnehmer eines Seminars, gemacht. Die hielten sich bestimmt nicht an einen supereffizienten Zeitplan. Hier waren Gruppendynamiken, unbewusste Anteile, versteckte Agenden und Sonstiges am Werk, genau wie bei allen anderen Meetings in Unternehmen auch. Wenn Sie sich etwas vorgenommen haben, sei es in der Firma, in der Familie, in der Beziehung oder sonst wo, und Sie merken, es läuft nicht wie geplant, dann haben Sie zwei Alternativen: Entweder den Plan weiter verfolgen auf Gedeih und Verderb oder hineinspüren und herauskriegen, worum es wirklich geht und möglicherweise den Weg und/oder das Ziel ändern. Im unternehmerischen Kontext klingt die letztere Variante geradezu wie Verrat oder Versagen, aber ist es das wirklich? Jeff, mein Mentor, sagte mir an solchen Stellen immer: »Stefan, do you want to be right or happy?« – »Willst du Recht haben oder glücklich sein?« Was ist Ihre Antwort auf diese Frage? Welchen Weg gehen Sie? Wofür entscheiden Sie sich und warum?

Der Energie, nicht dem Ego folgen!

Für mich hat sich durch einen Wendepunkt in meinem Leben vor drei Jahren ein wirklich praktischer Weg aufgezeigt, mein Leben völlig anders zu gestalten und das Thema Energie und Vertrauen zu meinem Leuchtturm zu machen, an dem ich mich ausrichte in Verbindung mit meiner Vision und Mission. Meine Erfahrung aus dieser tiefen Krise ist, dass alles gut ist, wie es ist und eben nicht alles erst gut wird oder werden muss. Das ist ein großer Unterschied. Ich habe ein tiefes Urvertrauen ins Leben entwickelt, davon habe ich Ihnen schon berichtet. Doch Vertrauen ins Leben zu haben, bedeutet nicht wie ein »Couch-Potato« faulenzend auf dem Sofa zu liegen in der Hoffnung, dass es das Leben schon richten werde. Nein, das meine ich nicht. Aber heute jage ich auch nicht mehr blind einem Ziel hinterher und erhöhe den Druck, wenn ich Gefahr laufe, es nicht zu schaffen. Ich habe meine Mission erfahren und es gibt unzählige Wege dafür, meine Mission zu leben. Das bedeutet *Entspannung*.

Das ist die mentale Freiheit und Flexibilität, die wir für das 21. Jahrhundert brauchen. Damit stellt sich alles auf den Kopf, wie wir bisher an das Leben herangegangen sind. Früher gab es die Überzeugung, wir müssen alles machen, damit irgendwas passiert. Wir bekommen nichts, wenn wir nichts tun. Was für eine fatale Überzeugung, hinter der die Idee steckt, wir müssen »Energie aufbauen«, immer nachheizen, sonst geht das Leben aus. Können Sie sich vorstellen, wie viel Lebensenergie das frisst, jeden Tag, jede Woche, jeden Monat, Jahr für Jahr? Und den Urlaub brauchen wir, um gerade mal wieder auf null zu kommen, also bestenfalls ein Nullsummenspiel, in vielen Fällen aber ein Minussummenspiel, das selbstredend irgendwann zum Zusammenbruch führen muss. So wie bei mir und bei vielen anderen auch. Vielleicht gehören Sie auch dazu, schon bald? Oder eben auch nicht mehr, weil Sie es anders machen.

Also meine Erfahrung mit der Energie ist anders. Energie ist da, sie muss nicht erzeugt und abgegeben werden. Sie ist frei verfügbar, kostet nichts und ist unendlich. Stellen Sie sich das mal bitte vor, unendliche Energie! Science-Fiction? Nein, meiner Meinung nach nicht. Das ist Alltag, oder haben Sie sich bei der Sonne schon mal gefragt, woher die Energie kommt und wann sie aus ist? Jetzt denken Sie vielleicht, ich hätte heute ganz besondere Pillen genommen. Nein, habe ich nicht, aber wenn schon die Parallele da ist, dann lassen Sie mich das gleich nutzen. Es gibt nur eine wichtige Pille, die können wir nicht einnehmen, die können wir nur »erleben«, das ist Vertrauen, Vertrauen in uns und in das Leben. Das bedeutet, dass wir nicht versuchen, weiterhin unser Leben und das Leben der anderen wie wild zu kontrollieren in der Illusion des Glaubens, wir wüssten alles besser und könnten alles planen. Anstatt dessen beginnen wir doch damit, die Hand vom Steuer unseres Lebens zu nehmen und das Leben auf uns zukommen zu lassen. Das einzige, was es aktiv von uns braucht, ist, unsere Mission und Lebensaufgabe zu erkunden und erfüllen zu wollen und die Wegweiser dafür lesen zu lernen. Aber dafür müssten wir vorher bereit sein anzunehmen, dass es keine Zufälle gibt, sondern dass diese »Schilder« einen Sinn haben. Wenn Sie in diesem Bewusstsein leben, werden Sie bisher brachliegende Potenziale entwickeln und sich jeden Tag aufs Neue überraschen, so wie ich jetzt oft über mich staune. Wir lernen Energie zu lesen, wie andere Fährten lesen und bewegen uns genau da hin, wo Energie fließt. So machen es auch die hochintelligenten Delphine, wenn sie jagen gehen. Sie folgen der Delphin-Schule, um einen Fischschwarm einzukreisen und treiben ihn dann gemeinsam nach oben an die Wasseroberfläche. Wenn alles angerichtet ist, gibt es Futter für alle.

Beim Fußball nennen wir das auch »ein Spiel lesen können«. Gute Fußballer sind nicht nur ballsicher, zweikampfstark, der Taktik verpflichtet, teamorientiert und effizient im Abschuss, sondern sie beherrschen Fußball als »Lesart«. Das bedeutet, sie wissen, wann das Spiel mehr Tempo braucht, mehr Ordnung, mehr Öffnung, mehr Risiko. Sie werden quasi selbst zum Spiel. Spieler, wie derzeit Sebastian Schweinsteiger oder Philipp Lahm vom FC Bayern, beherrschen diese Qualität und sind für das Team von unschätzbarem Wert, weil sie nicht blind einem Ziel hinterher laufen, sondern das unterstützen, was gerade passiert.

Eine Mutter mit einem Baby kann und wird nicht einfach blind ein Programm durchziehen, koste es, was es wolle. Sie orientiert sich immer an dem, was gerade mit dem Baby geschieht. Und weil Babys nicht ausdrücken können, was sie gerade brauchen, ob sie Bauchweh haben, müde sind, hungrig oder die Windel voll haben, wird die Mutter nach und nach zu einem *Seismographen*, um jederzeit zu wissen, was zu tun ist: trösten, in den Arm nehmen, Schlaflied singen, Windel wechseln oder stillen. Eben genau das Richtige für den Moment. So haben beide mehr davon. Die Mutter ein zufriedenes Baby und das Baby eine glückliche Mama. Jedenfalls habe ich das so bei meinen beiden Kindern wahrgenommen.

Auch in Unternehmen halten wir uns oft sklavisch an das Budget oder die langfristige Unternehmensplanung und verlieren völlig aus dem Auge, was wirklich in und außerhalb des Unternehmens gerade passiert. Das können Chancen oder auch Risiken sein. Hauptsache der Plan wird erfüllt. Ein Vorstand sagte einmal zu mir: »Bei uns glauben die Leute ›Budget is King‹«. Was soviel bedeutet wie: Egal was passiert, wir erfüllen den Plan, selbst wenn es besser laufen könnte. Doch wie wichtig ist es gerade in Unternehmen, nicht dem Zeitgeist hinterher zu laufen, sondern wahrzunehmen, wie sich Gesellschaften und deren Herausforderungen verändern, um dafür im Rahmen einer sinnvollen Vision und Mission nachhaltige Lösungen zu schaffen. Wenn wir uns den Erfolg von Apple anschauen mit dem iPod, iTunes, iPhone und iPad, dann liegt er neben vielen Faktoren auch darin, dass Steve Jobs immer wieder eine Branche revolutionierte, weil er früher und konsequenter als andere erkannte, welche neuen Lösungen es jetzt braucht. Er hat nicht einfach blind kopiert, was andere bereits getan haben, um es dann zehn Prozent preiswerter anzubieten oder zehn Prozent besser zu machen.

Thomas und Alexander Huber, die Gebrüder »Huberbuam«, zählen zu den weltbesten Extremkletterern. In dem Interview, von dem ich Ihnen bereits ausführlich berichtet habe, habe ich erfahren, wie für sie das Im-Moment-Sein, Wachsam-Sein und Wahrnehmen-was-ist – also die ganze gegenwärtige Präsenz – oft eine Frage von Leben und Tod ist. Im Folgenden ein Auszug aus dem Interview:

Stefan Götz: »Beschreibt doch diesen Moment. Das habt ihr beide für mich sehr fühlsam gemacht. Also diese Momente, wenn du da durch die Wand durchgehst, was für mich unvorstellbar ist, aber beschreibt das einmal, wie schaut das aus? Wie erlebst du das?«

Thomas Huber: »Es ist eine Leichtigkeit, eine absolute Leichtigkeit, eine Klarheit und in der Phase, wenn man es geschafft hat, baut sich in einem die absolute Leere auf. Man ist im Hier und Jetzt und da gibt es nichts mehr um dich herum. Und Leere initiiert einen irrsinnigen Platz in einem, das ein Feuerwerk auslösen kann, also eine Freude, die immens ist.«

Das heißt, Sie müssen keine Energie erzeugen, sondern lediglich der Energie *folgen*. Sie würden sich ja auch nicht an einen Fluss hinstellen und mit einem Paddel den Fluss nach vorne schieben, weil er sonst nicht fließen würde. Aber was tun Sie heute in Ihrem Leben, in Ihrem Projekt, in Ihrem Unternehmen? Also einfach treiben lassen? Nein, denn Sie sind mehr als ein Stück Holz, das den Fluss runterfließt. Sie haben einen Auftrag, eine Mission und eine Seele. Und deshalb sind Krisen oft die besten Wegweiser, wenn Sie bereit sind, inne zu halten und das Potenzial zu erkennen, das darin liegt. Es geht gar nicht um die Frage, ob Sie ein bestimmtes Ziel erreichen können oder nicht. Wenn Sie Ihre Lebensenergie einsetzen, können Sie fast jedes Ziel erreichen. Die Frage ist eher, ob das Ziel für Sie sinnvoll ist! Ergibt das Ziel für andere Sinn? Leistet das Ziel einen Beitrag für unsere Gesellschaft? Sind Sie präsent und jetzt glücklich? Sind Sie jetzt gesund?

Welchen Preis sind Sie bereit zu bezahlen für etwas, das keinen Sinn ergibt, für Ihre Gesundheit, für Ihre Beziehung, Ihre Familie, Ihre Kinder? Welchen Preis für die Menge an Lebensfreude, Leichtigkeit, Liebe und Glück? Sie denken Glück oder Glücksgefühle gehören nicht zu der Tugend von Spitzenmanagern? Warum eigentlich nicht? Ricardo Semler aus Brasilien, Eigentümer und Chairman von Semco, einer erfolgreichen Unternehmensgruppe aus São Paulo, zeigt, wie es auch anders gehen kann. Mehr dazu im nächsten Kapitel.

Werden Sie sozusagen zum Handelnden und Beobachter zugleich. Immer dann, wenn die Energie abfällt oder, sagen wir doch genauer, wenn Sie sich mehr von Ihrem EGO leiten lassen, dann bleiben Sie einfach stehen, *grounden* sich wieder und gehen zurück auf den Pfad der Energie. Wie fühlt sich das an? Wenn Sie auf dem Energiepfad sind, dann ist alles ganz leicht, alles flutscht, alles gelingt, Sie fühlen sich mit allem und jedem verbunden, haben einen sanften Weitraumblick und eine große Antenne für Energiefelder. Wenn Sie mehr im EGO sind, im Tunnelblick, auf der Zielautobahn, dann wird alles schwer und Sie müssen viel mehr leisten, anschieben und andere kontrollieren, sich ausführlich auf Meetings vorbereiten, um Recht haben zu können. Kurz, Sie puschen Ihre Energie gegen den Strom, anstatt mit dem Fluss zu gehen.

Ich hatte als Jugendlicher das Glück, vom Judo-Olympia-Bronze-Medaillengewinner von 1972, Paul Barth, trainiert zu werden, der uns auch das Sinnes-Bewusstsein der Kampfkunst Judo vermittelte, das Samurais in Japan auszeichnet. Wer auch immer von Ihnen fernöstliche Kampfkünste wie Judo, Karate, Jiu-Jitsu oder Aikido trainiert, kennt die Grundprinzipien nur allzu gut. Anstatt sich gegen den Gegner zu stellen und auf Widerstand zu gehen, nehmen Sie den Angriff des Gegners mit seiner Energie auf und lenken die Energie in eine für Sie günstige Richtung. Nicht umsonst heißt Judo »der sanfte Weg« und Jiu-Jitsu »die sanfte, nachgebende Kunst«. Also wenn Sie sich wieder mal versteifen auf »Hallo, hier komme ich«, »Ich weiß es besser« oder »I want it my way«, nennen Sie solche Tage ab sofort Ihre Alphatier-Tage. Das beginnt schon beim

Autofahren, bei dem Sie Ihr Auto als »Rechthaben-Waffe« einsetzen und sich freuen, wenn Sie schneller im Stau unterwegs sind als andere oder jemanden so ausbremsen, dass Sie noch abbiegen können. Sie kennen das? Oder im Meeting reden Sie sich ein, Sie sind hier der Chef, denn Sie wissen es sowieso besser. Oder Sie denken, so wie der ausschaut, kann der gar nicht gut sein, welche Kleider der schon trägt. Oder, wenn der sich kein anständiges Auto leisten kann, dann ist er wahrscheinlich auch erfolglos im Leben, bla, bla, bla. Sie merken schon, welche Energie da erzeugt wird. Die Energie von Arroganz, Ignoranz, Rechthaberei, Widerstand und Erwartungen. Wie reagieren Menschen auf solche Energien? Meist mit Widerstand und Konkurrenz. Für kurze Zeit gibt das einem Alpha-Tier einen Kick, denn dann können wir Männer uns mal so richtig darin messen, wer mehr drauf hat. Aber je älter wir werden, desto anstrengender und schwieriger wird dieses Spiel. Und dann kommt es zu Kündigung, Trennung, Scheidung, Herzinfarkt, Schlaganfall, Burn-out, Depression & Co. Wollen Sie das? Ich nicht mehr! Lebe ich schon auf Wolke Sieben? Nein, ich habe ganz normale Probleme wie Sie. Aber wie ich damit umgehe, ist anders als früher. Und wenn ich meine Alphatier-Tage habe, was ich früher oder später bemerke, weil es anstrengend ist, dann habe ich einen ganz tollen Knopf gefunden. Den *Reset-Knopf*. Den kennen Sie bereits von Ihrem Computer. Immer dann, wenn der Computer sich aufhängt, weil wir zu viele oder die falschen Befehle gegeben haben und das System überlastet ist, dann gibt es den Reset Knopf. Und genau diesen Knopf gibt es bei mir jetzt auch, nicht nur am Computer. Und ich kann zu jeder Zeit diesen Knopf betätigen, immer wieder neu, jeden Tag, jede Stunde, jede Minute kann ich eine neue Entscheidung treffen. Bleibe ich Alpha-Tier und habe Spaß an den Konsequenzen, dann weitermachen. Habe ich aber eher Freude am Fluss und daran, in der Energie zu baden, mit ihr zu schwimmen und locker leicht zu spielen, dann wähle ich den Reset-Knopf. Haben Sie den Reset-Knopf bei sich schon entdeckt?

Sobald ich ihn betätigt habe, lasse ich wieder das Leben auf mich zukommen in dem Vertrauen, dass es genau das Richtige ist, was ich jetzt brauche, um meinen Auftrag, meine Mission zu erfüllen. Einzig und alleine entscheidend ist, ob ich das Vertrauen ins Leben und in mich habe. Und welches Bild, welches Modell habe ich vom Leben? Wenn ich davon überzeugt bin, dass das Leben zum Lernen da ist, werde ich besonders neugierig und offen sein für alles, was kommt. Ich werde es nicht bewerten, sondern hineinspüren, aufnehmen, empfangen, wirken lassen und mich ganz und gar hingeben. Das können wir alle, denken Sie mal an Ihre Zeit des Verliebtseins zurück. Wahrscheinlich werden Sie dann merken, wie viel Kraft und Leichtigkeit Ihnen das gibt. Und genau damit können Sie viel mehr erreichen, als wenn Sie selbst als Rechthaber und einsamer Wolf andere Menschen mit Ihren Zielen, Erwartungen, Druck und unbewussten Versagensängsten quälen. Menschen folgen Energien und keinen Zahlen, das ist meine Erfahrung. Sind wir bereit, uns für unsere Aufgabe und Mission hinzugeben, ihr zu dienen, auch für andere Menschen, für ein leichtes, sinnvolles Leben? Und wie könnten wir uns von dem Bewusstsein von Change Leadern aus anderen Disziplinen inspirieren lassen?

Kapitel 5

Neugierig auf das Bewusstsein von Change Leadern?

5. KAPITEL

Neugierig auf das Bewusstsein von Change Leadern?

Wir sind mehr, als wir glauben

Dieses Kapitel liegt mir sehr am Herzen, es entspringt meiner Begeisterung für Begegnung mit Menschen, die einen *integralen* Weg gehen. Von ihnen zu lernen, mich von ihrem Bewusstsein und ihren Lebensgeschichten inspirieren zu lassen, um es mit allen zu teilen, das ist meine Leidenschaft. Es gibt unglaublich viele solcher Menschen, und ich meine damit nicht Promis aus Bild, Funk und Fernsehen. Oftmals sind es schlichte, einfache, stille Menschen, die mich am meisten beeindrucken. Warum?

Vor über zehn Jahren reiste ich nach Pune in Indien, um dort für sechs Wochen Osho-Meditationen zu studieren. Ich wohnte in einem einfachen Zimmer und direkt vor meinem Quartier lebte ein »armer« Hindu in einer kleinen Kartonschachtel. Abends, wenn es dunkel war und ich zurückkam von der Meditation, setzte ich mich für ein paar Minuten in Stille zu meinem neuen »Freund«. Er hatte sich wie jeden Abend ein kleines Feuer gemacht, denn nachts konnte es durchaus kalt werden, und obwohl wir uns nicht unterhalten konnten, jedenfalls nicht mit Worten, so konnte ich ihn und sein Wesen doch sehr wohl durch seine Energie wahrnehmen und war ihm dadurch sehr verbunden. Es war dieser Frieden, diese Ruhe, diese ganz große Freude und Menschlichkeit in ihm, die ich bis dahin bei keinem Menschen spüren konnte, schon gar nicht bei Menschen, die erfolgreich waren und über Geld oder Macht verfügten. Je mehr ich mich selbst auf diesem umfassenderen Weg bewege, umso mehr Gleichgesinnte entdecke ich. Mit der Zeit beruhigen sich meine Irritation, Überraschung und Verwunderung darüber und weichen einer wissenden Sicherheit, dass wir mehr sind, als wir glauben. Hier folgt eine kleine Auswahl von beispielhaften Menschen, die mein Denken und Handeln mit ihren Inspirationen bereichert haben und weiterhin bereichern. Ich bin sehr dankbar dafür.

Change Leader anderer Disziplinen

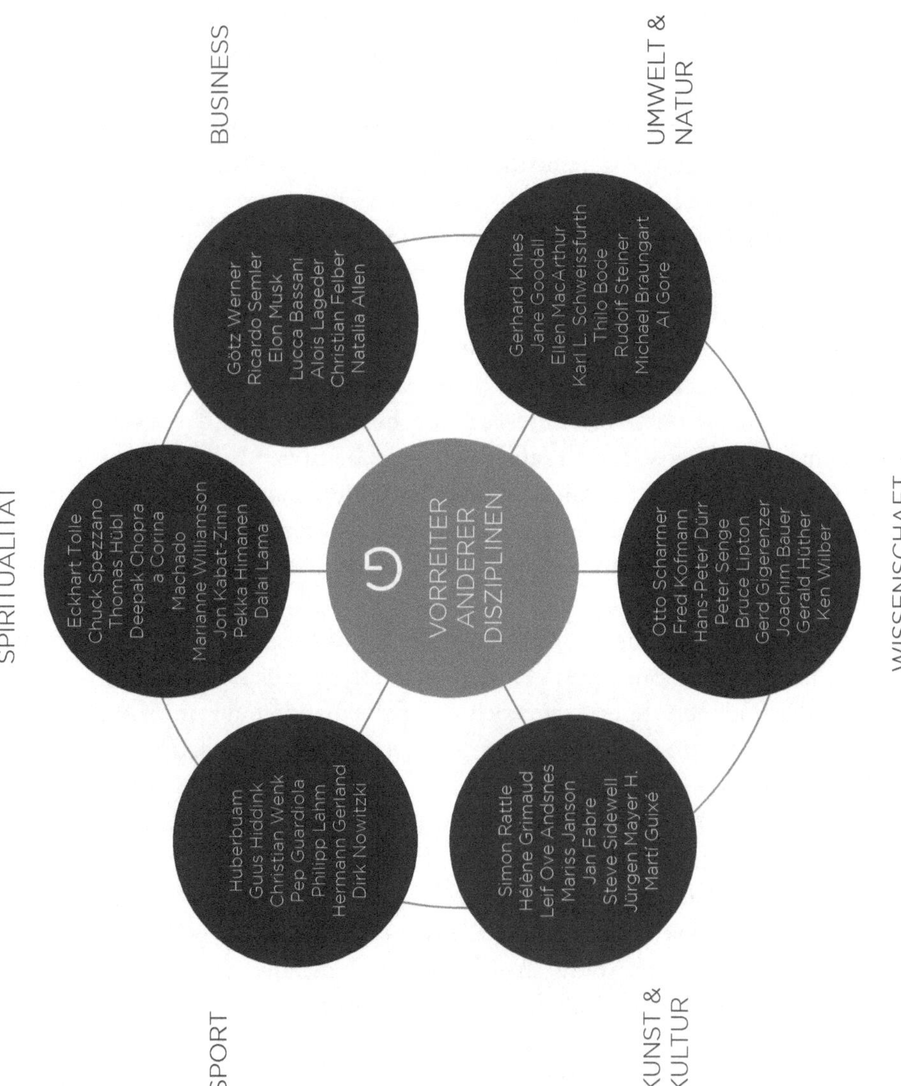

Abb. 32: Vorreiter anderer Disziplinen (Götz 2013)

Konkurrenz und Kooperation: Huberbuam (Extremkletterer)

Ich erzählte Ihnen bereits von dem freudvollen Interview mit den Huberbuam. Sie gehören zur Weltspitze der Extremkletterer und verstehen es auf besondere Art und Weise, diesen Sport als *integralen Weg* zu erfahren. Inspirierend für mich war und ist, wie es den Brüdern gelingt, trotz brüderlicher Konkurrenz, auf eine Weise nebeneinander zu gehen, die das einzigartige Potenzial von beiden öffnet und entfaltet. Ich wollte erfahren, mit welchem Bewusstsein das möglich ist, wollte erleben, erspüren, dahinter schauen und sehen, wie das möglich ist, trotz – oder gerade weil – sie sich häufig im Grenzbereich zwischen Leben und Tod bewegen. Und ich fand es besonders spannend herauszufinden, wie das gerade in direkter Konkurrenz möglich ist, was in der Wirtschaft undenkbar ist.

Es ging in unserem Gespräch um nichts Geringeres als einen »Speed-Rekord« in den USA, Kalifornien, Yosemite-Park am El Capitan und der »Nose« – einer ungefähr 1000 Meter senkrecht aufsteigenden Granitwand, an der es galt, einen bestehenden Kletterrekord von 2 Stunden 48 Minuten einzustellen. Ja, Sie haben richtig gelesen, keine zwei Wochen oder zwei Tage, sondern zwei Stunden. Hier die Inspirationen und Ermutigungen von Thomas und Alexander Huber:

Stefan Götz: »Lasst uns die Krone des Klettersports mal im Detail anschauen (lacht). Ich merke schon, die Augen werden schon ganz glasig (lachend) von euch beiden, das finde ich super. Jetzt noch mal für jemanden, der im Klettern nicht Zuhause ist. Was ist die Nose, was ist der Speed-Rekord überhaupt?«

Thomas Huber: »Der Speed-Rekord an der Nose stand bei 2 Stunden 48 Minuten, er ist im Jahr 2000 aufgestellt worden von Yuji Hirayama, einem der besten Kletterer unserer Zeit, und Hans Florine, ein absoluter Speed-Spezialist. Der Yuji war der Kletterer, der Hans hat das Know-how gebracht. Und die haben diese Form des Kletterns, des Speed-Kletterns, praktisch neu erfunden. Und die Nose, das war die erste Route am El Capitan, einer der wichtigsten Berge im Klettersport, hier wurde wirklich große Klettergeschichte geschrieben, von Warren Harding 1958 in 30-tägiger Kletterei erst durchstiegen, die Wand. Und das ist wirklich, die Nose, kann man schon fast sagen, der Nabel der Kletterwelt, die berühmteste Kletterroute der Welt.«

Stefan Götz: »Die berühmteste Route der Welt.« (Pause)

Thomas Huber: »Verrücktheit von Wahnsinnigen.«

Stefan Götz: »Genau, jetzt gehen wir noch mal durch. Also wir haben eine Wand, die ist ungefähr 1000 Meter senkrechter Granit, steht in Amerika in Kalifornien, Yosemite-Park, der eine oder andere wird es kennen. Die normalen geübten Seilschaften brauchen drei bis fünf Tage, um da hochzukommen. Und ihr seid angetreten, einen Speed-Rekord, also so schnell wie möglich da raufzukommen, bestehende 2 Stunden 48 zu schlagen. Jetzt kommen wir auf eine ganz spannende Komponente: ihr als Team. Ich würde das gerne rausschälen, wie ihr als »High-Performance-Team« Spitzenleistungen abruft. Mit welchem unterschiedlichen Know-how kommt ihr denn da hin, wenn man euch zwei mal so betrachtet, was bringst du mit, was bringst du mit?«

Alexander Huber: »Es ist ganz einfach so, dass jeder Mensch natürlich ein absolutes Individuum ist und Thomas und ich unterscheiden uns nicht nur körperlich, sondern auch mental, geistig. Das ist aber durchaus auch als Stärke anzusehen, weil immer dann, wenn ein Team gut funktioniert, das heißt optimal Stärken kombinieren und auch Schwächen eliminieren kann, ist das genau dann besonders erfolgreich, wenn die Schwächen und die Stärken auch verschieden veranlagt sind. Das heißt, wenn ein Team auftreten würde, das aus zwei Teilen besteht, die komplett identisch sind, dann könnte man ja die Schwächen nicht eliminieren und die Stärken nicht kombinieren, weil dann hätte ja jeder die gleichen Stärken und die gleichen Schwächen. Ideal ist es ebenso, wenn sie nicht ganz auf den ersten Blick zusammenpassen, aber dann haben sie die Fähigkeiten, die jeweiligen Stärken zu nutzen und bei den Schwächen jeweils die Stärke des anderen zu benutzen.«

Alexander Huber: »Und ich glaube, das können wir halt ganz besonders gut, weil wir von frühester Kindheit an zusammen unterwegs sind, uns halt seit Ewigkeiten extrem gut kennen, als Brüder, ganz klar. Und je länger man sich kennt, umso besser und effizienter arbeitet man eben mit dem Schwächen eliminieren, Stärken kombinieren.«

Stefan Götz: »Also ich habe gehört: sich kennen, sich selber kennen, den anderen kennen, die Stärken kennen, damit die Schwächen eliminieren. Was ist denn das Paket, mit dem ihr unterwegs seid?«

Thomas Huber: »Also das Paket an der Nose, also (...), ich möchte sagen »High-Performance-Team«, das ist, das geht eigentlich über das perfekte Team hinaus. Und ich erkläre das auch auf meinen Vorträgen immer so. In den ganzen Teamtrainings wird ja immer genau das erzählt: Schwächen eliminieren, Stärken herausschälen, den einen oder den anderen auffangen. Das führt aber nur zum perfekten Team. High-Performance-Team heißt eigentlich erst einmal: Du selbst. Also der Alexander selbst, der hat sich auf diese Aktion hundertprozentig vorbereitet und ich von meiner Seite auch hundertprozentig. Ich habe an meinen Schwächen gearbeitet, wo meine Schwächen waren, habe versucht, das auszuebnen, und genauso Alexander. Und dann, erst dann, wenn jeder seine Hausaufgaben hundertprozentig gemacht hat, was jeder für sich alles machen kann, mental stark ist, körperlich absolut hundertprozentig fit ist, dann passiert nämlich das Unglaubliche und das Wunderbare, dass wir so in blinder Kombination uns beide zusammenfügen und dann passiert es nicht so, dass 1 + 1, dass das dann 2 ergibt, so ist perfekte Kombination, sondern darüber hinauswachsen kann. Also dass das die imaginäre Zahl 3 ergibt, die eigentlich nicht, niemals existiert, aber das ist eben für mich das High-Performance-Team. Also die Basis: Es liegt an Alexander selber. Er weiß, was er kann.«

Stefan Götz: »Also wenn man ein High-Performance-Team will, heißt das zuallererst High-Performance-Selbst.«

Thomas Huber: »Selbst. Nur selbst.«

Stefan Götz: »Nur selbst. Und High-Performance-Selbst heißt natürlich, seine Stärken zu haben. Aber du sagst: Nicht nur die Stärken zu haben, sondern die Schwächen, die du hast, entwickeln.«

Thomas Huber: »... und auszubügeln. Weil ich darf nicht, ich darf nicht erwarten, dass mein Teamgefährte meine Schwächen versucht zu kompensieren. (Pause) Um das, um das geht es ja. Um das geht es ja im Training. Man tut immer das am liebsten, was man gut kann. Aber um wirklich spitze zu werden, muss man Dinge tun, die man eben nicht so kann. Die tun manchmal weh, ja.«

Stefan Götz: »Wie ist das dann in der Vorbereitung jetzt mal zur Nose? Redet ihr miteinander und sagt: Na ja, also Thomas, da musst du jetzt schon noch mal ein bisschen Gas geben, weil in dem Bereich bist du noch nicht so weit. Also wie ist die Dynamik bei euch? Wie läuft das?«

Alexander Huber: »Ja, das ist tatsächlich so (...). Bei der Vorbereitung zur Nose sind wir aufgespalten, sind mit jeweilig anderen Kletterpartnern unterwegs gewesen, weil Thomas andere Strecken zu trainieren hatte wie ich. Und damit teilt man sich klar auf, weil man sagt: ›Gut, Thomas, da musst du einfach noch ein wenig schneller werden.‹ Thomas zu mir gesagt: ›Da könntest du sicher noch ein bisschen eine Zeit rausholen.‹ Und dann trainiert man eben diese Schwachpunkte aus. Also das ist schon ganz klar, man muss auf jeden Fall, um als Team optimal zu funktionieren, auch als Individuum stark sein. Und das heißt schon mal, die

Schwachpunkte möglichst eliminieren. Was ich da vorher gesagt habe, dann später in der Kombination im Team, wir sind ja trotzdem immer noch supereffizient, wenn wir die Schwachpunkte noch weiter ausbügeln, indem man eben die Schwächen im Team versucht zu eliminieren, indem man die Stärken kombiniert.«

Thomas Huber: »Und ich sage (…) im Klettersport, da gibt es so oft Momente, wo selbst, wenn ich im Vorstieg bin, durch einen Fehler vom Alexander, der jetzt im Nachstieg ist, oder umgedreht ich den Vorsteiger tödlich gefährden kann, wenn ich einen Fehler mache und umgedreht genauso. Also wir sind auf Gedeih und Verderb im Grenzbereich verbunden und dadurch ist es eben so wichtig, dass wir nicht als perfektes Team agieren, sondern als High-Performance-Team. Wir beide hängen am Leben und wir versuchen, uns dann Schritt für Schritt, obwohl wir es 100 Prozent nicht können, an die 100-Prozent-Marke heranzutasten. Weil wir müssen uns dieser Gefahren so hundertprozentig bewusst sein wie irgendwas. Jetzt befinde ich mich genau in diesem Moment in einer lebensbedrohlichen Situation, ich muss diese, diese, diese Sekunde dann versuchen noch zu minimieren, damit die Zeit schon der Tödlichkeit gegen null wächst, und das macht dieses Projekt so kompliziert.«

Stefan Götz: »Dean Potter hat in dem Film gesagt – ich glaube, das passt dann ganz gut: ›Es geht im Leben nicht darum, besser zu sein als andere, sondern die eigene Bestleistung, das eigene Limit zu finden.‹ Ist das so eine der Essenzen, worum es geht als Team? In der Konkurrenz bist du sowieso, ihr seid Brüder, ihr seid von Haus aus Konkurrenten, aber Konkurrenz ist förderlich, weil jeder seine Bestleistung sucht.«

Alexander Huber: »Das ist ja dann in diesem Fall ganz klar diese positive Konkurrenz, die ja auch, man kann schon sagen, eine Grundlage von unserem Erfolg auch gebildet hat. Es ist eben nicht so, dass ich als Grund oder aufgrund der Konkurrenz die Leistungen meines Bruders neidisch ansehe, sondern als motivierend ansehe. Immer dann, wenn der Thomas fit ist und einfach, wenn man so sagen will, gerade am Voranmarschieren ist, dann neide ich ihm das nicht, sondern ich will einfach dann wieder neue Motivation aufbringen, selbst trainieren, um selbst wieder dorthin zu kommen, weil letztendlich ist es doch so: Die Welt ist ohnehin immer voll im Training. Es gibt weltweit immer Hunderte und Tausende von Aktionen, egal in welchem Bereich, für uns halt wichtig im Bergsteigen. Die passieren und davon hängt das jetzt ja nicht ab, was gerade mein Bruder macht, sondern was ich selbst mache. Und da kann halt eine höhere Leistungsfähigkeit meines Bruders immer nur eine Motivation sein. Und wenn das so ist, dann ist es einfach positive Konkurrenz, weil sie einen antreibt. Und das ist aber letztendlich auch genau das Gleiche in Bereichen der Wissenschaft, in Bereichen der Unternehmen. Es geht nicht darum, dass man den anderen darum neidet, dass er jetzt wieder was gut hinbekommen hat, sondern dass man selbst einfach Gas gibt.«

STEFAN GÖTZ: »Dass man selber Gas gibt. Also die Energie geht nicht gegen einen anderen in der Konkurrenz, sondern die Energie geht zu sich selbst, sich selber anzustacheln, zu sagen: Ich finde noch eine höhere Bestleistung von mir.«

ALEXANDER HUBER: »Das ist beste Unternehmenskultur.«

STEFAN GÖTZ: »Das ist das, was wir eigentlich suchen und was ihr ja beide, ich sag mal, vorlebt. Ihr seid selber Alpha-Tiere, jeder ist Individuum und ihr gebt Gas füreinander und ihr gönnt euch das.«

THOMAS HUBER: »Ich möchte aber trotzdem noch was sagen, jetzt bin ich voll da drin.«

STEFAN GÖTZ: »(lacht) Mach weiter!«

THOMAS HUBER: »Warum, warum, warum machen wir das? Weil wir – und das ist wirklich also ein Wunderwort und das kommt aus Freude und Leidenschaft – weil wir neugierig sind. Das große Geschaffte, das erleben wir und dann kommen wir in diese Neugierde, wo wir wieder ziselieren jeden einzelnen Schritt da drin.«

STEFAN GÖTZ: »Das würde es noch mal weiterbringen.«

THOMAS HUBER: »Wenn das verschiedenste Firmen aufnehmen, diese Neugierde, diese Kindlichkeit, diese Freude, dann passiert es oft, dann funktioniert es ganz anders und viel besser und viel einfacher.«

Während des Interviews mit den beiden öffnete ich mich immer mehr für diese kindliche Neugierde, für diese Leidenschaft, aber auch für die unendlich tiefe Demut dem Leben gegenüber und wie sehr sie sich selbst und ihre Mission über das erfahren, was sie erleben, wenn sie in ihrem Grenzbereich unterwegs sind und diese Stille auftaucht, die Präsenz. Das hat mich wirklich sehr beeindruckt und motiviert.

1500 Jahre Führung: Dr. Notker Wolf (Benediktiner)

Vor einiger Zeit hatte ich das Vergnügen, Abtprimas Notker Wolf in Rom zu treffen, den ranghöchsten Benediktiner von weltweit 25 000 Mönchen und Nonnen. Besonders neugierig und inspirierend für mich war die Frage, wie gelingt es einer globalen Organisation, in der Größenordnung von z. B. Porsche, über 1500 Jahre Bestand zu haben und global zu wachsen? Zum Vergleich – von den meisten Fortune-500-Firmen Anfang des 20. Jahrhunderts gibt es heute nur noch wenige. Die zweite Frage für mich war, wie es dem Leader, also dem Abtprimas, der von allen Äbten weltweit gewählt wird, gelingt, diese Organisation zu führen? Denn die Abteien sind wirtschaftlich als abgeschlossene Einheiten autark. Also, wie kann ein Leader führen, wenn er den Äbten nichts »anordnen« kann, wenn er lediglich wie ein Botschafter appellieren oder inspirieren kann, wenn er ein Bewusstsein für das große Ganze anregen kann, für die Solidarität, für das Miteinander, das Wachsen – wirtschaftlich, gesellschaftlich und persönlich, aber keine »Durchgriffsrechte« hat? Und ist das ein Nachteil? Hier ein Auszug unseres Gesprächs:

Stefan Götz: »Ich würde gerne unser Gespräch schließen mit Ihrer Idee, mit Ihrem Ansatz. Sie sagen, angstfreie Räume zu schaffen oder eine Atmosphäre der Freiheit. Ganz praktisch, wenn Sie ein Beispiel sagen, wie schaffen Sie solche Räume, solche Räume der Freiheit?«

Notker Wolf: »Wenn ich eine Versammlung habe und habe ein Problem da, dann gehe ich mal her und sage: ›Liebe Leute, was meint denn ihr dazu? Ist das wirklich ein Problem?‹ Das ist schon mal die erste Frage. Ich sehe es, aber es kann ja auch was anderes sein. Und die anderen einfach in dieser Weise kommen lassen und nicht schon runterbügeln. Es gibt ja auch Menschen, die sofort, wenn etwas anderes gedacht wird, es als Opposition empfinden und sich selbst verteidigen müssen. Das Schlimmste ist, sich selber gleich zu verteidigen. Das kann eine unglaubliche Spontanreaktion sein. Da muss jeder an sich selber arbeiten. Zuerst einmal sich hinsetzen und in aller Ruhe es anhören. Und dann als Nächstes sagen: Ja, also jetzt haben wir das Problem, es ist offenbar da, wir haben auch ein paar Lösungsvorschläge, wie sollen wir jetzt vorgehen? Die anderen wirklich zu integrieren, die haben ja auch ihre Köpfe. Und beispielsweise wenn es um Produkte geht in einer Firma, ein Verkäufer weiß zehnmal besser, wie sich das

Bedürfnis der Kunden ändert im Laufe der Zeit. Und da kann ich ganz anders darauf antworten.

Meine Aufgabe als Führungsperson ist eigentlich, der ewig Hörende zu sein, auf andere und auf mich selber, um zu sehen – wie soll es weitergehen? Und wenn die anderen merken, sie sind voll integriert, und dass der Chef keine Angst vor irgendeiner dummen Idee hat, dann macht es eine Freude, miteinander zu arbeiten, und dann ist das eine Gemeinschaft, gewissermaßen wie eine Großfamilie, die unterwegs ist, die einfach weitergeht und Lösungen sucht und sich einer Sache bewusst ist. Wir sind nun mal auf dieser Erde und es gibt nie eine perfekte Lösung. Wenn wir eine Lösung gefunden haben, dann ist das Problem vielleicht schon wieder was anderes. Und so müssen wir auch ewig diese Offenheit haben. Und wenn ich offen bin, dann höre ich.

Ich denke, in einem solchen Klima verschwindet jede Angst. Angst ist ja immer da, wo einer runtergebügelt wird, wo einer sofort eins hingeknallt bekommt: ›Wie kann man überhaupt so denken!‹ So typische Redewendungen: ›Wie kann man überhaupt!‹ Ist doch der größte Blödsinn! Statt zu sagen: ›Na ja, also ich bin noch nicht ganz überzeugt davon, also ich würde mir soundso …‹, ›Gibt es noch andere Lösungen?‹ Einfach hier, selbst wenn eine Gruppe dann Gefahr läuft, sich zuzuschnüren, dann selber wieder aufzumachen, zu sagen: ›Leute ich bin noch nicht ganz überzeugt, vielleicht gibt es doch noch was Besseres.‹ Und das stimuliert dann. Ich denke, dieses Stimulieren, dieses Animieren, auch zu sagen: ›Das ist jetzt eine gute Lösung, mal sehen, wie es in zehn Jahren aussieht.‹

Ich war auch mal einer, der gemeint hat: Ich bin immer für definitive Lösungen, das ist wunderbar. Mit der Zeit muss ich auch merken, dass ein Auto sich abnützt. Und das gilt für alle, für alle Produkte. Es gibt keinen Ewigkeitsbestand auf dieser Welt, wir müssen immer wieder weiterdenken. Und das alles sind so gewisse Grundhaltungen, die meines Erachtens schon von einem christlichen Menschenbild herkommen, von der Einstellung zum Menschen, zum Individuum, aber auch zur Gemeinschaft, dass ich meine Verantwortung für die Gemeinschaft auch wahrnehme und nicht nur an mich denke, und auch zu den Dingen selbst. Aber letzten Endes sollte die Freude am Leben dabei durchkommen.«

Stefan Götz: »Ich habe Sie heute wieder kennengelernt, genau mit dieser Lebensfreude, mit diesem Zuhören-Können, Sich-öffnen-Können und vor allen Dingen eines wird mir immer in Erinnerung bleiben: Man muss die Menschen *mögen*. Und ich glaube, dass die Lösungen dadurch entstehen, die Menschen, die

Mitarbeiter, die Kollegen erst mal wahrzunehmen, ernst zu nehmen, zuzuhören und sich zu öffnen für eine gemeinsame Lösung. Und vielleicht brauchen wir in dieser Souveränität überhaupt keinen CEO mehr, der etwas lenken muss, sondern ein ganz anderes Verständnis von Führung, das geprägt ist, so wie Sie es hier in dem Orden leben dürfen, von Dialog, von Partnerschaft, von Respekt dem anderen gegenüber und seinen Talenten, um die zu fördern.«

NOTKER WOLF: »Der andere muss wissen: Ich bin dankbar, wenn er eine gute Idee hat, und nicht eifersüchtig.«

Drogeriemarktkette dm: Götz Werner (Anthroposoph)

Ich lade Sie dazu ein, weiter mit mir »der ewig Hörende« zu sein und dem »Enfant terrible« der Unternehmer zu folgen: Götz Werner, dem Gründer der Drogeriemarktkette dm.

YouTube #8: Götz Werner, *Revolution im Kopf*

Inspirationen für das Business:

- Welche Potenziale hat ein Integraler Unternehmerischer Kompass, der auf einem anthroposophischen Integralen Inneren Kompass des Gründers Götz Werner basiert.
- Wie Sie damit erfolgreich umdenken können in Märkten 6.0 und 7.0 in einem Bewusstsein für »sinnvollen« Erfolg.
- Wie Sie Mitarbeiter als Kreativposten anstatt Humankapital betrachten können und damit Menschen anziehen, die gerne wertschöpfend das Unternehmen mitgestalten und nicht nur mitarbeiten.
- Wie sich der unternehmerische Fokus im persönlichen und unternehmerischen Wachstum wechselseitig befruchtet.
- Wie Sie sinnvoll dialogisch führen können – mit Verständnis, Vertrauen, Wertschätzung und Respekt – aus einer anthroposophischen Grundhaltung heraus.
- Wie Wettbewerbsfähigkeit durch sinnvolle Wertschöpfung der Mitarbeiter entsteht, die sich selbst sinnvoll entwickeln können und damit ihre Potenziale entfalten wollen und können.

Firmenfakten

dm-drogeriemarkt wurde 1973 mit einer ersten Filiale in Karlsruhe von Götz W. Werner gegründet. dm betreibt europaweit rund 2700 Märkte und beschäftigt 44 000 Menschen. Im Geschäftsjahr 2011/12 erzielte das Unternehmen einen Umsatz von rund 6,9 Milliarden Euro, davon 5,1 Milliarden in Deutschland.

Über Goetz W. Werner

Götz Werners Unternehmenskonzept von dm und seine Idee für ein bedingungsloses Grundeinkommen sind in vielen Medien präsent. »Götz Werner ist Pop. Wenn er spricht, ist die Halle voll – in Hamburg, Stuttgart oder Berlin«, schreibt die taz am 27. November 2006. »Ach, wie schön wäre es, wenn die Regierung einen hätte wie Götz Werner, den Mann vom dm-Markt, der ungewöhnlich denkt und handelt und Erfolg hat«, steht im Tagesspiegel am 24. Juni 2006.

Götz Werners anthroposophische Grundhaltung

Götz Werners Vision liegt in einer anthroposophischen Verwurzelung, Ausrichtung und Erfüllung im Gesellschaftssystem. Anthroposophie bedeutet dabei die »Weisheit über den Menschen«, mit Rudolf Steiner (1861–1925) als dem Begründer. »Anthroposophie ist für Steiner dabei die Schaffung eines Bewusstseins des Menschentums (...), eine Anleitung zur Selbsterkenntnis und Welterkenntnis des Menschen.«[52]

In seiner Forderung nach einem bedingungslosen Grundeinkommen entkoppelt Götz Werner Einkommen und Arbeit, weil er der Überzeugung ist, dass Menschen, um überhaupt arbeiten und damit sich und das Unternehmen entfalten zu können, erst mal Einkommen haben müssen. Er schreibt in seinem Buch »Einkommen für alle«: »Wir reden immer davon, dass jemand einen oder eben keinen Arbeitsplatz hat. Dabei haben die meisten Menschen bloß einen Einkommensplatz. Das heißt, sie machen ihre Arbeit einzig und allein deshalb, weil sie ein Einkommen brauchen. Aber dieses Einkommen brauchten sie – ich kann es nur immer wieder betonen – ohnehin, auch wenn sie keine Arbeit hätten. Doch zwischen einem erzwungenermaßen wahrgenommenen Arbeitsplatz, der nur eingenommen und mehr oder weniger ausgefüllt wird, um das lebensnotwendige Einkommen zu beziehen, und einem Arbeitsplatz, der diesen Namen verdient, besteht ein elementarer Unterschied. Wenn ich einen Arbeitsplatz habe, dann mache ich meine Arbeit, weil ich sie für sinnvoll halte. Ich erlebe, dass meine Tätigkeit meinen Intentionen entspricht und vor allem, dass sie gebraucht wird. Diese drei Dinge, Lebensintention, Fähigkeit und gesellschaftlicher Nutzen, müssen zusammenkommen, dann wird die Arbeit als sinnvoll erlebt.«[53]

In seinem Werben für dieses Projekt sowie in seiner Art der Unternehmensführung wird deutlich, dass es eine klare Mission der Verwirklichung des anthroposophischen Grundgedankens in allen Teilen der Gesellschaft gibt. Ob seine Identität in der Hinsicht, so wie es der Spiegel einmal bezeichnete, ein »Wanderprediger« ist, wage ich nicht zu ermessen. Jedenfalls wird deutlich, dass er ein »Kultur-Veränderer« ist. Werte wie Vertrauen, Respekt, Wertschätzung, Vielfalt, Bewusstsein und Entwicklung sind ihm dabei wichtig und dienlich. Deutlich wird auch, dass es eine grundlegende Überzeugung gibt von dem im Menschen steckenden Potenzial für Entwicklung und Sinnstiftung. Wer je in einem der Vorträge von Götz Werner war, wird mir zustimmen, dass er sehr gewinnend sein kann, tiefsinnig, provokant und dennoch leicht verständlich und unterhaltsam. Er schafft es, durch eine klare, einfache Kommunikation eine Vision zu verfolgen, die er nicht besitzen will, sondern als offene Einladung für alle kreativen Köpfe versteht. Mit Disziplin, die er als Wettkampfruderer erfahren und vertieft hat, schafft er einen bodenständigen Lösungsraum, in dem sich gerne alle daran beteiligen, dass diese Vision Wirklichkeit werden kann. Damit bedient er alle vier Quadranten der Potenzialentwicklung nach Ken Wilber, auch und gerade gegen den ökonomischen Mainstream.

Er ist unwiderstehlich erfolgreich, was er wahrscheinlich selbst nie so bezeichnen würde, besonders auch mit seinem Unternehmen dm-drogerie markt, das die logisch-konsequente Fortführung seines Integralen Inneren Kompass ist.

Götz Werners Integraler Unternehmerischer Kompass

Vision und Mission

In einem Interview mit Martin Wittig, Ex-CEO von Roland Berger Strategy Consultants, bringt Götz Werner seine Vision und Mission im Business auf den Punkt:

"Entrepreneurs need to see the forest for the trees. If a company's sole raison d'être is making society better, it must have an interest in how society develops. Social involvement is one of the most important roles of an entrepreneur, particularly when you get older. All entrepreneurs should aim to create scope for people within the business to become active outside of it."

"The better you know people, the better you can respond to their needs. If you can gain a better understanding of what drives people, you can be a better manager, know your customers and suppliers better, and predict the future more effectively."

"I don't believe in extrinsic motivation; management must create a situation in which employees are intrinsically motivated—I'd even go so far as to say that bonus systems penalize workers. Employees need an income so they can live, and they need their work so they can grow."[54]

Götz Werner beschreibt in seinem Buch »Einkommen für alle« (Werner 2009) die Kernpunkte der dm-Unternehmenskultur und des damit zugrundeliegenden Integralen Unternehmerischen Kompass:

Identität & Strategie:

- Wir begreifen unser Unternehmen als eine moderne Gemeinschaft von Menschen, die wir so wenig hierarchisch wie möglich strukturieren wollen.
- Wir möchten nicht nur die Kompetenz unserer Kollegen fördern, sondern auch die Entwicklung von Persönlichkeiten ermöglichen. Es ist ein Ziel von dm, einen Raum zu schaffen, um Lebens-Biografien zu verwirklichen.
- Der dm-Geist – unsere Produkte und Ladeneinrichtungen könnten unsere Mitbewerber kopieren. Doch was uns einzigartig macht, ist unsere innere Haltung, mit der wir hier arbeiten.

Werte:

- Für uns bei dm ist die Basis der Zusammenarbeit Vertrauen in den Kollegen. Zutrauen und ein grundsätzlich positives, optimistisches Menschenbild das Herz der dm-Kultur.
- Mit einem negativen Menschenbild gehen viele Dinge einher, die eine positiv wirksame Unternehmenskultur von vorneherein unmöglich machen. Misstrauen, Pessimismus, Kontrollwahn, Geiz, Ich-Bezogenheit, ja Egoismus erschweren gute Geschäfte.

- Wenn ich enttäuscht werde, darf das nicht zur Folge haben, dass ich mein Weltbild verändere und die Daumenschraube ansetze und die Kontrolle verschärfe, denn die Kontrolle kommt immer zu spät, der Kollege ist immer schon längst woanders, es ist wie der vergebliche Wettlauf von Hase und Igel.
- Freiherr von Stein sagt dazu: »Zutrauen veredelt den Menschen, ewige Vormundschaft hemmt sein Reifen.«

Überzeugungen:

- Jeder Mensch trägt den Wunsch in sich zu reifen, zu wachsen und eine möglichst gute Leistung zu erbringen.
- In einem ganzheitlich geführten Unternehmen kann ROI und ROS ein wichtiger Erfolgsfaktor sein, aber wenn es der Nachhaltigkeit dient, durchaus auch mal zurückstehen.
- Management bedeutet nicht mehr Druck, sondern Sog zu erzeugen.
- Die Aufgabe des Vorgesetzten ist es heute nicht mehr, Anweisungen bis ins Detail zu geben, sondern strategisch zu denken und notwendige Schritte vorzubereiten. Mit seiner strategischen Weichenstellung wird der Manager also nur etwas erreichen, wenn er das Bewusstsein für Strategie und für Notwendigkeiten bei seinen Mitarbeitern weckt. Es geht also nicht nur um Menschenführung, sondern um Bewusstseinsführung.

Kompetenzen und Potenziale:

- Heute bestimmen die dm-Filialen vor Ort selbst ihr Sortiment, ihre Dienstpläne, zum Teil die Vorgesetzten und sogar die Gehälter. Dieser Gestaltungsspielraum der Mitarbeiter bei Entscheidungen ist nach Ansicht von Analysten der Grund für konkurrenzfähige, niedrige Preise bei vielen Produkten sowie einer hohen Mitarbeiter- und Kundenzufriedenheit.«[55]
- Das Grundprinzip der internen Kundenorientierung drückt sich bei uns auch darin aus, dass wir unsere Leistungen intern berechnen und nicht verrechnen.
- Durch diese Transparenz wird ein Bewusstsein für Preise entwickelt und so denkt jeder wie ein Unternehmer (…) und somit versteht jeder Mitarbeiter, dass eine Investition erst mal wieder reingeholt werden muss (…) und wer stets nur den Profit im Fokus hat, wird nie investieren.

- Auch wir machen bei dm konkrete Pläne für die unmittelbare Zukunft. Diese Pläne sind jedoch keine Verpflichtungen gegenüber der Geschäftsleitung, sondern dienen dazu, dass der Mitarbeiter den Blick in die Zukunft und die Antizipation lernt und übt.
- Als Unternehmer muss man eigentlich mit null (Rendite) planen, denn Wettbewerb ist die totale Verausgabung. Das bedeutet, dass wir alles ins Geschäft investieren: Werbung, Promotion, Preise. Wenn dadurch, durch totale Verausgabung, das Geschäft besser läuft als erhofft, dann endlich haben wir echten Gewinn.
- Deswegen geht es nie darum, Gewinne zu quantifizieren, zu berichten und einzuhalten, denn der Blick auf den Kunden und Markt zählt zuerst. Der Mitarbeiter ist frei, etwas zu tun, weil er frei davon ist, etwas tun zu müssen. (…) Zu diesem Unternehmensideal der Freiwilligkeit passen Prinzipien des Wettbewerbs, Erfolgshonorare und Prämien überhaupt nicht.

Verhalten und Kommunikation:

- Je mehr es also gelingt, Menschen durch Schaffen günstiger Rahmenbedingungen in eine Disposition zu bringen, dass sie den Blick auf den Kunden richten, statt auf den Vorgesetzten, desto wahrscheinlicher ist es, dass sie sich auch so verhalten (…) und der Kunde wird es spüren.
- Das mitmenschliche Interesse ist alles andere als eine Nebensache, es ist vielmehr der Lebensnerv jeder Gemeinschaft. (…) Wie soll ein Kollege ein aufrichtiges Interesse am Kunden entwickeln, wenn er schon kein mitmenschliches Interesse für den Kollegen aufbringt?

Umfeld, Märkte und Gesellschaft:

- Mich interessiert vor allem die Atmosphäre, wenn ich eine Filiale besuche. Wenn ich spüre, dass etwas nicht stimmt, dass ungute Schwingungen in der Luft liegen, versuche ich, der Sache auf den Grund zu gehen.

Tesla: Elon Musk (Multi-Visionär, Macher, Musterbrecher)

»Wenn Musk, wie inzwischen üblich, seine Projekte twittert und bespricht, sorgt dies schon seit Längerem bei Fachleuten für Staunen, bei Laien für Verwunderung und bei Anlegern für Begeisterung.«[56]

Die »Zeit« hat ihn einmal als »Musk, das Genie« bezeichnet. Es war spöttisch gemeint. Aber möglicherweise ist er tatsächlich eins.[57]

»Und doch wirkt Elon Musk auf den ersten Blick etwas scheu, unsicher und zurückhaltend, geradezu bescheiden gegenüber seinem Publikum, wenn er über seine Visionen erzählt. Ähnlich wie Sir Richard Branson, britischer Multimilliardär und Eigentümer des Virgin-Imperiums (Virgin Records, Virgin Store, Virgin Atlantic – Express & Blue Airlines, Virgin Atlantic Challenger II, Virgin SpaceShipTwo, Virgin Racing, Virgin Oceanic, Virgin Trains, Virgin Fuel, …), liebt er es, bestehende Paradigmen in Frage zu stellen. Aber anders als andere sucht er sich dafür nicht medienwirksame Auftritte für seine David-gegen-Goliath-Unterfangen. Er pflegt den schlichten, zurückhaltenden Auftritt. Und was ihn noch unterscheidet: Er setzt sein Wissen und Können alleine für Visionen ein, die die Kernfragen des Planeten des 21. Jahrhunderts lösen sollen.

Das Erzeugen und Verwenden erneuerbarer Energien und das Leben nach der Erde. Seine bisherigen Unternehmungen haben ganze Branchen aufgemischt, das Kapital dazu hat er aus dem Verkauf von PayPal an eBay 2002 gewonnen. Er hat die Energie-Versorgung demokratisiert (SolarCity), Mobilität elektrisiert (Tesla), Marsflüge ökonomisiert (SpaceX) und Transportzeit reduziert (Hyperloop). Seine visionäre Kraft bezieht er aus dem Bedürfnis nach Anerkennung und damit dem Ego. ›Groß auf Pappe aufgezogen hängen an den Wänden die Titelseiten der Magazine Wired und Inc. und eine lange Fotostrecke aus Vanity Fair. Das Motiv ist immer das gleiche: Elon Musk, das Genie.‹«[58]

YouTube #9: Elon Musk, *The Future of Energy and Transport*

Gleichwohl, was ihn auszeichnet ist, dass er seine Fähigkeiten in den Dienst der Gesellschaft stellt. Exzellentes technisches Verständnis, holistische Visionen gepaart mit einem hervorragendem Businessgespür sind es, die ihm tagtäglich dabei helfen, Lösungen für die drängenden Fragen unserer Gesellschaft zu finden. Dafür findet er in Kalifornien, der achtgrößten Volkswirtschaft der Erde, den richtigen Nährboden. Ein cooles Umfeld mit Business Sens und Technologie (Apple, Intel, Oracle, Facebook, Google, Yahoo), um Antworten zu finden für drängende Probleme bei Energie und Mobilität. Ihm ist nicht nur klar, wie vielen anderen, dass Öl eine endliche Ressource ist, die enorme klimatische Probleme und Smog-Alarm in vielen Megacitys verursacht, langfristige gesundheitliche Probleme nicht ausgeschlossen, sondern er handelt auch. Dabei kommen Elon Musk die höchsten umweltpolitischen Anforderungen an Mobilität in Kalifornien gerade recht. »1990 führte das California Air Resources Board, kurz CARB, ein »Zero-Emission-Program«, ein, das den Autoherstellern vorschrieb, dass bis 1998 mindestens zwei Prozent (…) und bis zum Jahr 2018 unter allen neu zugelassenen Autos in Kalifornien mindestens 18 Prozent an Zero-Emission-Vehicles ZEV sein müssen.«[59]

Was ihn treibt, ist nicht die große Show, der große Auftritt. Er sucht die technologische Herausforderung für nachhaltige Lösungen auf unserem Planeten. Er ist kein Träumer, sondern ein besessener Techniker, der seine Visionen pragmatisch angeht. Er gilt als jemand, der alles selbst entscheiden will. Kompromisse mag er nicht und Gefühle zeigt er nicht. »Von sich selbst sagt er: ›Ich bin ein Hardcore-Atheist. Märchen sind was für Kinder.‹« (Kohlenberg 2009) »Möglicherweise ist es gerade diese introvertierte Art, mit der Musk die Großen der Autoindustrie für sich einnimmt. Die Branche wird von Ingenieuren dominiert, Musk ist Naturwissenschaftler. Er spricht die Sprache der Techniker, kann über Energiekoeffizienten oder Thermodynamik fachsimpeln. Auch Akio Toyoda erlag Musks sprödem, jungenhaften Charme. Die beiden trafen sich erstmals im April zum Frühstück in Musks Villa in Bel Air. Aus dem einstündigen Meeting, berichtet ›Wired‹, sei ein ganzer Tag geworden. Der Chef des weltgrößten Autoherstellers jagte in Musks Roadster über den Freeway 405, Musk zeigte Toyoda Videoclips seiner Raketenstarts. Man verabredete, in Kontakt zu bleiben.« (Hillenbrand 2012) Die Mitarbeiter bei SpaceX sagen, was wirklich herausragt, ist, dass er anscheinend keine Angst vor dem Versagen hat. »Aber ich denke, ich habe schon ein bisschen Angst davor«, sagt Musk. »Ich glaube, was sie meinten, war, dass ich alle ermutige, Risiken einzugehen.« Risiken geht er gerne ein, wenn er seine eigenen Grenzen testet, mit seinem McLaren F1 – Höchstgeschwindigkeit 391,23 Kilometer pro Stunde – oder seinem tschechischen Kampfjet des Typs Aero L-39. Sein Cousin und SolarCity-Chef Lyndon Rive sagte einst: »Ein normaler Workaholic ist nüchtern im Vergleich zu ihm.« (Klooß 2013)

Was macht Elon Musk interessant für ein Integrales Bewusstsein?

Es ist die Art der Vision. Es geht nicht nur um herausragende technologische Errungenschaften, es geht schlicht um Grundfragen der Menschheit, und er stellt sein Können in den Dienst dieser Aufgabe. Dass die Grundlage dafür ein egoistisches Streben nach Anerkennung ist, macht ihn wieder menschlich und berührbar, allerdings zahlt er dafür einen immens hohen Preis, denn er sieht seine fünf Kinder kaum aufwachsen, arbeitet 100 Stunden die Woche, verzichtet auf die Liebe seiner zwei geschiedenen Frauen und »muss« alles selber machen, entscheiden, repräsentieren, auf den Weg bringen und zum Durchbruch verhelfen mit allen finanziellen, technischen und zeitlichen Ressourcen, die er hat.

Woher kommt dieser visionäre Erfindergeist?

Elon Musk, geboren 1971, ist in einer wohlhabenden südafrikanischen Familie mit zwei Geschwistern aufgewachsen. Der Vater ein Maschinenbauingenieur, die Mutter, Maye Musk, Model und Ernährungsspezialistin. Er wird früh eingeschult und bald als hochbegabt eingestuft, Freunde in der Schule findet er kaum, dafür interessiert er sich schnell für das Programmieren und verkauft bereits mit zwölf sein erstes Videospiel für 500 Dollar. Auch die Börse fand schnell sein Interesse und er bewegte sein Mutter, 1000 Dollar in eine Pharmaaktie zu investieren, deren Wert sich binnen einem Jahr verdreifachte. Als die Mutter die Aktie deshalb verkauft, ist er verärgert, denn er glaubte daran, dass sich der Wert noch weiter nach oben entwickeln würde. Noch schlimmer für ihn war jedoch die Tatsache, dass der Gewinn gleichmäßig auf alle Kinder aufgeteilt wurde, hatten die doch damit gar nichts zu tun.

Mit 17 verließ er Südafrika, die Mutter folgte ihm mit seiner Schwester Tosca nach Kanada, denn die Eltern hatten sich scheiden lassen. Zunächst geht er an die Queen's University im kanadischen Ontario, später in den Vereinigten Staaten zur University of Pennsylvania an die Eliteschule Wharton. Dort graduiert er in Wirtschaft und Physik. 1995 geht der damals 24-Jährige nach Stanford, um dort seine Promotion zu machen. Doch nach nur zwei Vorlesungen schmeißt er hin, als er sieht, wie überall um ihn herum Leute in seinem Alter sagenhafte Geschäfte mit ihren kleinen Internetfirmen machten. Getrieben von der Angst, bei der größten Veränderung des Jahrzehnts nicht dabei zu sein, gründete er mit seinem Bruder Kimbal »Zip2«, eine Online-Firma, die Inhalte für Medienunternehmen anbot. Die Mutter gab das Startkapital, vier Jahre später kaufte die Computerfirma Compaq Zip2 für 307 Millionen Dollar. Das war der Durchbruch für den Multi-Visionär, Macher und Musterbrecher für alle weiteren Abenteuer.

Auf Augenhöhe in Brasilien: Semco ohne Manager

»Weltweit starren Manager fassungslos auf die brasilianische Firma Semco, eine sehr breit aufgestellte Dienstleistungsfirma, die von Industrieequipment bis zu Postlösungen in diversen Feldern tätig ist: Was dort passiert, widerspricht allem, (Anm. Autor) woran ›klassische Manager‹ glauben. Die 3000 Mitarbeiter wählen ihre Vorgesetzten, bestimmen ihre eigenen Arbeitszeiten und Gehälter. Es gibt keine Geschäftspläne, keine Personalabteilung, fast keine Hierarchie. Alle Gewinne werden per Abstimmung aufgeteilt, die Gehälter und sämtliche Geschäftsbücher sind für alle einsehbar, die E-Mails dafür strikt privat und wie viel Geld die Mitarbeiter für Geschäftsreisen oder ihre Computer ausgeben, ist ihnen selbst überlassen.«[60]

Ricardo Semler ist Geschäftsführer und Mehrheitseigner von Semco S/A. Unter seiner Leitung stieg der Umsatz von 4 Millionen Dollar im Jahr 1982 auf 212 Millionen im Jahr 2003 und die Anzahl der Beschäftigten stieg von 90 auf 3000. Laut strategy+business lag der Umsatz 2006 bei 240 Millionen Dollar und bei jährlich zweistelligen Wachstumsraten schätze ich den Umsatz auf mindestens 600 Millionen Dollar für 2012. Semlers Management-Methoden haben weltweit großes Interesse geweckt. 1990 wählte das Wall Street Journal Ricardo Semler zum lateinamerikanischen Geschäftsmann des Jahres, 1990 und 1992 zum brasilianischen Geschäftsmann des Jahres. Ricardo Semler sagt selbst über sein revolutionäres Führungsmodell: »Wir haben nichts anderes beseitigt als das blinde, irrational autoritäre Gehabe, das sich produktivitätsmindernd auswirkt.«[61]

YouTube #10: Ricardo Semler, *Free Organizations*

Was sind das Besondere, das Menschenbild, das unternehmerische Selbstverständnis, die Strategie und die Prozesse in diesem Führungsmodell? Welche Auswirkungen hat das auf die Organisation und die Kultur?

Folgende Grundüberzeugungen und Werte bestimmen Semco:

1. Respekt, Selbstbestimmung, Freiheit und Vertrauen schaffen mehr Nachhaltigkeit als jede Strategie.
2. Empowerment für eigene Lösungen einzuführen – statt Druck, Erwartungen und Kontrolle aufzubauen, führt zu dauerhaften Unternehmenswerten.
3. Unternehmerische Potenziale werden freigesetzt durch eine radikale Demokratisierung im Unternehmen.
4. Nur Mitarbeiter, Kunden, Partner, die aus ihrer inneren Stärke auf Augenhöhe zusammenkommen, können wirklich kooperieren und eigene wie unternehmerische Potenziale freisetzen.

Vision und Mission von Ricardo Semler

Statt seinen Leuten im Nacken zu sitzen, tut Semler, was er am besten kann: Menschen zusammenbringen und Projekte anschieben.

»Ich will Dinge schaffen, die bleibend etwas verändern.«[62]

»To executives and graduate students alike, Mr. Semler insists that his is not some quirky South American survival story, but a real-life lesson in making the work world work better.«[63]

Identität von Semco

Semco ist etwas, dass es laut Menschenbild heutiger Manager eigentlich gar nicht geben dürfte oder mindestens dürfte es nicht funktionieren. Tut es aber. Drei Fragen hört Semler immer wieder: Macht ihr das wirklich so? Funktioniert es ganz im Ernst? Und: Was jetzt? Die ersten zwei sind einfach zu beantworten: »Wir machen das jetzt seit 25 Jahren, so ziemlicher jeder, den es wirklich interessiert, ist hergekommen, um zu sehen, ob es wahr ist. Und unsere Zahlen sind über jeden Zweifel erhaben«, sagt Semler selbstbewusst.

Für ihn war das Aufbrechen der Unternehmensstruktur von Anfang an keine Traumtänzerei, sondern vielmehr die einzig mögliche Antwort auf unsere unmenschliche Arbeitswelt. Er hat es auf die harte Tour gelernt, wachte selbst erst auf, als er kollabierte und mit komplettem Burn-out in ein Krankenhaus eingeliefert wurde. Das war der Moment, an dem er beschloss, seine geistige und körperliche Gesundheit nie mehr einem Job unterzuordnen – und das auch nicht von seinen Angestellten zu verlangen und dass der Wahnsinn ein Ende haben muss. »Wenn man es sich genauer ansieht, muss man feststellen, dass das traditionelle System nicht funktioniert. Und das ist der Anreiz, sich nach etwas anderem umzusehen – so einfach sieht Semler das. Doch es fällt vielen Unternehmern noch immer schwer, die Kontrolle loszulassen, denn heutige Firmen sind nicht aufgebaut wie Orte des Schöpfens, sondern wie das Militär: mit einer hierarchischen Machtstruktur, mit Befehlsgebern und Befehlsempfängern. Semco hingegen ist in konzentrischen und durchlässigen Kreisen aufgebaut, es gibt keine Arbeitstitel, keine festen Büros. Niemand muss zur Arbeit kommen, ob von zu Hause, aus dem Dschungel oder einem Café an der Strandpromenade gearbeitet wird, ist den einzelnen Mitarbeitern und Teams selbst überlassen. Diese Teams sind das Herzstück von Semco. Die Menschen arbeiten in Gruppen, die jeweils ein Produkt oder ein Zwischenprodukt selbstständig fertigstellen. Wie sie das machen, in welcher Zeit und mit welchem Geld, das ist ihre Sache. Wer zwischendurch schlafen will, geht einfach in den Firmengarten und legt sich für ein paar Stunden in die Hängematte – wer müde ist, macht ja eh nur Fehler.«(Rotter 2010)

Strategie von Semco

Wenn Ricardo Semler gefragt wird, was die Strategie von Semco sei, antwortet er schlicht: »Wir haben keine.« Und es ist keine Koketterie, sondern gelebte Realität. Das verwundert im ersten Augenblick und dem einen oder anderen Konzernmanager würde es möglicherweise Schweißperlen auf die Stirn zaubern. Nur, was meint er damit? Semcos Portfolio ist so divers, wie das Leben bunt ist und die Mitarbeiter verschieden sind, und genau das ist sein Punkt. »Wenn du einmal definiert hast, in welchem Business du bist, schaffst du Grenzen für deine Mitarbeiter, du begrenzt deren Denken und gibst ihnen obendrein noch einen Grund, zu denken aufzuhören. (...) Anstatt dass ich ihnen Semcos Identität aufzwinge, lass ich sie selbst die Identität gestalten durch ihre eigenen Interessen, Initiativen und Bestrebungen.« (Semler 2004)

Wenn es überhaupt so etwas gibt wie eine Strategie, dann ist es eher eine Haltung, nämlich die Haltung des Hinterfragens. Warum ist das so? Was hat das für einen Sinn? Und wenn Semler und seine Mitarbeiter keinen Sinn in etwas finden können, dann ändern oder lassen sie es. Das klingt radikal und ist es auch, denn Semler glaubt an die Entwicklungspotenziale seiner Mitarbeiter und deren Entfaltungsbedürfnisse. Er selbst sieht die Aufgabe von sich und seinen Führungskräften eher darin, weniger als mehr zu führen. Am besten Führung sein zu lassen und den Mitarbeitern und ihrer Potenzial-Entfaltung nicht im Weg zu stehen oder sie mindestens nicht zu behindern. Am besten wäre eine völlig uneigennützige Unterstützung der Potenzialentfaltung, ob es jetzt gerade dem Boss hilft oder nicht. Es geht ohnehin nicht darum, was dem Boss hilft, sondern was allen hilft. Ricardo Semler selbst rühmt sich ein wenig mit der Aussage, dass er wenige bis gar keine Entscheidungen mehr im Unternehmen treffe, obwohl er der Boss und Eigentümer ist. Er erklärt: »Meine Rolle besteht darin, eine Art Katalysator zu sein. Ich versuche, ein Milieu zu schaffen, in dem andere Entscheidungen treffen können.« (Semler 1993)

Folgendes Beispiel soll illustrieren, wie das praktisch funktioniert. Wie in jedem anderen Unternehmen gibt es bei Semco auch Konflikte und selbstverständlich auch (wie überall) in den höchsten Führungspositionen. Und wie in jedem anderen Unternehmen gibt es Machtkämpfe, die bis zum Big Boss eskalieren und nach einer Schlichtung rufen. Und auf die Frage der beiden Streithähne, er solle diese oder jene Entscheidung treffen, um Ungemach von der Firma abzuwenden, schließlich gehe es um mehrstellige Millionenbeträge bei der Entscheidung, hat Ricardo Semler immer wieder dieselbe, verwunderliche und sehr intelligente Antwort. Denn er tut das, was er und Semco am besten können, nämlich gar nichts. Für jeden leitenden Angestellten muss das nach Anarchie klingen, das Gegenteil ist jedoch gemeint. Semler erläutert, wenn er es wagen würde, sich nur einmal einzumischen, würde er in dieser einzigen Handlung, in dieser einzigen Übernahme eines Machtwortes eine Unternehmenskultur der Freiheit, des Respekts, des Vertrauens und der Selbstbestimmung, schlicht eine Potenzial-Entfaltungs-Kultur, mit einem Handstreich vernichten. Und das sei der größte ökonomische Verlust, den ein Unternehmen haben kann. So sehr er möglicherweise also in der einen oder anderen Frage eine Meinung und Überzeugung hat, ist seine Devise immer dieselbe: »Vertraue und kontrolliere nicht.

Verspielst du das Vertrauen, verspielst du den Kern und die Essenz des Unternehmens.« (Semler 2004)

Dass das für die allermeisten von uns nicht einfach ist, haben wir bereits angesprochen. Denn was passiert, wenn wir vor die Wahl gestellt werden, uns in einem Machtkampf für die Option A oder B, für den Bereichsleiter A oder B einzusetzen – und ich meine nicht eine Entscheidung über Luxusprobleme, sondern ich meine Entscheidungen mit erheblichen Risiken. Wenn wir immer noch nicht frei sind von der Angst zu versagen, Angst, nicht mehr zum Führungskreis dazuzugehören, Angst, nicht mehr unser Bedürfnis nach Anerkennung alternativ stillen zu können, und weil wir es vielleicht vermasseln könnten, Existenzangst haben, weil wir nicht wissen, wie wir unseren Lebensstandard und das damit verbundene Ansehen sonst finanzieren könnten, wenn wir vielleicht schon über 50 Jahre alt sind, dann haben wir keine Alternativen, sind erpressbar und nicht mehr handlungsfähig im Sinne der Potenzialentwicklung. Wenn wir aber frei sind, können wir unsere Mitarbeiter unterstützen, selbst einen Weg zu finden. Und wenn wir das einmal in einer kritischen Frage tun, lernen unsere Mitarbeiter am besten, welche Spielregeln im Haus wirklich gelten und welche nicht, oder? Wäre das nicht die beste Potenzial-Entfaltungs-Kultur?

Organisation und Managementprozesse von Semco

Kreisförmige Organisation

»Das vorher pyramidal aufgebaute Managementsystem mit zwölf Hierarchieebenen wurde auf eine Organisationsstruktur aus drei fließenden, konzentrischen Kreisen (im Unternehmen gibt es kein Organigramm) zurückgestutzt, darin gibt es Funktionen, die in vier verschiedenen Titeln manifestiert sind: Mitglieder des Verwaltungsrates koordinieren die allgemeinen Richtlinien und Strategien. Partner leiten die Unternehmensbereiche. Koordinatoren und Vorarbeiter, wobei erstere üblicherweise die erste Managementebene in Abteilungen wie Marketing, Vertrieb und Produktion leiten, Vorarbeiter in den Bereichen Montage und Technik. Und die übrigen Kollegen.« (Semler 1993, S. 362 ff)

Strategische, Mittelfrist- und Budgetplanung

Ricardo Semler ist aufgefallen, dass Strategie, unternehmerische Mittelfristplanung und Budgetplanung regelmäßig weit auseinanderfallen, erhebliche Managementressourcen auffressen und bei der immer stärkeren Volatilität der Märkte als Steuerungsinstrument keinen Sinn mehr ergeben. Dann ging er im Unternehmen umher und fragte verschiedene Mitarbeiter, an welchen Projekten sie gerade arbeiten würden und welche Maßnahmen sie mit welchem zeitlichen Vorlauf gerade treffen und übersehen könnten. Die Antwort war einhellig: gut und gern sechs Monate, aber keine sechs Jahre. Sie ahnen es schon, oder? Seit diesem Tag gibt es keine strategische Planung mehr.

Personalprozesse

»Semco hat 3000 Mitarbeiter, aber keine Personalabteilung, da steht dem traditionellen Unternehmer der Angstschweiß auf der Stirn. Wer stellt diese Leute ein? Wer überprüft die Leistung? Das machen die Angestellten alles selbst. Stellt ein Team fest, dass eine neue Person gebraucht wird, schreibt sie im Intranet der Firma ein entsprechendes Meeting aus. Das ist natürlich freiwillig: Alle können kommen, keiner muss. Wir wollen nicht, dass irgendwer in etwas verwickelt wird, was ihn nicht interessiert, deshalb sind alle Meetings freiwillig. Das heißt, die Meetings werden bekannt gegeben und wer interessiert ist, kann und wird vorbeikommen und soll an der Stelle den Raum wieder verlassen, wenn es anfängt, ihn zu langweilen«, erklärt Semler die Meeting-Philosophie. Leute, die mitten in einem Meeting gehen, weil es sie langweilt – das würde so manchen Vorgesetzten in den Wahnsinn treiben. Aber bei Semco sollen eben nur die Menschen eine Entscheidung treffen und tragen, die es unmittelbar angeht und interessiert. »Auf so einem Meeting könnte zum Beispiel beschlossen werden, dass ein neuer Mitarbeiter gebraucht wird und was er oder sie können muss. Dann wird gemeinschaftlich eine Annonce geschrieben, und sobald die Bewerbungen kommen, werden sie im Team aufgeteilt: Jeder, der möchte, nimmt einfach ein paar mit nach Hause und bringt die interessantesten dann wieder mit. Statt Vorstellungsgesprächen gibt es ein Gruppengespräch mit allen Kandidaten gleichzeitig – auch hier darf kommen, wer will.«[64]

Für Semler ist der Kontrollwahn der meisten Unternehmen eine völlig absurde Idee, denn: »Bei uns arbeiten erwachsene Menschen, die bereits heute schon ihre Kinder erziehen, sie wählen Gouverneure und Bürgermeister, wissen selbst am besten, was sie brauchen und was nicht. Die Idee ist völlig verrückt, dass Menschen immer noch so fixiert darauf sind, wie etwas gemacht wird. Bei uns sagt kein Boss: ›Du bist fünf Minuten zu spät!‹ oder ›Warum geht dieser Fabrikarbeiter schon wieder aufs Klo?‹ Wenn Du Dich bei Semco im Büro umsiehst, sind da immer jede Menge leere Plätze. Die Frage ist: Wo sind diese Leute? Ich hab nicht die leiseste Idee, und es interessiert mich auch nicht. Es interessiert mich in dem Sinne nicht, dass ich nicht sicherstellen möchte, dass meine Mitarbeiter zur Arbeit kommen und der Firma eine bestimmte Anzahl Stunden pro Tag geben. Wer braucht eine bestimmte Anzahl Stunden pro Tag? Wir brauchen Leute, die ein bestimmtes Ergebnis abliefern. Mit vier Stunden, acht Stunden oder zwölf Stunden im Büro – sonntags kommen und montags zu Hause bleiben. Es ist irrelevant für mich.«[65]

»Behandele deine Mitarbeiter wie Erwachsene, dann verhalten sie sich auch so. Je mehr Freiheiten du ihnen gibst, desto produktiver, zufriedener und innovativer werden sie. Eine gesunde Balance zwischen Beruf und Privatleben zu finden. Entgegen allem, was man aktuell zu glauben scheint, machen Druck und Stress Menschen nicht produktiv, sondern ganz einfach nur kaputt. Und dabei verliert das Unternehmen letztlich genauso wie der Mensch. Aber unsere Personalchefs glauben noch immer, dass man Angestellte kontrollieren muss, über Stechuhren, feste Arbeitszeiten, Produktivitäts-Reports und E-Mail-Spionage. Semco hat das alles aufgegeben und die Kontrolle durch Vertrauen ersetzt. Und mal im Ernst: Wer will eigentlich mit Leuten zusammenarbeiten, denen man nicht trauen kann?« (Rotter 2010)

Er führt ein natürliches Unternehmen und das bedeutet: »Bei Semco haben wir uns überflüssige Vergünstigungen und Privilegien abgeschminkt, die das Ego kitzeln, aber die Bilanz belasten und die alle von den wesentlichen Unternehmensaufgaben ablenken, nämlich zu produzieren, zu verkaufen, Rechnungen auszustellen und das Geld einzutreiben.« (Semler 1993, S. 17) Die Mitarbeiter werden als Partner des Unternehmens gesehen. Sie dürfen selbst entscheiden, in welcher Klasse sie im Flugzeug fliegen oder wie viele Sterne ihr Hotel haben muss.

Das Semco-Wörterbuch

Für eine Anzahl von Begriffen, Haltungen, Prinzipien, Strukturen und ein Verständnis zu betrieblichen Vorgängen, die Semco-spezifisch sind, gibt es zusätzlich ein Semco-Wörterbuch über fünf Seiten. Jedes Detail zu listen, würde den Rahmen dieses Buches sprengen, allerdings für den Leser, der noch mehr Details wissen möchte, gebe ich anbei die Themen bekannt: Ausbildung, Bevormundung, Bewertung von unten, Bosse, Demokratie, Familiensilber, Fertigungszellen, Gehaltsspiegel, Gewinnbeteiligung, Gleitzeit, Größe, Großreinemachen, Hepatitis-Urlaub, Hilfspersonal, Kerntruppe für technische Innovation, Korruption, kreisförmige Organisation, Management durch Herumwandern, natürliches Unternehmen, Risikogehalt, Satelliten-Programm, Schlagzeilenmemo, selbstbestimmtes Einkommen, Sicherheit des Arbeitsplatzes, Stellenrotation, Streiks, Transparenz, verloren im Weltall, Vorschriften, Werkskomitees, zu Hause arbeiten. Darüber hinaus empfehle ich Ihnen Semler 1993, S. 362 ff.

Führungskultur und Führungsverhalten von Semco

Bei Semco gibt es keine Arbeitsanweisungen oder Organisationshandbücher, dagegen gibt es ein dünnes Büchlein mit einer Vielzahl von Karikaturen, um die Unternehmenskultur für Neulinge greifbar zu machen.

Das Überlebens-Handbuch von Semco

12 Prinzipien (Semler 1993, S. 367 ff):

Organigramm	Bei Semco gibt es kein offizielles Organigramm. Führer wird man bei uns nur aufgrund der Achtung der Geführten.
Einstellung	Bevor jemand eingestellt oder befördert wird, haben die anderen Mitarbeiter in diesem Bereich Gelegenheit, die Kandidaten zu befragen und bewerten.

Arbeitszeit	Bei Semco gibt es flexible Arbeitszeiten und jeder Mitarbeiter ist selbst dafür verantwortlich, sie festzulegen und einzuhalten. Menschen arbeiten unterschiedlich schnell und ihre jeweilige Leistungsfähigkeit schwankt im Laufe des Tages. Semco bemüht sich, den Wünschen und Bedürfnissen des Einzelnen möglichst gerecht zu werden.
Arbeitsplatz	Unsere Leute können gern ihren Arbeitsplatz so gestalten und verändern, wie sie möchten. Es liegt ganz bei ihnen, ob sie die Wände oder Maschinen anmalen, Pflanzen aufstellen oder ihren Arbeitsplatz sonst wie dekorieren wollen. Im Unternehmen gibt es dafür keine Vorschriften, und wir wollen auch keine erlassen. Verändern Sie also Ihre Umgebung, wie es Ihrem Geschmack und Ihren Wünschen sowie denen der Menschen entspricht, die mit Ihnen arbeiten.
Kleidung und Aussehen	Beides spielt bei Semco keine wichtige Rolle. Wie jemand aussieht, hat auf seine oder ihre Einstellung oder Beförderung keinen Einfluss. Jede(r) weiß doch selbst, was er oder sie tragen möchte oder muss. Machen Sie es sich bequem – kleiden Sie sich ganz normal.
Autorität	Viele Positionen bei Semco sind mit hierarchischer Autorität verbunden. Aber jeder Versuch, Untergebene zu unterdrücken, ihre Angst oder Unsicherheit als Druckmittel bei der Arbeit zu nutzen oder sie zu missachten, gilt als unverzeihlicher Machtmissbrauch und wird nicht geduldet.
Gewerkschaft	Arbeitnehmer können sich einer Gewerkschaft anschließen und sie werden deswegen nicht verfolgt. Trotz gelegentlicher Gegensätze und Probleme herrscht beiderseitige Achtung und man bleibt im Gespräch.

Streiks	Streiks gelten als ein legitimes demokratisches Mittel und bei Semco als etwas ganz Normales. Niemand wird wegen Streiks verfolgt, solange diese transparent bleiben. Wer wegen eines Streiks von der Arbeit fernbleibt, gilt als entschuldigt, das Fehlen zieht keine Konsequenzen nach sich.
Wandel	Bei Semco gibt es von Zeit zu Zeit größere Veränderungen. Machen Sie sich deshalb keine Sorgen. Wir halten Wandel für gesund und positiv. Nehmen Sie diese Veränderungen ohne Angst hin. Sie sind typisch für unser Unternehmen.
Aktive Beteiligung	Unsere Philosophie beruht auf aktiver Beteiligung und Engagement. Lehnen Sie sich nicht einfach bequem zurück. Äußern Sie Ihre Meinung, bemühen Sie sich um Chancen und um ein Weiterkommen und sagen Sie immer, was Sie denken. Seien Sie nicht bloß ein x-beliebiger Mitarbeiter. Ihre Meinung ist stets interessant, auch wenn sie niemand danach gefragt hat. Nehmen Sie Kontakt auf mit den Werkskomitees und beteiligen Sie sich an Wahlen. Auch Ihre Stimme zählt!
Werkskomitee	Mitarbeiter haben die Garantie, dass ihre Interessen durch die Werkskomitees ihres jeweiligen Unternehmensbereichs vertreten werden. Lesen Sie die Charta, beteiligen Sie sich, sorgen Sie dafür, dass Ihr Komitee Ihre Interessen wirkungsvoll verteidigt – diese müssen sich durchaus nicht immer mit den Interessen von Semco decken. Wir halten diesen Konflikt für gesund und notwendig.
Bewertung durch Untergebene	Zweimal im Jahr sollen Sie einen Fragebogen ausfüllen – hier können Sie sagen, was Sie von Ihrem Boss halten. Seien Sie offen und ehrlich, und zwar nicht nur auf diesem Formular, sondern auch in der daran anknüpfenden Diskussion.

Arbeitsplatz-sicherheit und Alter	Jeder, der seit drei Jahren bei uns oder 50 geworden ist, genießt einen besonderen Schutz und darf nur nach einer ganzen Reihe von Anhörungen entlassen werden. Das bedeutet nicht, dass es bei Semco keine Entlassungen gibt, aber wir wollen dafür sorgen, dass sich unsere Leute sicher fühlen.
Vorschläge	Semco hält nichts davon, Preise für Vorschläge zu verleihen. Wir wollen, dass jeder sich frei äußert und alle Meinungen, Vorschläge und Anregungen sind uns recht, aber wir finden es nicht in Ordnung, sie mit Preisen oder Geld zu belohnen.
Die Semco-Frau	Frauen haben (auch) in Brasilien geringere Beschäftigungs-, Aufstiegs- und finanzielle Möglichkeiten als Männer. Bei Semco gibt es verschiedene Programme für Frauen, die von Frauen geleitet werden und die diese Form der Diskriminierung einzuschränken versuchen. Sie laufen unter dem Namen »Die Semco-Frau«. Wenn Sie eine Frau sind, nehmen Sie doch daran teil. Wenn nicht, sollten Sie sich weder bedroht fühlen noch gegen diese Einrichtung ankämpfen. Versuchen Sie einfach, sie zu verstehen und zu respektieren.
Urlaub	Semco gehört nicht zu jenen Unternehmen, die glauben, dass irgendjemand unersetzbar ist. Jeder sollte 30 Tage Urlaub im Jahr machen. Das ist für die eigene Gesundheit genauso wichtig wie für das Wohlergehen des Unternehmens. Keine Ausrede kann so gut sein, dass man Urlaubstage für später ansammelt.

Abb. 33: Semco-Überlebens-Handbuch (Semler 1993, S. 367 ff)

Circular Economy & Fairphone: Eine Inspiration der Natur

Ellen MacArthur, eine der weltbesten SeglerInnen, hat sich zeit ihres Lebens mit dem Segeln beschäftigt, immer wieder eigene Grenzen verschoben, und als sie dann alle Rekorde eingestellt hatte, war es Zeit für einen Neuanfang in ihrem Leben. Sie hatte eines der Grundprinzipien des Lebens auf dem Meer gelernt: Nicht nur mit Ressourcen und dem, was auf dem Boot war, hauszuhalten, sondern auch den Zyklus der Natur zu verfolgen und verstehen zu lernen, dass es in der Natur keinen Müll gibt. Denn für den Kreislauf der Natur wird alles gebraucht, was in der Natur entsteht und verfällt. Es ist die »Nahrungskette« der Natur, scheinbarer »Müll« ist das Kapital für alle Früchte der Natur. Nur bisher funktioniert unsere Wirtschaft genau entgegengesetzt, wir betreiben in exponentiellen Zeiten eine »Linear Economy« anstatt einer »Circular Economy« und kommen auch dadurch an die Grenzen des Wachstums.

YouTube #11: Ellen MacArthur, *Rethinking the Future*

Stellen Sie sich bitte mal vor, Sie könnten im Zeitraffer einen Tag lang einen Jahreszyklus im Wald, am Berg, am See oder am Meer verbringen. Im Schnelldurchlauf die einzelnen Veränderungen der Jahreszeiten beobachten, wahrnehmen, sehen, hören und spüren. Nehmen wir an, Sie stünden neben einem Baum, was könnten Sie erleben? Wenn Sie, so wie ich gerade, im August neben einem Obstbaum voller Äpfel oder Zwetschgen stünden, könnten Sie die Reife des Baums erleben, mit Früchten vollhängend, die bald geerntet werden. Nach der Ernte werden die Tage wieder kürzer, das Sonnenlicht weniger intensiv und der Herbst zieht ein. Es ist die Zeit des Loslassens. Sie werden Zeuge von wunderschönen Blättern in den Farben gelb, braun und rot. Vielleicht haben Sie Erinnerungen an Bilder des Indian Summers an der Ostküste der USA oder an den Ahornboden in der Nähe von Garmisch-Partenkirchen. Mit der Zeit werden die Bäume kahler, Blätter fallen zur Erde und beginnen zu verrotten, denn sie werden als Humus gebraucht für einen neuen Kreislauf des Baumes nach dem Winter, der Zeit von Einkehr und Besinnung, in der sich der Baum auf den Frühling vorbereitet, in dem er dann seine Knospen entfaltet und Kraft zieht aus den Nährstoffen des Humusbodens des Vorjahres.

Das ist der Kreislauf der Natur, ein perfekt aufeinander abgestimmtes, sich bedingendes System, das den Müll = Blätter nicht nur braucht, sondern geradezu vorwegnimmt, er ist Teil des Designs. Aus diesen Beobachtungen der Natur und den intensiven Erfahrungen auf dem offenen Meer, 2500 Meilen entfernt von jeder Zivilisation, verbunden mit ihrem grenzenlosen Optimismus und dem Wunsch, einen Beitrag für eine bessere Welt zu leisten, hat Ellen MacArthur begonnen zu hinterfragen, wie sich das bestehende »Entweder-oder« von Ökologie und Ökonomie in ein neues Miteinander entwickeln könne. Nach Jahren des Lernens, der Begegnung mit Wissenschaftlern, Unternehmern und politisch Verantwortlichen gestaltete sie das Grundprinzip der »Circular Economy«.

Mit dieser Idee war Sie nicht alleine, denn der deutsche Öko-Visionär Michael Braungart, Chemiker, Verfahrenstechniker und ehemaliger Greenpeace-Umweltaktivist hatte bereits 2002 zusammen mit dem US-amerikanischen Architekten William McDonough das Buch namens »Cradle to Cradle« – also von der »Wiege zur Wiege« – geschrieben. »Wenn die Menschen nur alle die Produkte richtig designen, sodass sie entweder vollkommen kompostierbar oder vollkommen in wiederverwertbare Teile zerlegbar sind, können sie Schluss machen mit dem Ressourcensparen«[66], sagt Braungart. Im September kommt sein nächstes Buch heraus: »Intelligente Verschwendung – The Upcycle: Auf dem Weg in die Überflussgesellschaft«. Bill Clinton, hat das Vorwort dazu geschrieben. Die Botschaft ist so einfach wie wirksam: Wachstum ist keine Energiefrage, sondern eine Frage des Materials und des Designs. Ein Produkt darf nie ein »Hybrid« sein. Es muss entweder völlig aus abbaubaren oder aus nicht zerfallenden Stoffen bestehen.

700 Milliarden Dollar Materialeinsparung in »Consumer Goods«

Damit wir uns richtig verstehen, es geht gar nicht in erster Linie um die Frage der Klimaneutralität, es geht um eine intelligente Nutzung des Kreislaufsystems Natur für das Produktdesign und darüber hinaus für das Design eines Businessmodells. Wir sprechen also nicht nur von Ressourceneffizienz, dass heute schon das Bestreben jedes Unternehmens ist, schon aus Kostengründen. McKinsey hat in einem Bericht[67] Potenziale von über 700 Milliarden Dollar geschätzt, alleine für den weltweiten Markt der Consumer Goods.

Weltweit 25 Trilliarden Dollar Potenzial für Circular Economy

Wir sprechen aber vor allen Dingen von neuen unternehmerischen Potenzialen in dem Prinzip der Circular Economy. Ellen MacArthur hat 2010 die »Ellen MacArthur Foundation: Rethink the Future« gegründet, deren einziges Ziel es ist, dieses Prinzip zu erforschen und Wege zu finden, wie es praktischen Eingang in die weltweite Wirtschaft und Gesellschaft findet. Sie hat sehr prominente Unterstützer gefunden für das Projekt. So gehören Cisco, British Telecom, B & Q, National Grid und Renault zu den Gründungspartnern. Gemeinsam mit McKinsey wurde das globale unternehmerische Potenzial der Circular Economy auf 25 Trilliarden Dollar geschätzt. (McKinsey 2013)

Worin besteht das unternehmerische Potenzial?

Wo findet es heute bereits eine Entsprechung in unserer gesellschaftlichen Entwicklung? Erinnern Sie sich an den Paradigmen-Wandel zu Beginn des Buches, besonders den neuen Wertekanon der Generation Y und Shareconomy? Zum Ende hin schließt sich hier der Kreis, denn die Circular Economy ist wie gemacht für die Generation Y. »Benutzen satt Besitzen« ist das neue Credo und Maßstab für das unternehmerische Handeln im 21. Jahrhundert. Verstehen Sie jetzt die Tragweite? Das Ausmaß des Wandels und die Bedeutung der Lösung? Wie beschrieb einst Gerhard Schröder den »Schmetterlingseffekt« 2004 bei einer seiner diplomatisch schwierigen Verhandlungen über die neue EU-Verfassung: »Alles hängt mit allem zusammen.«[68] Doch heute sollten wir nicht die negativen Folgen des Effektes beschwören, den eine Krise auf einem Kontinent, Land oder in einem Bereich auf die nächste Krise anderswo ausübt, sondern wir sollten den Effekt positiv nutzen für einen Dominoeffekt der Potenzialentfaltung.

Die Generation Y und ihr Wertekanon könnte uns dabei sehr behilflich sein, wenn wir uns darauf einlassen, denn diese Generation braucht kein Auto, sondern Mobilität, keine Waschmaschine, sondern 3000 Wäschen, keinen Bohrer, sondern Löcher in der Wand für Bilder, keine Bank, sondern eine Möglichkeit zu bezahlen. Ahnen Sie die Zusammenhänge? Wir machen ein Upgrade unseres Businessmodells von Produzenten zur Dienstleistungsindustrie. Nicht der Besitz ist entscheidend, sondern der Zugang zu etwas. Das ist das stärkste Argument für die Circular Economy.

Das Konzept ist so überzeugend, dass Länder wie die Niederlande oder USA, die an praktischen, unternehmerischen Lösungen interessiert sind, an vielen Stellen längst begonnen haben neue Wege zu gehen, z. B. »der Einzelhandelsgigant Walmart, die US-Weltraumbehörde Nasa, Procter & Gamble, Puma und Triumph, um nur einige zu nennen. Der Hollywood-Schauspieler Brad Pitt ist ein Fan.« (Borchardt 2013) Doch bevor wir ganz nach den Sternen greifen, möchte ich einfache Beispiele der unternehmerischen Umsetzung anschauen, als Inspirationen, nicht als kopierfähige Muster oder gar Rezepturen, kein »so oder so macht man das«. Jedes Unternehmen hat seinen eigenen Weg gefunden und weiter entwickelt, gemäß dem Stand der Unternehmenskultur, dem Reifegrad der Märkte und der Kompetenzen und Potenziale der Unternehmen. Sie werden also verschiedene Graduierungen der Implementierungen des Konzeptes sehen, das – meines Erachtens – jedes für sich inspirierend ist.

Unternehmerische Beispiele

Desso

Gegründet 1930, ein holländischer Produzent von Teppichen für den industriellen und privaten Gebrauch. Nachdem auch dieser Markt immer mehr zum Verdrängungsmarkt wurde, hat der CEO Stef Kranendijk 2007 einen radikalen Strategiewechsel eingeleitet. Anstatt weiterhin die Ressourcen-Effektivität jährlich um ein paar Prozentpunkte zu erhöhen, hat er gleich ein ganz neues Businessmodell erfunden, auf der Basis des Cradle-to-Cradle-Konzeptes. Anstatt Teppiche zu verkaufen, würde nun das Unternehmen Teppiche verleasen und dabei den kompletten Lebenszyklus des Teppichs steuern. Das heißt, der Teppich wird von Anfang an so designed, dass die einzelnen Materialien nach der Nutzung ohne viel Aufwand getrennt, recycelt und für den nächsten Teppich, für das nächste Design wiederverwendet werden können. Der Kunde bestimmt, wie lange er eine bestimmte Art von Teppich leasen möchte und zahlt dann nur noch monatliche Raten. Am Ende der Laufzeit holt Desso den Teppich wieder ab und bringt gemäß Kundenwunsch einen neuen, recycelten Teppich mit einem anderen coolen Design mit.

So wurde Desso über Nacht vom Produzenten von Teppichen zum Dienstleistungsanbieter für eine natürliche Wohlfühlatmosphäre zu Hause und im Büro.

Stef Kranendijk erklärt dazu Folgendes: »Die Idee ist es, zu einem Dienstleistungsanbieter zu werden, der auf einem Leasingansatz beruht: Dann kaufst Du kein Produkt mehr, Du zahlst nur noch für die Nutzung, was bedeutet, dass das Material in unserer Verantwortung bleibt und wir sicher kein Interesse haben, es zu verschwenden, und am Ende gewinnen alle. (…) Das Businessmodell funktioniert und ergibt Sinn. Während 2009 acht der zehn größten Teppichproduzenten signifikante Verluste zu verzeichnen hatten, haben wir Wettbewerbsvorteile gewonnen durch bessere Produkte.«[69]

Digital Lumens

Digital Lumens wurde 2008 in Boston, Massachussets, USA, gegründet und bietet software-gesteuerte, integrierte Lichtsysteme, die aus LEDs bestehen. Das erreicht Energieeinsparungen von bis zu 90 Prozent. Für einen typischen Lumens-Kunden mit einem Lagerhaus von 250 000 Quadratfuß bedeutet das eine Reduktion der Kosten für Beleuchtung von ursprünglich 250 000 Dollar auf 25 000 Dollar jährlich. Und dennoch plant Digital Lumens, sein Businessmodell 2013 von einem reinem Produkt- und Zubehörverkauf auf ein Dienstleistungsmodell zu erweitern. Tom Pincince, CEO von Digital Lumens, sagt dazu: »Industriebeleuchtung heute ist immer noch dominiert von antiquierten, energieverschwenderischen Leuchten aus der Zeit von Edison. (…) In einem von unseren Projekten haben wir Einsparungen erreicht, vergleichbar mit kompletten Energieeinsparungen in 2400 Wohnhäusern. (…) Das Businessmodell der Dienstleistung bieten wir deshalb auch an, weil es manchen Kunden besser gefällt. Ihre Investitionen werden reduziert und das hilft den Entscheidungsträgern, Kosten und Nutzen besser in Zusammenhängen mit ihren Operationen zu sehen.«[70]

InterfaceFlor

InterfaceFlor ist der weltgrößte Hersteller von Teppichfliesen mit Sitz in Atlanta, USA. Der Gründer und ehemalige Chairman Ray Anderson ist am 20.8.2011 verstorben, er war Initiator und Treiber der »Nachhaltigkeitsentwicklung« des Konzerns, nachdem er 1994 das Buch von Paul Hawken »Ecology of Commerce: A Declaration of Sustainability« gelesen hatte. Er erzählt die Geschichte von der

Neuentwicklung einer Teppichfliese mit dem Namen »Entropy«. Das Herzstück der Geschichte ist, dass David Oakey, der Designchef, sein Team gebeten hatte, in die Natur rauszugehen und einen Tag lang zu studieren, wie die Natur Teppichfliesen designen würde, und er meinte damit nicht, dass sie mit den Farben und Formen von Blättern zurückkommen sollten. Er meinte: »Kommt zurück, wenn ihr das Prinzip verstanden habt.« Als sie zurückkamen, war die Antwort so einfach wie bestechend: In der Natur gibt es keine zwei gleichen Teile. Alles ist verschieden. Das war der Grundstein für das System »Biomimicry and carpets«, das den Konzern zu einer völlig neuen Denkweise und einem neuen, abgeänderten Businessmodell geführt hat.

Anstatt künstlich und mit riesigem Aufwand die Teppichfliesen immer identisch zu machen, durften sie jetzt ganz »natürlich verschieden« sein. Die positiven unternehmerischen Auswirkungen auf alle Beteiligten der Wertschöpfungskette waren immens. Die Teppichverleger sparten Zeit ein, denn sie mussten nicht mehr umständlich passende Stücke suchen. Die Lager wurden deutlich kleiner, denn man musste nicht so viele verschiedene Teppichfliesen lagern, damit wurde auch die Logistik einfacher, die Produktion, die Qualitätssicherung leichter und effektiver, die Qualität höher und der Ausschuss geringer. Und wenn später Kunden noch mal eine ältere Teppichfliese brauchten, war es zusätzlich für alle einfacher, für InterfaceFlor, für den Großhändler, den Teppichverleger und den Kunden. Alle profitierten, aber was noch wichtiger war, Ray Anderson hatte rausgefunden, dass dieses natürliche Design den Menschen mehr Wohlbefinden vermittelte als die künstlich designten Fliesen, denn sie fühlten sich auf ganz natürliche Art in die Natur versetzt, ein Ort, bei dem die meisten sich wohlfühlen und entspannen.

Die betriebswirtschaftlichen Vorteile von Entropy waren enorm, es wurde klimaneutral aus recyceltem Material hergestellt. 82 Prozent des gesamten Sortiments von Interface wird heute nach dem »natürlichen« Design-Prinzip hergestellt, die gut 52 Prozent des Umsatzes repräsentieren, und damit konnten die CO_2-Emissionen um zehn Prozent gegenüber 1996 gesenkt werden.[71]

»Der 35-Jährige (Bas van Abel) bastelt gemeinsam mit zehn anderen an dem ersten gerechten Smartphone. Eines, in dem kein in Kriegsregionen geschürftes Gold steckt, eines, das nicht von chinesischen Arbeitern im Akkord zusammengeschraubt wird und eines, das nicht nur die Geldspeicher gieriger Großkonzerne füllt. Klingt naiv? Bas van Abel, der das Projekt vor zwei Jahren angestoßen hat, ist es jedenfalls nicht. Er weiß, dass er mit seinem Fairphone nicht die Welt rettet: ›Das Projekt soll viel mehr einen Wandel anstoßen, als alle Probleme auf einmal lösen.‹ Der Niederländer will zeigen, was möglich ist, wenn man es nur versucht.«[72] 2010 wurde, gestützt von der gemeinnützigen Amsterdamer Waag Society mit acht Mitarbeitern, ein Start-up aufgebaut mit dem Ziel, ein faires Smartphone anzubieten, das technisch und preislich auf Augenhöhe mit den etablierten Anbietern ist, aber ohne problematische Ressourcen und schlechte Arbeitsbedingungen auskommt. Per Crowdfunding hat es das Team geschafft, einen ersten Slot von 20 000 Fairphones zu produzieren. Ab Dezember 2013 wird das 325 Euro teure Gerät an die Käufer ausgeliefert, die unbesehen und ungetestet das Fairphone ausschließlich über die Internetseite des Unternehmens bestellen konnten, ich habe auch eins geordert. Das kennt man sonst nur von Apple.

Mission von Fairphone

Roos van de Weerd, Kommunikationschef von Fairphone, erklärt: »Unser Projekt kann nur Einfluss auf andere, größere Unternehmen wie beispielsweise Apple oder Samsung nehmen, wenn die Verbraucher zeigen, dass sie Transparenz, faire Angebote und angemessene Löhne wollen. Wir versuchen, das Bewusstsein zu schärfen. Soweit funktioniert das auch recht gut. Die Menschen sind froh, dass endlich ein Player in der Industrie versucht, diese Änderungen voranzutreiben. Wir wollen nicht der Hersteller mit den höchsten Stückzahl-Verkäufen werden, sondern bewirken, dass die ›Großen‹ von uns lernen und inspiriert beziehungsweise gezwungen werden, uns zu folgen.«[73]

YouTube #12: *Fairphone, das erste Öko-Handy*

Was ist fair an Fairphone?

- Konfliktfreie, wertvolle Materialien

  Ein Smartphone enthält rund 30 verschiedene Arten von Metallen. Zwei davon, Zinn und Tantal, sind aus Regionen, die als konfliktfrei gelten und so verhindern sollen, dass über verschlungene Wege die Kriegskasse von Warlords gefüllt wird. Fairphone unterstützt dabei die »Conflict-Free Tin Initiative«, welche ein Entwicklungs-Hilfsprojekt für den Kongo ist, an dem sich aber auch andere Firmen wie Blackberry, HP, Motorola oder Nokia beteiligen. Ähnliches gilt für Tantal, wo Fairphone das von Motorola gegründete Projekt »Solutions for Hope« unterstützt, an dem sich wiederum viele andere Elektronik-Hersteller beteiligen.

- Faire Produktion

  Fairphone interessiert sich für Langzeit-Beziehungen mit den Fertigern aus China, denn es braucht Ausdauer und höhere Stückzahlen, um die chinesische Haltung zu ändern. Doch auch China weiß, dass jede Entwicklung ernst zu nehmen ist, denn dazu ist der Markt der Smartphones zu schnelllebig. Wer hätte vor zehn Jahren gedacht, dass Samsung und Apple den Markt dominieren und Nokia fast tot ist? Fairphone versucht, als Speerspitze einen Maßstab zu setzen für neue Wege, gemeinsam mit den chinesischen Produzenten. Faire Produktion bedeutet faire Arbeitsbedingungen, soziale und Umweltaspekte zu beachten und Rohstoffe nachhaltig zu gewinnen.

Vom Ende des »Wegwerfhandys« und smarter Design

Roos van de Weerd sagt dazu: »Um sicherzustellen, dass die Leute ihr Handy nicht nach zwei Jahren wegwerfen, werden wir Ersatzteile auf unserem Webshop anbieten, sodass die Menschen Teile, die nicht mehr funktionieren, ersetzen können.« (Okur 2013) »Dazu wird das Displayglas nicht nur robuster, sondern auch einfacher ersetzbar gemacht. Statt die dünnstmögliche Lösung zu verwenden, bei der Touch-Panel und Displayglas eine Einheit sind, hat man sich entschieden, die Schichten zu trennen. Dadurch werde das Gerät zwar fünf Gramm schwerer und 0,2 Millimeter dicker als geplant, die Bruchgefahr soll dadurch jedoch deutlich sinken. Zudem lässt sich das Fairphone laut Hersteller auch beim Bruch des gehärteten und kratzfesten Dragontrail-Schutzglases weiter bedienen.«[74]

Ein faires Phone kommt selten allein

»Die beiden Studenten Bernat Lozano und Rocío García aus Barcelona sorgten im vergangenen Jahr mit dem Designkonzept des ›Smarter Phones‹ für Aufsehen. Dahinter verbirgt sich ein modular aufgebautes Smartphone mit austauschbaren Komponenten. So soll sich bei dem Gerät das Display austauschen lassen, wenn die Auflösung nicht mehr zeitgemäß ist. Eine lichtstärkere Kamera kann ebenso nachgerüstet werden wie ein größeres Gehäuse oder ein leistungsfähigerer Akku. Mit ihrem Konzept gewannen die beiden Spanier im vergangenen Jahr den zweiten Platz der Student Challenge beim Wettbewerb ›Design for (Your) Product Lifetime‹. Noch existiert das Gerät nur auf dem Papier. Beim Fairphone aus den Niederlanden werden demnächst die ersten Geräte in Serienproduktion gehen. Die Auslieferung ist für den Herbst angekündigt.«[75]

Die »Zeit« schrieb am 15.8.2012: »Deutsche wünschen sich neue Wirtschaftsordnung. Wachstum und Geld sind den Deutschen nicht so wichtig. Die Umwelt und sozialer Ausgleich umso mehr. (...) Acht von zehn Bundesbürgern wünschen sich angesichts der europaweiten Krise eine neue Wirtschaftsordnung. Dies ergab eine Umfrage des Meinungsforschungsinstitutes TNS Emnid, die im Auftrag der Bertelsmann Stiftung durchgeführt wurde (...) Zwei von drei Befragten misstrauen demnach bei der Lösung der Probleme den Selbstheilungskräften der Märkte. Der Kapitalismus sorge weder für einen sozialen Ausgleich in der Gesellschaft noch für den Schutz der Umwelt oder einen sorgfältigen Umgang mit den Ressourcen«.[76]

Und in der Pressemeldung vom 16.8.2012 der Bertelsmann Stiftung erklärt Liz Mohn, stellvertretende Vorstandsvorsitzende der Bertelsmann Stiftung: »Im Lichte der Finanzkrise ist die Diskussion um den Wachstumsbegriff in den vergangenen Jahren vielschichtiger geworden: Es geht längst nicht mehr nur um Quantität, sondern vor allem auch um Qualität. Wir brauchen Lösungen dafür, wie Wachstum verantwortungsvoll und nachhaltig gestaltet werden kann. Hierfür müssen wir nicht nur zu punktuellen Reformen, sondern zu wirklicher Veränderung bereit sein.«[77]

Start der Gemeinwohl-Ökonomie

Christian Felber, Philologe aus Wien, lässt das schon lange nicht mehr kalt, und er startete am 6.10.2010 die Bewegung der Gemeinwohl-Ökonomie. Er erläutert: »Für mich stellt die Gemeinwohl-Ökonomie eine sinnvolle und sinnstiftende Alternative dar. Nicht als die einzig wahre Lösung, sondern als offenes und kooperatives Modell, das sich von anderen Ansätzen befruchten und von anderen Denkweisen inspirieren lässt. Ein Modell, das vor allem auf Menschlichkeit, Solidarität und Vertrauensbildung beruht. Werte, die wie Leitsterne dem privaten, gesellschaftlichen und wirtschaftlichen Zusammenleben von uns allen eine sinnvolle Richtung geben können. Im Herzen des Gemeinwohls steht dabei die Demokratie, weil sie die Mitbestimmung aller Bürger ermöglicht und damit den gleichen Wert aller Menschen, die Menschenwürde, zum Ausdruck bringt.«[78]

Der aktuelle Stand der Bewegung laut Wiener Zeitung: »(…) bisher mehr als 1300 Unternehmen, fast 4000 Privatpersonen, rund 60 Politiker und 164 Vereine in mittlerweile 18 Ländern der Welt. Neben den fünf Kernstaaten Spanien, Italien, Schweiz, Deutschland und Österreich sind dies Länder in Nord- und Südamerika, Osteuropa, Skandinavien und Australien/Neuseeland. Zu den Unterstützern zählen etwa die Waldviertler Sonnentor aus Österreich (…) oder die Münchner Sparda-Bank. Sie erstellen bereits neben der herkömmlichen Bilanz eine Gemeinwohl-Bilanz.«[79]

Die Idee der Gemeinwohl-Ökonomie ist so alt wie die Menschheit

383–322 v. Chr.: Aristoteles
In seiner »Politik« kritisierte der Namensgeber und erste systematische Denker der Ökonomie schon jene Wirtschaftsweise, die nur auf Geldgewinn aus ist.

106–43 v. Chr.: Cicero
»Das Wohl des Volkes soll oberstes Gesetz sein.« (De legibus III, 3, 8)

1225–1274: Thomas von Aquin
Er bezeichnete das Gemeinwohl als »bonum commune« und leitete in seinem Hauptwerk, der »Summa theologiae«, ab, dass notwendigerweise »jedes Gesetz auf das Gemeinwohl ausgerichtet ist« (Prima Secundae, quaestio 90, articulus 2).

1712–1778: Jean-Jacques Rousseau
Er führte in seinem Hauptwerk »Vom Gesellschaftsvertrag oder Prinzipien des Staatsrechts« aus, dass die Grundlage legitimer politischer Macht der Gemeinwille ist, der sich nach dem Gemeinwohl richtet.

1946: Bayerische Verfassung
Die Verfassung Bayerns gibt in Art. 151 als Ziel vor: »Alle wirtschaftliche Tätigkeit dient dem Gemeinwohl.«

Was will die Gemeinwohl-Ökonomie?

Es würde den Rahmen des Buches sprengen, wollte ich alle Facetten der Gemeinwohl-Ökonomie hinreichend beschreiben, dem interessierten Leser darf ich deshalb das Buch »Gemeinwohl-Ökonomie« sehr ans Herz legen. Felber erläutert weiter: »Die Gemeinwohl-Ökonomie beschreibt die grundlegenden Elemente einer alternativen Wirtschaftsordnung. Im Zentrum dieser Vision stehen Veränderungsprozesse auf folgenden Ebenen:

- In der Wirtschaft sollen humane Werte, wie z. B. Hilfsbereitschaft und Respekt, belohnt werden – eben die Werte, die auch zwischenmenschliche Beziehungen gelingen lassen.
- Die Wirtschaft soll mit den heute bereits in den Verfassungen westlicher Demokratien enthaltenen Werten und Zielen übereinstimmen.
- Wirtschaftlicher Erfolg darf nicht mehr allein an monetären Werten (Finanzgewinn, Bruttoinlandsprodukt) gemessen werden, sondern an tatsächlichen Nutzwerten, die der Gemeinschaft helfen (z. B. Lebensqualitätsfaktoren).
- Die Gemeinwohl-Bilanz wird zur Hauptbilanz aller Unternehmen. Je sozialer, ökologischer, demokratischer und solidarischer Unternehmen agieren und sich organisieren, desto bessere Bilanz-Ergebnisse erreichen sie.
- Die Unternehmen mit guten Gemeinwohl-Bilanzen erhalten rechtliche Vorteile wie zum Beispiel niedrigere Steuern oder günstigere Kredite.« (Felber 2011)

Die Gemeinwohl-Bilanz als Steuerungsinstrument

Felber erläutert, wie heute schon viele Unternehmen freiwillig ähnliche Ansätze verfolgen, um den Ansprüchen und Erwartungen ihrer Klientel gerecht zu werden. Sie würden reagieren, indem »sie mit Produktlabels (Biolandbau, Fairer Handel), Umwelt-Managementsysteme (EFQM, Balanced Score Card), Verhaltens-Codizes und Nachhaltigkeitsberichten (GRI) den Beweis antreten wollen, dass auch sie das Gemeinwohl mitberücksichtigen und sozial verantwortlich agieren. Das Problem: All diese CSR-Instrumente sind unverbindlich. (…) Sobald sie im Widerstreit mit der Hauptbilanz geraten, sind sie nichts mehr wert.«[80]

Dabei misst die Gemeinwohl-Bilanz nichts Neues, sondern Bestehendes und bringt es in einen sinnvollen, messbaren, transparenten und nachvollziehbaren

Rahmen ein. Fünf ganz zentrale Werte, die meisten davon in vielen Verfassungen verankert, werden so gemessen: Menschenwürde, Solidarität, Gerechtigkeit, ökologische Nachhaltigkeit und Demokratie. Dabei geht es ganz praktisch darum, wie diese *Werte* gegenüber den sogenannten »Stakeholdern« also Berührungsgruppen gelebt werden. Zu diesen zählen Lieferanten, Geldgeber, Mitarbeiter inkl. Eigentümern, Kunden inkl. Produkte, Dienstleistungen, Mitunternehmer und gesellschaftliches Umfeld. Dadurch werden derzeit 18 Gemeinwohl-Indikatoren gemessen, wie zum Beispiel, wie sinnvoll die Produkte und wie human die Arbeitsbedingungen sind, wie ökologisch wird produziert, wie kooperativ und solidarisch geht das Unternehmen mit anderen Unternehmen um, wie demokratisch werden die Entscheidungen getroffen und die Erträge verteilt, werden Frauen gleichbehandelt und bezahlt usw. Auf der nächsten Seite sehen sie den aktuellen Stand der Gemeinwohl-Bilanz, so wie sie derzeit auch von der Sparda-Bank München veröffentlicht wird.

YouTube #13: Christian Felber, *Gemeinwohl-Ökonomie*

Die Gemeinwohl-Matrix 4.1

GEMEINWOHL-MATRIX 4.1

Diese Version gilt für alle Bilanzen, die ab dem 15. März 2013 für das zurückliegende Bilanzjahr eingereicht werden.

GEMEINWOHL ÖKONOMIE Ein Wirtschaftsmodell mit Zukunft

WERT / BERÜHRUNGSGRUPPE	Menschenwürde	Solidarität	Ökologische Nachhaltigkeit	Soziale Gerechtigkeit	Demokratische Mitbestimmung & Transparenz
A) LieferantInnen	**A1: Ethisches Beschaffungsmanagement** Aktive Auseinandersetzung mit den Risiken zugekaufter Produkte / Dienstleistungen, Berücksichtigung sozialer und ökologischer Aspekte bei der Auswahl von LieferantInnen und DienstleistungsnehmerInnen 90				
B) GeldgeberInnen	**B1: Ethisches Finanzmanagement** Berücksichtigung sozialer und ökologischer Aspekte bei der Auswahl der Finanzdienstleistungen; gemeinwohlorienterte Veranlagung und Finanzierung 30				
C) MitarbeiterInnen inklusive EigentümerInnen	**C1: Arbeitsplatzqualität und Gleichstellung** mitarbeiterorientierte Organisationskultur und –strukturen, Faire Beschäftigungs- und Entgeltpolitik, Arbeitsschutz und Gesundheitsförderung einschließlich Work-Life-Balance/ flexible Arbeitszeiten, Gleichstellung und Diversität 90	**C2: Gerechte Verteilung der Erwerbsarbeit** Abbau von Überstunden, Verzicht auf All-inclusive-Verträge, Reduktion der Regelarbeitszeit, Beitrag zur Reduktion der Arbeitslosigkeit 50	**C3: Förderung ökologischen Verhaltens der MitarbeiterInnen** Aktive Förderung eines nachhaltigen Lebensstils der MitarbeiterInnen (Mobilität, Ernährung), Weiterbildung und Bewusstsein schaffende Maßnahmen, nachhaltige Organisationskultur 30	**C4: Gerechte Verteilung des Einkommens** Geringe innerbetriebliche Einkommensspreizung (netto), Einhaltung von Mindesteinkommen und Höchsteinkommen 60	**C5: Innerbetriebliche Demokratie und Transparenz** Umfassende innerbetriebliche Transparenz, Wahl der Führungskräfte durch die Mitarbeiter, konsensuale Mitbestimmung bei Grundsatz- und Rahmenentscheidungen, Übergabe Eigentum an MitarbeiterInnen. Z.B. Soziokratie 90
D) KundInnen / Produkte / Dienstleistungen / Mitunternehmen	**D1: Ethische Kundenbeziehung** Ethischer Umgang mit KundInnen, KundInnenorientierung/ - mitbestimmung, gemeinsame Produktentwicklung, hohe Servicequalität, hohe Produkttransparenz 50	**D2: Solidarität mit Mitunternehmen** Weitergabe von Information, Know-how, Arbeitskräften, Aufträgen, zinsfreien Krediten; Beteiligung an kooperativem Marketing und kooperativer Krisenbewältigung 70	**D3: Ökologische Gestaltung der Produkte und Dienstleistungen** Angebot ökologisch höherwertiger Produkte/Dienstleistungen; Bewusstsein schaffende Maßnahmen; Berücksichtigung ökologischer Aspekte bei der KundInnenwahl 90	**D4: Soziale Gestaltung der Produkte und Dienstleistungen** Informationen/Produkten/Dienstleistungen für benachteiligte KundInnen-Gruppen. Unterstützung förderungswürdiger Marktstrukturen. 30	**D5: Erhöhung der sozialen und ökologischen Branchenstandards** Vorbildwirkung, Entwicklung von höheren Standards mit MitbewerberInnen, Lobbying 30
E) Gesellschaftliches Umfeld: Region, Souverän, zukünftige Generationen, Zivilgesellschaft, Mitmenschen und Natur	**E1: Sinn und gesellschaftliche Wirkung der Produkte/Dienstleistungen** P/DL decken den Grundbedarf oder dienen der Entwicklung der Menschen /der Gemeinschaft/der Erde und generieren positiven Nutzen. 90	**E2: Beitrag zum Gemeinwesen** Gegenseitige Unterstützung und Kooperation durch Finanzmittel, Dienstleistungen, Produkte, Logistik, Zeit, Know-How, Wissen, Kontakte, Einfluss 40	**E3: Reduktion ökologischer Auswirkungen** Reduktion der Umweltauswirkungen auf ein zukunftsfähiges Niveau: Ressourcen, Energie & Klima, Emissionen, Abfälle etc. 70	**E4: Gemeinwohlorientierte Gewinnverteilung** Sinkende/ keine Gewinnausschüttung an Externe, Ausschüttung an Mitarbeiter, Stärkung des Eigenkapitals, sozial-ökologische Investitionen 60	**E5: Gesellschaftliche Transparenz und Mitbestimmung** Gemeinwohl- oder Nachhaltigkeitsbericht, Mitbestimmung von regionalen und zivilgesellschaftlichen Berührungsgruppen 30
Negativ-Kriterien	Verletzung der ILO-Arbeitsnormen/ Menschenrechte -200 Menschenunwürdige Produkte, z.B. Tretminen, Atomstrom, GMO -200 Beschaffung bei / Kooperation mit Unternehmen, welche die Menschenwürde verletzen -150	Feindliche Übernahme -200 Sperrpatente -100 Dumpingpreise -200	Illegitime Umweltbelastungen -200 Verstöße gegen Umweltauflagen -200 Geplante Obsoleszenz (kurze Lebensdauer der Produkte) -100	Arbeitsrechtliches Fehlverhalten seitens des Unternehmens -200 Arbeitsplatzabbau oder Standortverlagerung bei Gewinn -150 Umgehung der Steuerpflicht -200 Keine unangemessene Verzinsung für nicht mitarbeitende Gesellschafter -200	Nichtoffenlegung aller Beteiligungen und Töchter -100 Verhinderung eines Betriebsrats -150 Nichtoffenlegung aller Finanzflüsse an Lobbies / Eintragung in das EU-Lobbyregister -200 Exzessive Einkommensspreizung -100

Detaillierte Beschreibung zu den Indikatoren finden sich im Handbuch zur Gemeinwohlbilanz auf www.gemeinwohl-oekonomie.org und im Redaktionswiki unter https://wiki.gwoe.net/display/Redaktion/Home. Rückmeldungen an die jeweiligen Redakteure sind sehr erwünscht.

Abb. 34: Die Gemeinwohl-Matrix 4.1 (www.gemeinwohl-oekonomie.org)

Unternehmerisches Beispiel

Sparda-Bank München – Helmut Lind, der Utopist

Helmut Lind ist Chef der Sparda-Bank München. Harte Zahlen interessieren ihn nicht. Er misst seine Bank daran, ob sie Gutes tut. Als eines der ersten Unternehmen will er mit der Sparda-Bank neben der Finanzbilanz eine Gemeinwohl-Bilanz präsentieren. Für ihn ist dies langfristig das bessere Steuerungs-Instrument. Der Aufsichtsrat trägt es mit – solange die Zahlen stimmen.

Was macht das Leadership von Helmut Lind aus und wie können wir uns dadurch inspirieren lassen?

Lind ist bereit, einen eingeschlagenen Weg zu überprüfen, trotz oder gerade wegen des Erfolgs. Er ist bereit, seiner Wahrnehmung und seinem Herzen zu folgen und stellt sich gerne selber in Frage: »Läufst du vielleicht in die falsche Richtung?« Er ist bereit, einen neuen Weg konsequent zu gehen, andere einzubinden und konkrete Maßnahmen dafür zu benennen, wie die »Matrix des Guten«. Dafür definiert er einen Wertekanon aus Menschenwürde, Solidarität, ökologischer Nachhaltigkeit, sozialer Gerechtigkeit und demokratischer Mitbestimmung und Transparenz. Das ist auch genau der Weg von anderen namhaften Vorreitern wie Ricardo Semler, der damit gigantische Kreativkräfte zum Wohle aller freigesetzt hat, mit erstaunlichen Ergebnissen. Zu den jeweiligen Werten und den jeweiligen Interessensgruppen eines Unternehmens werden in der neuen Gemeinwohl-Bilanz auch konkrete Kriterien und Maßnahmen hinterlegt. Helmut Lind lebt seine Werte und das Leitbild und passt die Unternehmensstrategie entsprechend an! Die Strategie folgt der Unternehmens- und Gemeinwohl-Kultur – und nicht umgekehrt.

Vom Karrieristen zum Manager mit Herz

Lind stand jahrelang täglich um fünf Uhr morgens auf, ging joggen, war im ständigen Wettbewerb mit sich selbst: »Es ging darum, mir meine eigene Leistungsfähigkeit zu beweisen.« 50 Bücher musste er im Jahr »schaffen« und wenn er diese Marke nicht erreichte, war er unzufrieden – eine Niederlage. Worum es in den Büchern ging? Fast egal. Seiner Frau und seinen Mitarbeitern ging er mit Missionierungsversuchen gehörig auf die Nerven: »Ich war sicher, sie könnten auch so leben wie ich, wenn sie es nur wollten.« Doch irgendwann kam der Hochleistungsmensch ins Grübeln und fragte sich: »Läufst du vielleicht in die falsche Richtung?« Statt zu joggen, begann Lind zu meditieren, eine Stunde jeden Tag. »Ich fing an, mich als Teil eines größeren Ganzen zu begreifen. Und die Welt mit anderen Augen zu sehen. Ob es mir gut geht, hängt davon ab, ob es den Menschen um mich herum auch gut geht.« Man könnte das als Bekenntnis eines Mannes abtun, der sich jetzt, da ihn seine Härte nach oben geführt hat, ein wenig Milde leisten kann – wenn er nicht mit dem Umbau seiner Firma beweisen würde, wie ernst er es meint. »Gemeinwohl-Orientierung ja, aber die muss sich auch auszahlen. Helmut Lind kann damit leben, dass seine Kontrolleure das so sehen – Hauptsache, sie lassen ihn machen. Denn für ihn ist die Gemeinwohl-Bilanz mehr: Er sieht in ihr eine Art Test, der zeigen soll, wo die Bank steht und in welche Richtung sie sich bewegen will.«[81]

Nachdem wir den Paradigmen-Wandel jetzt auf unserem Radar haben, die Konsequenzen für Organisationen der Zukunft erforscht, das neue Integrale Leadership und seine Werkzeuge entdeckt, Integrale Kompetenzen erfahren und Inspirationen von Change Leadern erlebt haben, bleibt jetzt noch die eine Frage offen: Wie können wir Integrales Bewusstsein im Alltag leben? Auf zur letzten Station – geliebter Alltag!

Kapitel 6

Wie lebe ich Integrale-Leadership-Praxis im Alltag?

6. KAPITEL

Wie lebe ich Integrale-Leadership-Praxis im Alltag?

Akzeptieren was ist, macht frei für Neues

In diesem Kapitel erforschen wir gemeinsam praktische Werkzeuge, mit denen Sie Schritt für Schritt Ihr »Integrales Potenzial« in Ihrem Leben erfahren können. Im Grunde geht es darum, eine Integrale Lebenspraxis zu implementieren, die Sie genau an Ihren Quellpunkt führt. Sie werden mir zustimmen, dass es um Regelmäßigkeit gehen muss, denn nur Übung macht den Meister. Nur zu gut kenne ich den Effekt von Seminaren, in denen der Gemütszustand kurzfristig verbessert wird und kurze Zeit später stehen wir genau an dem gleichen Punkt wie vorher, weil eben die *Praxis* fehlt. Ich nenne das den *Drei-Grad-Effekt* oder das *Drei-Grad-Learning*. Kleine Veränderungen kontinuierlich umzusetzen, schafft mit der Zeit große Veränderungen. Stellen Sie sich einfach vor, Sie würden mit einem Segelboot den Atlantik überqueren und bereits am Start in Portugal den Kurs auf New York einmalig um drei Grad südlich verändern. Was glauben Sie, wo kommen Sie raus? Und was glauben Sie, würde passieren, wenn Sie den Kurs alle 500 Meilen um drei Grad südlich verändern, weil Sie dazu lernen, mutiger werden, mehr Vertrauen in sich und das Leben gewinnen?

Akzeptanz ist eines der stärksten Werkzeuge, die ich kenne.

Was ist Akzeptanz wirklich? Ein Kollege von mir drückte es so aus: »Akzeptanz (…) meint nicht passives Erdulden, meint nicht, dass ich die Dinge hinnehmen muss, weil ich sie sowieso nicht ändern kann. Das Gegenteil ist der Fall, sich selbst und seine Gefühle anzunehmen, ist die Grundvoraussetzung für jede Veränderung. Akzeptanz ist das Gegenteil von Vermeidung und das heißt, sich aktiv mit den Gegebenheiten auseinanderzusetzen. Nur wenn ich meine Verteidigungshaltung aufgebe und bereit bin, meine Trauer, meine Angst, meine Verzweiflung, all meine seelischen Schmerzen ganz und intensiv zu spüren, habe ich die Chance, über sie hinwegzukommen. Das ist eine aktive, kraftvolle Haltung sich selbst und der Welt gegenüber und sie erfordert einigen Mut, denn Akzeptanz ist nicht teilbar, sie ist entweder ganz oder gar nicht und sie ähnelt damit dem Sprung aus einem brennenden Flugzeug. (…) Akzeptanz soll Ihnen helfen zu erleben, dass sich der Fallschirm öffnet.«[82]

Steven Hayes, einer der Begründer der Akzeptanz-und-Commitment-Schule, drückt es in einer Metapher so aus: »Es ist wie Springen vs. Heruntersteigen. Wenn Sie von einem Dach oder einem fliegenden Flugzeug herabspringen, überantworten Sie sich dem Raum und lassen sich von der Schwerkraft heruntertragen. (…) Herabsteigen hingegen ist eine andere Angelegenheit: Denn bei dieser Bewegung begeben Sie sich niemals völlig in die Hände der Schwerkraft. (…) Sie bewahren immer einen Moment der Kontrolle in den Muskeln Ihrer Beine. (…) Wir müssen also das Springen üben. (…) Dann wählen wir uns eben ein eingeschossiges Gebäude oder doch lieber gleich etwas Höheres, wenn wir es wissen wollen, was Angst bedeutet. Und wir können dort eine Minute stehen oder fünfzehn. Aber was wir nicht hinkriegen, ist wirklich zu springen, sofern die Angst weiterhin weniger als acht auf einer Skala von eins bis zehn beträgt. Das ist keine Akzeptanz; und auch kein Gewilltsein und auch kein Springen. Es bleibt Kontrolle und Heruntersteigen.«[83]

Wie funktioniert Akzeptanz im Alltag?

Vor einigen Jahren war ich am absoluten Tiefpunkt in meinem Leben angelangt. Die Tage waren der Ritt auf dem Vulkan, und ich war ein Schatten meiner selbst. Meine Eltern, meine Frau Anja hatten mich nie zuvor so gesehen, geschweige denn erlebt. Mein Körper war ausgezehrt, leer, eine leblose Hülle, so massiv waren die Attacken. Es war ein ständiger Überlebenskampf, mein Leben bestand nur noch aus *Atmen* und *Grounden*. Die Energie, die die Krise verschlungen hatte, war enorm, sodass ich nur noch das Elementarste tun konnte: Atmen und Grounden. Atmen bedeutete vor allem Ausatmen, denn das Einatmen kam von selbst. Und zum Grounden bzw. Erden nahm ich meine beiden Beine und stampfte fest im Sitzen immer wieder auf den Boden, um den Boden, die Erdung, die Erde unter mir zu spüren. Nicht im Stehen, sondern geschützter im Sitzen.

Ich nahm mein gesamtes Gewicht, spürte jeden Punkt an meinem Körper, wie er mit dem Stuhl und dem Boden verbunden war.

Und durch das Ausatmen begann sich mein rasendes Herz zu beruhigen. Der ganze Körper kam aus der massiven Anspannung raus und begann sich allmählich zu lösen. Die Energie, die sich im Brustbereich festgesetzt hatte, wanderte nach und nach in die Beine, dann in die Füße und schließlich in den Boden. Ich tat nichts weiter als spüren und atmen, spüren und atmen. Beim Atmen begann ich langsam, in Schritten zu zählen: *Zweimal eins und eins – ein, und dann fünf mal eins und eins und eins und eins und eins – aus.* So entstand ein Mantra in mir, minutenlang machte ich nichts anderes, war nur fokussiert auf diese beiden Dinge: *Spüren* und *Atmen*. Immer mehr spürte ich, wie mein Körper die Anspannung losließ, weicher wurde und die Energie wieder zu zirkulieren begann. Einem Kreislauf gleich begann die Energie auf der linken Seite abzufließen über die Schulter, Rumpf, Becken, Oberbein, Unterschenkel, Fuß und dann in die Erde.

Nachdem ich monatelang morgens meditiert hatte und erlebte, wie Energie zwischen mir und der Erde floss, begann jetzt meine Energie zusätzlich, Wurzeln gleich, tief in die Erde zu fließen, in die Mitte der Erde, dem Energiezentrum, um dort gereinigt und mit neuer Kraft wieder zurück ins Wurzelwerk zu kommen und in meinen rechten Fuß zu fließen, dann in Bein, Hüfte und in mein Herz. Es wurde friedlicher in mir und mit dieser friedlichen Energie überzog sich schließlich mein ganzer Körper. Mit jedem Atemzug, mit jedem Ausatmen gab ich die verbrauchte Energie wieder an die Erde ab, um sie gereinigt wieder zu mir zurück zu bekommen.

Was passierte da mit mir? Was war das? War ich jetzt erleuchtet oder zu Buddha geworden? Nein, selbstverständlich nicht, aber auf ganz natürliche Art und Weise hatte sich mein Leben in eine *Gegenwärtigkeit* und erhöhte Präsenz eingestellt. Durch den Ritt auf dem Vulkan war ich gezwungen, mich nur noch auf das Hier und Jetzt zu konzentrieren, und ich hatte weder Kraft noch Sinn für ein Gedankenkarussell, das sich um Vergangenes oder Zukünftiges kümmern könnte. Diese Krise war so intensiv, dass es nur noch eine Funktion gab: das Überleben. Das völlige Akzeptieren und Annehmen dessen, was jetzt gerade war, kein Gedanke von gestern, kein Was-passiert-wenn, Was-wenn-ich-das-nicht-schaffe, Was-denkt-XY-von-mir? Es gab nur noch eins: diesen *Moment*. Zum ersten Mal hatte ich gespürt, dass ich nicht sterben würde, nicht untergehen würde, nicht ins Bodenlose fallen, nicht ins schwarze Loch. Ich war einfach da und habe die enorme Energie fließen lassen, anstatt mich ihr in den Weg zu stellen.

Was für eine neue Erfahrung! Ich saß da und spürte nach und nach Frieden in mir. Es war wie nach einem Sturm, wenn alle Drohung abgezogen war und Ruhe einkehrt. Alles war gut, wie es war. Ich war friedlich und überwältigt zugleich. Tränen liefen über mein Gesicht, der Mund stand offen, die Energie kreiste überall in meinem Körper. Mir war heiß, überall diese Energie, die im Körper pulsierte, in den Händen, in den Füßen, im Herz. Ich fühlte mich wie neugeboren, wie ein Baby, das ganz schüchtern neu in die Welt blickte und ich nahm wahr, dass es noch etwas außer mir gab, womit ich ganz langsam Kontakt aufnehmen konnte.

Ich weiß nicht, wie viel Zeit verstrichen war, es wirkte wie eine Ewigkeit. Ich war einfach da. Ich hatte jetzt zum ersten Mal wirklich erfahren, gespürt und durchlebt, was Jeff gemeint hatte: »Vor dem Loslassen kommt das Akzeptieren.« War das nicht auch der Lauf der Dinge, der Kreislauf der Natur? Wie im Herbst, wenn die schönen, gelbroten Blätter der Buche gegenüber abfallen, um Platz zu machen für neue Blätter, die bereits angelegt sind. Kaum zu glauben, ich kann winzig kleine Triebe erkennen, die geschützt durch die Ruhe im Winter rechtzeitig im Frühjahr durch Licht und Sonne genährt werden für ein Lebensjahr. Und der Baum macht nur eines: der Natur, dem Kreislauf zu folgen. Ich habe noch keinen Baum erlebt, der im Gedankenkarussell war über das Gestern oder das Morgen oder fragte: Werden die Triebe wieder zu Blättern werden oder nicht?

Nein, der Baum folgt dem Zyklus. Genauso wie wir diesem Zyklus folgen. Wir werden gezeugt, empfangen, geboren, leben, lernen und sterben. Und der größte Akt des Lebens ist die Geburt, für die Mutter und das Kind. Ich habe das Glück, dass ich zweifacher Vater bin und jeweils bei der Geburt dabei sein konnte. Das Essenzielle bei einer Geburt ist der überwältigende Prozess des *Loslassens*. Das Kind wird und will durch die Wehen geboren werden, darüber muss weder die Mutter noch das Kind nachdenken. Das Kind ist neun Monate lang im Bauch der Mutter gewachsen und über die Lebensschnur genährt worden. Jetzt ist die Zeit gekommen für beide, sich ganz loszulassen. Loslassen ist kein Akt des Weglaufens, des Verdrängens, sondern ein Akt der vollkommenen *Hingabe*. Oder haben Sie schon mal eine Frau während der Geburt weglaufen sehen? Frauen, die gebären, sind Meisterinnen des Loslassens.

Wie war das nun aber bei mir? Ich bin durch einen großen Geburtsprozess seelischer Natur gegangen und erst, als ich mich ganz und gar dem Prozess hingegeben habe, war die »Geburt« wirklich leicht. Da war kein Denken mehr an

»Was wäre, wenn …«. Einzig und allein der Moment zählte, das Durchleben der Erfahrung Geburt, das Hingeben an das, was gerade stattfand. Das hat mich geöffnet für eine neue Erfahrung, für eine Neugeburt meiner Seele. Nur das komplette Entleeren des alten Geistes, das innere Auf-die-Knie-Kommen, das Einstürzen meiner alten Gedankengänge hatte ermöglicht, mich neu werden zu lassen, mich zu öffnen für neue Erfahrungen. Loslassen des Alten, nicht durch Wegschieben, sondern durch Akzeptieren und Fallenlassen der Erwartungen.

Nichts war mehr so wie früher. Es war die Stunde Null. Aber wer war ich jetzt? Erst mal nichts. Ein Mensch, eine Seele, die eine Erfahrung machen möchte, die eine Aufgabe erfüllen will. Aber wie ging das? Durch ein Hinhören, Hinschauen und Hinspüren, was passierte. Im Moment bleiben mit der Aufmerksamkeit und Vertrauen haben, das nichts, aber auch gar nichts passieren konnte, wenn ich im Moment blieb. Aber was hatte ich dann zu tun? Wie sollte mein Alltag aussehen? Worauf sollte ich mich konzentrieren? Ich wusste: »Du machst immer genau die Aufgabe, die direkt vor deiner Nase ist und im Sinn deiner großen Aufgabe zu tun ist. Bleibe einfach im Hier und Jetzt.« Aber wie sollte das gehen? Naja, wie es nicht ging, das wusste ich ja jetzt schon, sonst wäre ich nicht an diesen existenziellen Ort in meinem Leben gekommen. Im Grunde war es also sehr einfach: Immer im Moment, im Hier und Jetzt bleiben, atmen, grounden, spüren. Aha! Ja, genau, das war einfach.

Regel Nummer 1: Wahrnehmen, was ist. Nicht denken, was wäre oder könnte sein, sondern was ist. Also wenn Sie jetzt morgens aufstehen, dann gehen Sie nicht sofort alle Termine durch und überlegen, wo Sie was wollen, wen Sie meiden und wen Sie pushen müssen, durchdenken Sie nicht alle möglichen Szenarien. Bleiben Sie einfach im Vertrauen und das kommt, wie Sie ja schon wissen, von »sich trauen« oder »sich zutrauen« – das ist alles. Ihnen passiert nichts, was Sie nicht jetzt lösen könnten, alles was Sie brauchen, haben Sie auch zur Verfügung. Mehr benötigen Sie nicht. Sie haben die Erfahrung, trauen Sie sich, wagen Sie, leben Sie, leben Sie Ihren Auftrag, dann sind Sie total sicher.

Sich freuen über Kontrollverlust – Kontrolletti a. D.

Wie ich das Leben neu lernen durfte

Damit meine ich nicht das, was wir alle kennen, wenn wir uns beim Skifahren den Fuß brechen, wir wieder laufen oder nach einem Schlaganfall wieder sprechen lernen müssen. Also Fähigkeiten und Verhalten, die wir schon einmal beherrscht haben und dann wieder zurückgewinnen müssen. Was ich meine, ist etwas anderes. Während meiner Krankheit bin ich durch einen inneren Sterbe- und Geburtsprozess gegangen. Viele alte Muster, Glaubenssätze, Überzeugungen, Verhaltensweisen und Verstrickungen hatte ich hinter mir gelassen, genauer gesagt, habe ich zuerst all diese begrenzenden, krankmachenden Muster akzeptiert und mit ihnen Frieden geschlossen, um mich dann im nächsten Schritt für das zu öffnen, was stimmiger für mich ist, für den Menschen, den Kern, die Essenz hinter dem Panzer Stefan Götz. Auf gewisse Art ist das auch ein Wiederentdecken, aber eben nicht auf der Oberfläche, sondern tiefer darunter.

Für die meisten von uns laufen diese Prozesse ausschließlich unbewusst ab, sodass wir sie uns nur durch einen »Geburtsprozess« – ein treffenderes und positives Wort für Krise – bewusst machen können. Und genau dafür braucht es sehr viel Mut und Vertrauen. Fragen Sie einfach mal Ihre Frau oder Ihre beste Freundin, wie das mit dem Mut und Vertrauen bei der Geburt war, dann verstehen Sie, was ich damit meine. Was mit mir passiert ist, war sozusagen ein Teil meiner Bewusstseins-Reise, die ich mit meiner Krankheit unbewusst angetreten bin. Es stand für diese Reise die Frage aus: *Wer bin ich?* Klingt einfach und ist doch so schwierig. Nachdem ich auf die Knie gezwungen war und völlig die Kontrolle über mich und mein Leben verloren hatte, ist eine Art Lawine über mein Leben, mein Gedankenhaus hereingebrochen und hat nicht einen Stein auf dem anderen gelassen. Nicht einmal der Grundriss, geschweige denn der alte Bauplan, war zurückgeblieben. Und ein Teil meiner Panik bestand darin, genau diese Verwandlung zu verhindern und mich an mein altes Leben zu klammern. Zumindest wusste ich, dass es teilweise auch hinfällig war, aber jetzt etwas völlig Neues zu erwarten, ohne zu wissen, was geschehen würde, das hat mir am Anfang große Angst gemacht. Wahrscheinlich ist das normal für die meisten von uns, wenn etwas völlig Neues bevorsteht, oder?

Nun stand ich vor dem Sandhaufen aus meinen alten Vorstellungen und Gewohnheiten. Ich begann langsam zu verstehen, dass es eine Chance war, mir mein Leben völlig neu zu erschließen und neu zu erlernen, nicht den Ballast krankmachender Überzeugungen weiter mit mir herumzuschleppen wie Leichen im Keller. Ich hatte aufgeräumt damit durch die Akzeptanz dessen, was ist. Und das hat den Weg wieder freigemacht für die Entdeckungsreise zu dem *authentischen* Stefan, dessen Samen und Wurzeln schon längst angelegt waren wie bei einem Baum, die allerdings mit einem jahrzehntelang gewachsenen Panzer unter Verschluss blieben. Genau jetzt war die Zeit der Wahrheit gekommen. Der Tag, an dem alles ans Licht kommt sozusagen. Und das war der neue alte Stefan.

Nachdem wir alle irgendwie auf dieser Reise zu uns selbst sind, kommen wir auch alle – früher oder später, mit oder ohne Krise – an diesen Punkt. Hoffentlich für die meisten von uns ohne Bruchlandung und ohne den Versuch, die Lösung im Außen zu finden oder gar unaufhörlich auf der Suche zu sein. Die Antwort auf die Frage, wer wir sind, liegt nur im Inneren. Lassen Sie es mich mal mit einer Metapher sagen, die ich bei Eckhart Tolle entdeckt habe:

»Ein Bettler hatte mehr als dreißig Jahre am Straßenrand gesessen. Eines Tages kam ein Fremder vorbei. ›Hast du mal 'ne Mark?‹ murmelte der Bettler und hielt mechanisch seine alte Baseballmütze hin. ›Ich habe dir nichts zu geben‹, sagte der Fremde und fragte dann: ›Worauf sitzt du da eigentlich?‹ ›Ach‹, antwortete der Bettler, ›das ist nur eine alte Kiste. Da sitze ich schon drauf, solange ich zurückdenken kann.‹ ›Hast du mal reingeschaut?‹ fragte der Fremde. ›Nein, warum auch?‹ sagte der Bettler. ›Es ist ja doch nichts drin.‹ ›Schau hinein‹, drängte der Fremde. Es gelang dem Bettler, die Kiste aufzubrechen. Voller Erstaunen, Unglauben und Begeisterung entdeckte er, dass die Kiste mit Gold gefüllt war.« (Tolle 2005)

Also begann ich, in meine Kiste zu schauen. Bis jetzt habe ich viele Gefühle fühlen dürfen, die ich bisher nicht fühlen wollte. Gefühle wie Geduld, Demut, Vertrauen und Loslassen. Ganz besonders auch die Gefühle von Ohnmacht, Hilflosigkeit und Abhängigkeit. Am meisten ging es um Akzeptanz. Akzeptieren, was ist. Was für eine starke Übung! Gerade für mich, dem »Ober-Kontrolletti«, sozusagen die Meisterklasse. Damit ist ein sehr interessanter unbewusster Anteil von mir sichtbar geworden, der für meine Heilung wesentlich war. In meinem bisherigen Leben hatte ich mich ausschließlich über Leistung und Erfolg definiert, meine Selbstakzeptanz davon abhängig gemacht und noch viel deutlicher wurde, dass davon abhängig war, dass mich alle für meine Leistung bewunderten und akzeptierten.

Aber was ist aus dem Menschen Stefan geworden?
Was hat meine Krankheit bewirkt?
Wofür war sie gut? Was durfte ich neu lernen?

Meine Krankheit hat bewirkt, dass ich zu einem Menschen geworden bin, der gerade nichts leistet, gar nichts leistet und trotzdem von vielen Weggefährten so viel Liebe erfährt als Mensch, dass ich vor Scham und Glück den ganzen Tag heulen könnte. Zum ersten Mal nehme ich bewusst dieses Gefühl völlig neu auf. Etwas, das schon immer da war, aber ich konnte es nicht sehen, weil ich mich in den letzten 40 Jahre so auf Leistung getrimmt hatte. Jetzt fühlte ich, geliebt zu werden ohne Leistung. Das war neu für mich, neu für meine Wahrnehmung. Dieser Prozess verlief bis jetzt zum Teil unbewusst. Wie konnte ich nun bewusst ein neues Verhalten finden für mein Bedürfnis nach Anerkennung, wie konnte ich mir selber Anerkennung schenken?

Und heute: Wie kann ich mich akzeptieren mit allen Ecken und Kanten? Wie kann ich 40 Jahre Programmierung auf Leistung ändern, respektive erweitern um den Teil, dass auch der *Mensch* Stefan Anerkennung bekommt, wie kann ich aus mir selbst heraus neue Wege dafür finden? Wie kann ich im Alltag dafür sorgen? Welche Bedürfnisse habe ich überhaupt? Ich und Bedürfnisse? Nein! Ich bin unabhängig! Kennen Sie das? Naja, sagen wir es mal vorsichtig so: Ich habe mich abgeschnitten von meinen essenziellen Bedürfnissen und quasi alles auf eine Karte gesetzt: Leistung und das Bedürfnis nach Anerkennung. Damit verbundene Verhaltensweisen sind sozial akzeptiert und gelten somit als »gut«. Aber nichts war gut, denn mein Leben bestand nur noch aus Erfolg oder Misserfolg und für beides war nur ich verantwortlich. Also im guten Fall habe ich allein den Erfolg produziert, aber im schlechten Fall habe ich auch allein den Misserfolg produziert. Das hatte durchaus viel Kick auslöst und kurz- und mittelfristig Kräfte freigesetzt, leider aber auf Kosten der Substanz.

Liste der Bedürfnisse (sicher noch nicht endgültig):
Körperliche Bedürfnisse nach:
- Geborgenheit
- Körperlicher Nähe
- Zärtlichkeit
- Sexualität

Emotionale Bedürfnisse nach:
- Beschützt werden
- Getragen sein
- Rückendeckung bekommen
- Unterstützung erhalten
- Autonomie leben
- Freiheit leben
- Vertrauen bekommen
- Anerkennung bekommen
- Gesehen und gehört werden
- Mich auch schwach zeigen dürfen
- Mich fallen lassen können
- Liebe schenken und erfahren
- Wertschätzung schenken und erfahren

Jetzt war ich also schon einen Schritt weiter zu akzeptieren, dass ich Bedürfnisse hatte und dass ich auch selbst dafür die *Verantwortung* übernehmen konnte, mir diese Bedürfnisse auch zu erfüllen. Aber wie? Ich fing an, sehr verkopft zu werden in all den Überlegungen, was ich wie und womit verbinden könnte, bis ich bemerkte, dass die Frage noch viel einfacher war als gedacht. Ich fing also an, die Frage noch einfacher zu stellen: Was bereitet mir *Freude*? Eigentlich eine triviale Frage, aber es brauchte einige Zeit, bis ich ein paar wenige Punkte zusammenbrachte.

Und damit wir uns richtig verstehen, ich war zu diesem Zeitpunkt nicht mehr im Akutstadium meiner Krankheit. Ich hatte gar keine Ahnung, dass mein Leben so ausgehöhlt, quasi eine Monokultur gewesen war. Alles nur auf eine Karte gesetzt. 40 Jahre hatte ich nur einem Ziel gewidmet: der Beste zu sein, um irgendwann Anerkennung zu bekommen – welch ein Wahnsinn! Unternehmerisch gesehen müsste ich sofort aus meinem Leben entlassen werden, denn mit dieser Strategie würde ich niemals einen »Return on Investment« generieren. Einfach gesagt, alles was ich bisher eingesetzt hatte, lohnte sich nicht. Plötzlich war eine Illusion geplatzt, vielleicht sogar ein Wahnsinn beendet. Langsam verstand ich die Aussage von Anthony Robbins, einem der weltweit bekanntesten Erfolgstrainer aus den USA, den ich auf einem Seminar im Jahr 2000 sagen hörte: »Die Menschen wissen gar nicht, was sie sich wünschen, wenn sie sagen: die Rente. Denn ein Großteil von ihnen stirbt innerhalb kurzer Zeit, nachdem sie in Rente gegangen sind.«

Na klar, denn sie haben keine Aufgabe mehr. Nichts mehr, was Sinn ergibt, denn sie haben ihren Sinn nie erfahren. Nun stehe ich da, 48 Jahre alt und erlebe, wie ich mein Leben völlig neu lernen darf, mit so einer ganz simplen Frage: Was bereitet mir Freude? Und siehe da, nachdem ich angefangen hatte, darüber nachzudenken, was ich früher denn gerne getan hatte, sprudelte es plötzlich wie ein Wasserfall heraus. Doch schauen Sie selbst. Vielleicht gehen auch Sie mal gedanklich Ihre Liste durch, am besten noch, bevor Sie in Rente gehen.

Was bereitet mir Freude?

- Joggen am Ammersee, im Englischen Garten, im Nördlichen Friedhof, …
- Inliner fahren Wielenbach, Andechs – Starnberg, …
- Schwimmen im See Ammersee, Chiemsee, …
- Segeln Regatta, Match-Race, hart am Wind im Meer, …
- Nordic Walking Luitpold-Park, Andechs, Pähler Höhenweg, …
- Bergsteigen Zillertal, Stubaier Höhenweg, …
- Wandern Pähler Höhenweg, …
- Tauchen Koh Lanta, Great Barrier Reef, Rotes Meer, …
- Langlaufen Andechs, St. Moritz, …
- Gutes Essen zu Hause zelebrieren mit Kerzen, Deko, …
- Lecker essen im Restaurant Inder Sangam, Italiener, …
- Gute Gespräche führen einfach so über den Tag oder Träume, …
- Tango tanzen Loft Pasing, Kurs am Chiemsee, Lo de Laura, …
- Kino lustige Filme, wie »Ziemlich beste Freunde«, …
- Theater Brandner Kasper, Glyptothek, …
- Karten, Backgammon spielen Marie-Anne, Moni, …

- Kuscheln, Rücken kraulen, Fußmassage mit Öl, …
- Sex lust- und liebevoll, …
- Reisen Neuseeland, Patagonien, Kanada, Natur pur, …
- Seminare Tanztherapie, körperbezogene Arbeit, Atemtherapie, …
- Dokus über interessante Menschen TV, DVD, Youtube, …
- Bücher lesen Leadership, Portraits, …
- Sonnenuntergang genießen Ammersee, Chiemsee, Berge, …
- Stille genießen am Wasser, im Wald, im Park, …
- Einen Baum umarmen im Wald oder Park, …
- Bilder malen mit Wachsmal-Kreide, Acryl, Aquarell, …
- Aufs Wasser schauen Schwimmsteg, Sprungturm, Balustrade, …
- Panorama-Blick von den Bergen Hütten, Almen, …
- Grillen bei den Eltern, …
- Sauna im Nordbad, AquaDome, …
- Picknick im Englischen Garten, auf dem Segelboot, …
- Fotografieren Portraits, Landschaften, …
- Singen aus vollem Herzen Chor, Gospel, a capella, …
- Emilie knuddeln, im Wasser spielen, Spielplatz, Zoo, Eis essen, …

Nun hatte ich also diese Liste. Am Anfang schien sie überwältigend, aber nach und nach entdeckte ich, wie viele Punkte ich jetzt im Alltag zu leben beginnen konnte. Und wie sieht Ihre Liste aus?

Sind alle Teile integriert, lebt es sich völlig ungeniert

»Stellen Sie sich vor, Ihr Leben ist ein Omnibus, Sie sitzen am Steuer, hinter Ihnen die Fahrgäste: all Ihre Erinnerungen, Gedanken, Gefühle, Lebensregeln – sie sind irgendwann eingestiegen in Ihren Bus und fahren jetzt mit. Manche dieser Fahrgäste mögen Sie richtig gern. Es gibt aber auch welche, die Sie nicht leiden können, rohe, schmuddelige Typen, die schlecht riechen, sich nicht benehmen können und randalieren. Manche sind nicht nur unangenehm, sie machen Ihnen auch Angst, sie drohen damit aufzustehen und nach vorne zu kommen, wenn Sie nicht das tun, was sie wollen. Natürlich können Sie versuchen, die unliebsamen Fahrgäste rauszuwerfen. Aber sie werden nicht gehen, und so lange Sie sich bemühen, sie in Schach zu halten, können Sie nicht weiterfahren. Ihr Omnibus steht.«[84]

Unsere Welt ist dual. Was heißt das? Es gibt immer zwei Pole. Das Männliche und das Weibliche. Das Yin und das Yang. Das Tief und das Hoch. Das Dunkel und das Licht. Plus und Minus. Materie und Antimaterie etc. Diese Pole sind immer in Balance. Das ist ein feststehendes Prinzip. Wenn wir zu stark männlich sind, braucht es einen Ausgleich durch weibliche Eigenschaften. Also wird auch das Weibliche stärker. Wenn wir zu unabhängig sind, werden die Abhängigen noch abhängiger, um die Balance herzustellen. Verstehen Sie das Prinzip der Dualität? Insofern ist egal, was zuerst da ist, das eine folgt dem anderen und umgekehrt. Das sagt schon eine lateinische Redewendung: »Mens sana in corpore sano.« Sie bedeutet: »Ein gesunder Geist in einem gesunden Körper.« In meinem Fall bedeutete es, dass ich durch meine Krankheit auf einen Weg der Achtsamkeit gekommen war. Achtsam kommt von »achten«. Achten auf mich selbst und meine Einmaligkeit mit allen Ecken und Kanten, achten auf die anderen und ihrer individuellen Einmaligkeit, achten auf die Situation, in der sich die Realität zeigt und entwickelt. Achtsam sein mit sich bedeutet also auch, sich in seiner Dualität anzunehmen, also die schönen Seiten derentwegen uns jeder beneidet, wie z. B. Schönheit, Liebe, Vertrauen, Lebensfreude, Inspiration und Hilfsbereitschaft, um nur einige zu nennen. Und dann die Eigenschaften, die wir selbst an uns nicht mögen und die wir vor anderen zu verstecken versuchen. Jetzt wissen wir ja bereits, dass das in der dualen Welt nicht funktioniert, denn je mehr ich meine »negativen Anteile« verstecke, leugne oder wegschiebe, umso mehr muss dann im Außen die Realität die Balance herstellen. Sprich die Realität wird mich mit Menschen in Kontakt sein lassen, die diese negativen Qualitäten offen ausleben. Autsch! Das kann ganz schön nerven und weh tun. Das ist also eine schlechte Strategie, es sei denn, wir wollen uns ständig mit den »Schattenmenschen« unseres Selbst beschäftigen.

Eine bessere Strategie lassen Sie mich mal so erklären: Das Leben ist wie eine Symphonie, in meinem Fall die Stefan-Götz-Symphonie, die ich selbst spiele. In meinem Orchester sitzen ganz viele hervorragende Musiker mit sehr unterschiedlichen Instrumenten und natürlich ist die erste und zweite Geige auch dabei. Sagen wir mal, dass alle meine Anteile, ob positiv ob negativ, mit Instrumenten besetzt sind und jedes fühlt sich mindestens so wichtig und so stark wie das andere. Was glauben Sie, ist meine Rolle? Zuschauer, Kritiker, Musiker, nein, im idealen Fall bin ich der Dirigent, der es versteht, alle Musiker zu akzeptieren, so hoch oder so tief, so laut oder so leise, so schräg oder so harmonisch sie auch sein mögen. Ein virtuoses Meisterstück wird dann daraus, wenn ich als Dirigent der Chef im Konzertsaal bin.

Und nach dem Konzert kann ich gerne einmal meine Schattenanteile Gassi gehen und sich amüsieren lassen. Das EGO darf jetzt auch mal zehn Minuten Spaß haben. Wir können unser EGO nicht leugnen, geschweige denn verdrängen und ich schätze meine Chancen zur Erleuchtung momentan nicht so groß ein, als dass ich mich mit dem Thema EGO nicht mehr beschäftigen müsste. Also lieber das EGO akzeptieren und lieben lernen und ab und zu an die frische Luft lassen. Und dann sind Sie dabei, immer noch als Herrchen oder Frauchen um das Schlimmste zu verhindern.

Was hat das aber mit der Schattenintegration zu tun? Sehr viel, denn diese Anteile haben sich mir immer mehr gezeigt. Ich konnte und wollte nicht mehr nur Mr. Nice Guy sein. Das war einfach nicht mehr stimmig. Jetzt war es wichtig geworden, mich auch mit den anderen Schattenteilen lieben zu lernen und zu zeigen. Das hieß nicht, dass ich sie auslebte, sondern ich konnte sie offen aussprechen, nicht mehr runterschlucken. Ich riskierte und wagte mich ganz und gar der ganze Stefan zu sein. Klar, dass macht mich vielleicht angreifbar, aber mein Gegenüber hat auch eine Chance, offen und ehrlich zu sein und damit auch stimmig für sich selbst. Erinnern Sie sich, es geht nicht um Glauben, sondern um eine alternative Sichtweise, die Sie einfach einmal ausprobieren können, vielleicht steht sie Ihnen auch gut oder inspiriert Sie zu Ihrer maßgeschneiderten, authentischen Perspektive?

Übungen zur Schattenintegration

Es gibt eine Vielzahl von Übungsmöglichkeiten, die darauf ausgelegt sind, die eigenen Schattenanteile zu integrieren. Hier möchte ich Ihnen nur eine Übersicht der Übungen geben, die mir am meisten geholfen haben:

- Verschmelzen mit dem Schatten (Deepak Chopra)[85]
- Körperzentrierte Herzensarbeit (Safi Nidiaye)[86]
- Radical Forgiveness Worksheet (Colin Tipping)[87]
- Schattenaufstellung und Integration (Chuck Spezzano)[88]

Leben & Gestalten – Entspannt im Hier und Jetzt

Jetzt lebe ich entspannt im Hier und Jetzt. Die Sonne scheint, mein Herz lacht und ich lasse den Tag auf mich zukommen, denn ich kenne meine Aufgabe, meine Richtung und der Weg dahin darf sich auf sehr kreative Weise entfalten. Und das viel intelligenter, als ich das jemals im voraus planen könnte. Das heißt, die Energie lesen zu lernen, Hinweisschilder zu beachten, Segel zu setzen und Kurs auf Mission und Lebensaufgabe zu nehmen. Auch wenn gerade mal draußen der Sturm tobt, bleibe ich im Inneren in Frieden und Gelassenheit, denn es kann mir nichts passieren. Frieden und Gelassenheit zünden ein Feuerwerk an Kreativität, Inspiration und Freude, mit dem ich lockerleicht neue Wege gehen kann, denn jetzt bin ich nicht mehr allein. Weggefährten finden sich ein, denn mit dieser Energie, die wie ein Leuchtturm strahlt, ziehe ich sie nahezu magisch an. So können wir gemeinsam Segeln gehen.

Ich bin weder heilig noch allwissend, schon gar nicht jemand, der auf Wolke Sieben schwebt. Anders als früher aber, wenn Sie sich erinnern, starte ich nicht schon mit dem Aufheizen des Dampfkessels Stefan und beantworte um 6.30 Uhr im Schlafanzug meine E-Mails, sondern beginne damit, wach zu werden und wahrzunehmen, was ist. Welche Energie ist gerade da? Wie spüre ich mich? Was ist das für ein Tag? Dann ziehe ich mich an, gehe raus zum See und verbinde mich erst einmal mit der Natur, was ich sehen, hören, spüren, riechen und vielleicht sogar schmecken kann. Am See beginne ich meinen Körper aufzuwecken mit Dehnungs-, Balance- und Kraftübungen. Ganz wichtig ist mir dabei, keinen Sport zu betreiben, sondern mich und die Natur zu spüren. Wenn der Körper wach ist, wecke ich den Geist, indem ich auf den See schaue und genau dann kommt dieses Gefühl von Ruhe, Stille, Frieden, Freude und Dankbarkeit.

Da ist kein brachialer Dampfkessel mehr, sondern meine innere Stimme ruft in die Welt hinaus: Danke! Danke! Danke! Wie schön das hier ist! Welches Glück ich habe, hier leben zu dürfen. Ich spüre mich, meine Wurzeln nach unten und meine Verbindung nach oben. Der Tag kann beginnen, ich gebe mich meiner Aufgabe hin und bin gespannt, welche Überraschungen heute passieren. Hauptsache im Fluss bleiben, dann flutscht alles, ich erfahre Leichtigkeit überall und arbeite nicht mehr, sondern widme mich dem, was wirklich wichtig und sinnvoll ist, meiner Aufgabe und meiner Mission. Alles bleibt hoch energetisch – kein Burn-out.

Ein Ausbrennen kommt nämlich auch daher, dass wir sinnlose Dinge machen. Sinnlos für uns, weil es uns und unserer Mission nicht entspricht, sinnlos, weil es allein unserem EGO dient, sinnlos, weil es weder der Natur noch den Menschen dient. Menschen ernähren sich durch einen Sinn, den sie erkennen können und leben dürfen. Oder wie hätte sonst Nelson Mandela 27 Jahre im Gefängnis überleben können, um dann in Südafrika als erster schwarzer Präsident die Apartheid friedlich abzuschaffen? Und wie gesagt: Ab und zu dürfen Alpha-Tier-Tage auch dazwischenfallen, dann bitte mit dem EGO Gassigehen oder die Turbo-Boost-Funktion nutzen und Vollgas geben im Wald oder gegen den Boxsack.

Merken Sie den Unterschied zu früher?

Keiner hat irgendetwas davon, wenn wir hektisch Arbeitsbeschaffung betreiben, nur damit wir unsere Ängste, Gier und das Getriebensein nicht spüren müssen. Wir nicht und die Welt schon gar nicht. Nur, wie sieht das oft aus bei uns Führungskräften? Welchen Motiven folgen wir? Und welchen Nutzen haben das Unternehmen und die Kunden davon? Und welchen Nutzen haben die Gesellschaft und die Natur davon? Welche Potenziale könnten Führungskräfte entfalten, wenn sie im besten Sinne der Metapher »den Weg des geringsten Widerstandes gingen«, um in der völligen Präsenz neue, sinnvolle Antworten auf die Herausforderungen des 21. Jahrhunderts zu finden, weil dauerhafter Erfolg menschlich ist? Unternehmen dienen Menschen, denn hinter jedem Kunden steht ein Mensch, hinter jedem Aktionär steht ein Mensch, hinter jedem Zulieferer steht ein Mensch, hinter jedem Mitarbeiter steht ein Mensch, der in einem Netzwerk von Menschen lebt, die eine Gesellschaft beeinflussen können und wollen.

Um unsere Aufgabe zu erfüllen, brauchen wir unsere Wahrnehmung als höchstes Gut. Ich persönlich habe bemerkt, dass meine Energiekurve nach etwa 45 Minuten abnimmt. Dann stelle ich mein System auf Autopilot und manchmal sogar auf Stand-by, was für ein guter Zustand, um Energie zu sparen. Aber ich will nicht sparen, sondern Energie lenken, die immer da ist. Deshalb nehme ich mein Handy, stelle den Timer auf 45 Minuten, und wenn die Uhr abläuft, beende ich das, was ich gerade gemacht habe und widme mich und meine Energie anderen Kreativitätsimpulsen, wie z. B. Staubsaugen, Küche aufräumen, kochen, Einkäufe tätigen oder den besten Herrschinger Cappuccino im K68 trinken. Früher waren das lästige Dinge, jetzt freue ich mich schon auf die nächste Pause, weil ich darin Kreativität tanke, die später wieder aus mir heraussprudelt. Cool, oder? Früher undenkbar. Ich gönne mir jetzt einfach das, was ich gerade brauche, hetze mich nicht mehr zum Essen ab, um anschließend hektisch etwas Sinnloses zu tun.

Heute genieße ich immer öfter diese Ruhe, die ich früher mit meinem Dampfkessel nie ausgehalten hätte. Dann kommen mir diese und jene Ideen, meist im Gespräch, unterwegs, in der Natur, einfach überall, sodass ich dazu übergegangen bin, Ideen zum Buch in mein iPhone zu diktieren, weil ich es danach fast direkt transkribieren kann. Alles fließt, alles flutscht, ich gehe nicht hektisch an jedes Klingeln des Handys ran für ein unsinniges Gefühl von Wichtigkeit, sondern entscheide: Passt das jetzt oder passt es nicht? Stimmigkeit ist entscheidend und vor oder nach dem Mittagessen braucht mein Körper Bewegung, also packe ich meine Nordic-Walking-Stecken und gehe am Ostufer des Ammersees entlang, vorbei am Schilf, an schönen Gärten, spüre mich, meinen Körper und die frische Luft. Sitze am Steg des Schullandheims wunderbar auf der Bank und sage wieder: Danke! Danke! Danke! Auf dem Rückweg gibt es Spaß am Vollgas. Nach der Dusche flitzen wieder die Hände beim Schreiben und ein Strahlen huscht über mein Gesicht.

Kein Don Quijote. »Go with the flow.« Oder: Mit dem Fluss gehen, einfach verspielt bleiben, je flexibler wir sind, desto leichter kommen wir ans Ziel. Mit der Energie gehen und nicht dagegen. Zu diesem Zweck schaue ich mir gerne Dokumentationen von BBC und National Geographic an, z. B. über Delphine. Wie neugierig, kraftvoll und verspielt sie sind und wie genial sie als Delphin-Schule gemeinsam jagen, denn auch sie sind ein Team als Jäger. Wenn Sie im Alltag wieder vergessen, wer Sie sind, sich verirren, sich nicht ganz wohl fühlen, überall anecken und nirgends so ganz zu Hause sind, dann kann Sie Achtsamkeit wieder zu sich selbst führen. Ich wünsche es Ihnen und schenke Ihnen einige praktische Tipps zu Achtsamkeit. Viel Freude damit.

Achtsamkeitsstrategien Integraler Change Leader

Der Schlüssel: Integraler Achtsamkeits-Kompass

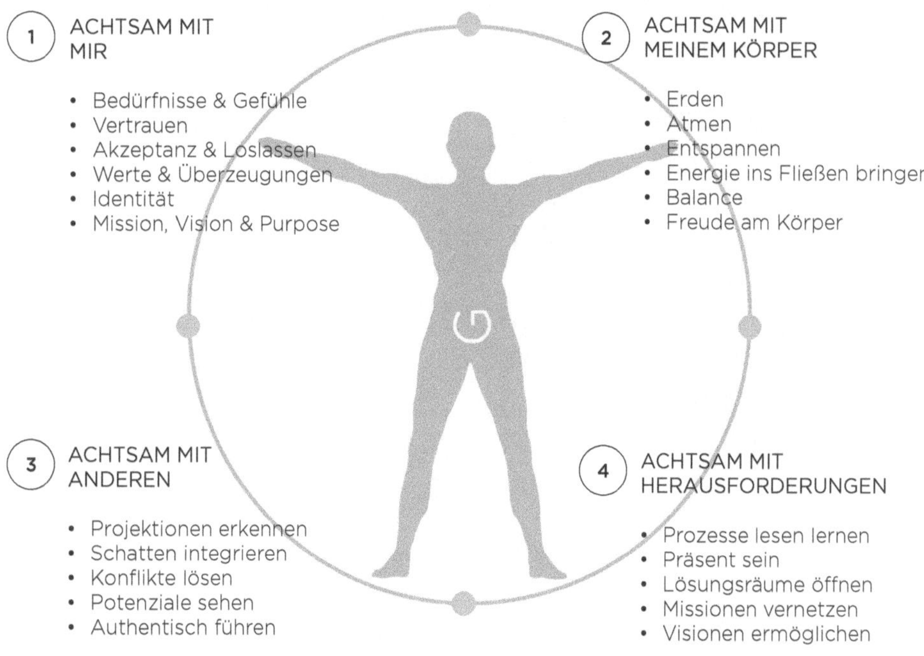

Abb. 35: Integraler Achtsamkeits-Kompass IAK (Götz 2014)

Achtsamkeit mit sich, dem Körper, den anderen und den Herausforderungen eröffnet einen neuen Lösungsraum im Alltag, individuell und organisational. Alles, was es braucht, ist Vertrauen und Bewusstsein für ein Leben im Moment. Klingt das zu fremd? Vielleicht. Meine Erfahrung zeigt, dass, wenn wir uns einlassen auf das, was gerade passiert, ein selbstbestimmtes Leben ohne »Hamsterrad« möglich ist – und ein unternehmerisches Arbeiten, das geprägt ist von Leichtigkeit, der Entfaltung eigener Potenziale und der Potenziale des Umfelds.

1. *Achtsam mit mir*

Zuerst geht es um ein Verständnis und ein Gespür für ein Leben in Achtsamkeit. Der Integrale Achtsamkeits-Kompass IAK, eine innere Ressource, unterstützt uns und weist den Weg. Wir können wieder mehr unser Bewusstsein schärfen für unsere Bedürfnisse und Werte – für das, was uns wirklich wichtig ist. Zu erforschen gilt es im Alltag: Was sind meine Bedürfnisse und Werte und wie lerne ich Vertrauen, Akzeptanz und Loslassen?

Wichtige Übungen können sein:
- Achtsamkeitsübungen
- Integraler Achtsamkeits-Kompass IAK
- Integrales Arbeiten nach Ken Wilber und Clare Graves
- Körperübungen
- Systemische Fragen
- Aktivierungen und Meditationen
- Unterstützungssysteme
- Wahrnehmungsübungen

2. *Achtsam mit dem Körper*

Aufbauend auf den inneren Ressourcen und dem Integralen Achtsamkeits-Kompass IAK geht es darum, uns und unseren Körper wieder zu spüren, Körper-Signale als Wegweiser für Stimmigkeit wahrzunehmen und ein wertschätzendes Gespür dafür zu bekommen, in welcher Energie, Flüssigkeit oder Festigkeit wir gerade mit unserem Körper präsent sind, ohne es zu bewerten und verändern zu wollen. Dadurch können wir wieder erfahren, wie wir zu einer neuen, ausbalancierten Stärke finden, wenn wir nicht dem Herdentrieb folgen, sondern dem *Körper-Bewusstsein.* Entscheidungen aus der inneren Mitte schenken uns mehr Fokus, souveränes Handeln und leichten Erfolg ohne Stress. Achtsamkeit des Körpers heißt auch Grounden und Atmen, Anspannen und Entspannen, Meditieren und Kontemplation (als Beispiele).

Wichtige Übungen können sein:

- Achtsamkeitsübungen
- Körperwahrnehmungsschulung
- Entspannungstechniken
- Atemtechniken
- Energiearbeit
- Aktivierungen und Meditationen
- Geführte Meditationen
- Körperexpression
- Integrationstechniken

3. Achtsam mit Anderen

Nachdem wir aus unserer Mitte heraus leben lernen, orientieren wir uns nun nach außen. Ein souveränes Miteinander gelingt dann, wenn wir uns unserer eigenen Bedürfnisse und Bewertungen bewusst sind und Projektionen auf unser Umfeld zurücknehmen. Jetzt beginnen wir, voll aus unserem Potenzial zu handeln und laden andere dazu ein, mit uns in eine achtsame *Kommunikation* zu treten. In dieser *wertschätzenden Art* wachsen alle über sich hinaus in ein Feld der Möglichkeiten.

Wichtige Übungen können sein:

- Projektions- und Schattenarbeit
- Wahrnehmungsübungen
- Gewaltfreie Kommunikation
- Integrale Vertrauensarbeit
- Achtsamkeit
- Wertschätzung

4. Achtsam mit Herausforderungen

Unser Kompass führt uns jetzt auf die Bühne unseres Lebens, mit den großen und kleinen Herausforderungen des Alltags. Mit dem neu gewonnen Vertrauen, genau das zu akzeptieren, was gerade passiert, lernen wir einen *Lösungsraum* zu öffnen. Hier erreichen wir Ziele mit *Präsenz* und ohne Druck, entdecken kreative, leichte Wege, weil wir beginnen, die Hinweisschilder auf dem Weg lesen zu lernen. Diese Achtsamkeit ist völlig unaufgeregt erfolgreich, weil wir unseren Talenten und unserer Aufgabe dienen.

Wichtige Übungen können sein:
- Präsenzarbeit, U-Prozess und Prototyping
- Reading und Potenzial Mapping
- Integraler Achtsamkeits-Kompass IAK
- Integrale Vertrauensarbeit
- Lösungsfeld-, Wahrnehmungs- und Intuitionsübungen

Kapitel 7

Aufbruch in die neue Ära

7. KAPITEL

Aufbruch in die neue Ära

Alles hängt mit allem zusammen

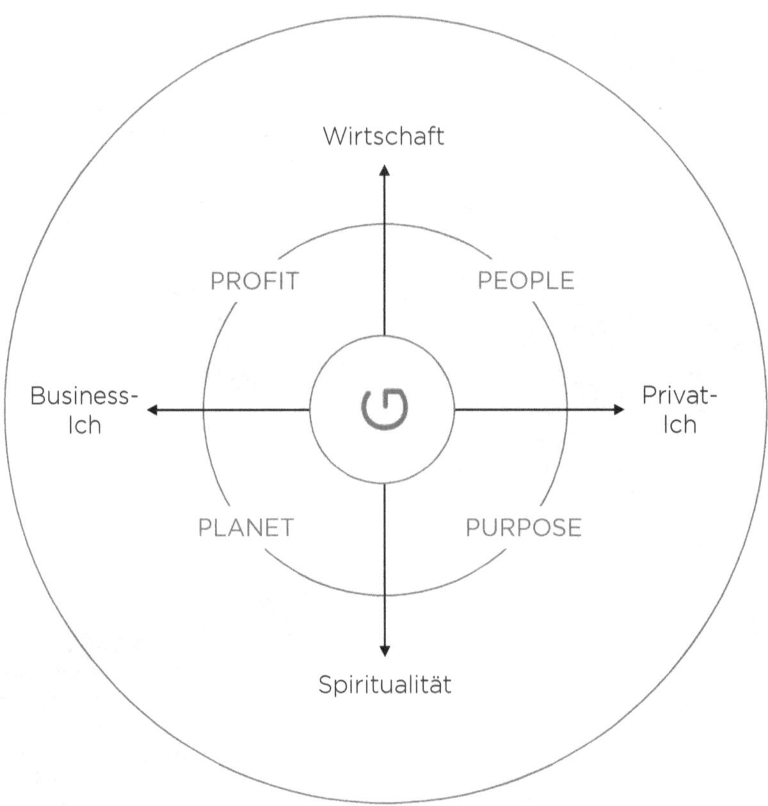

Abb. 36: Integrales Weltmodell (Götz 2014)

Was taugt aber ein »Integraler Innerer Kompass« oder eine integrale Achtsamkeits-Richtschnur, wenn wir keine integrale Weltsicht haben? Change Leader sind Menschen, die eine neue Wirtschaftskultur leben und dafür aus ihrem authentischen Kern heraus mit einer hohen Wirksamkeit für das »Große Ganze« handeln und durch kreative und integrale Lösungen gleichermaßen dem Menschen, dem Planeten und dem Profit dienen.

Die Chance für jeden von uns besteht in einer integralen Weltsicht. Doch eine integrale Weltsicht können wir uns nicht erdenken, wenn wir das Integrale nicht in uns leben können. Wie sonst wollen wir aufbrechen in die neue Ära, wenn wir ein gespaltenes Bewusstsein haben? Wir und die Welt sind nicht voneinander getrennt oder unabhängig. Wir und die Welt sind von Natur aus verbunden, aber vielleicht haben manche von uns aus »guten« Gründen eine Unterscheidung gewählt zwischen dem Privaten und dem Business und zwischen der Wirtschaft und der Spiritualität. Nur, wie teilen wir eine solche Fragmentierung in uns auf? Welche Konsequenzen hat das für unser Leben? Wie zerrissen agieren wir zwischen unserem Leben zwischen 8 und 18 Uhr im Job und zwischen 18 und 8 Uhr privat, wenn wir unterschiedliche Werte leben? Und wieso ist eine Work-Life-Balance von Natur aus der falsche Weg, denn ein Handeln aus dem »Purpose«, sprich aus der Bestimmung, kennt keine Trennung in Uhrzeiten. Was wäre, wenn diese Zerrissenheit zu Burn-Out führt und nicht die Anzahl der Arbeitsstunden, wenn wir ein Großteil unserer Energie dafür benötigen, gegen unsere Natur zu arbeiten?

Prüfen Sie das bitte für sich selbst genau nach. Zeichnen Sie doch einmal auf der »Integralen Weltkarte« ein, ob Sie in Balance sind. Und wenn das für Sie und mich als Individuen gilt, dann doch erst Recht für die Gesellschaft und Wirtschaft, für Systeme, in denen wir leben, denn Purpose, People, Planet und Profit gehören untrennbar zusammen. Da ist kein Entweder-oder, sondern ein Sowohl-als-auch. Erst ein Handeln aus dem Purpose ermöglicht Profit für ein nachhaltiges Handeln für den Planeten und People.

Starten Sie Ihre eigene Integrale Leadership-Journey

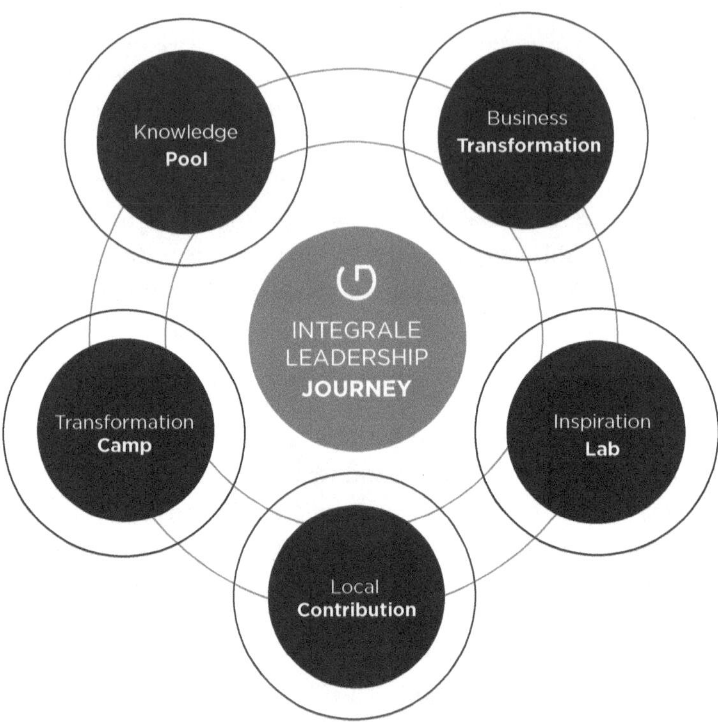

Abb. 37: Integrale Leadership-Journey (Götz 2014)

Die Integrale Leadership-Journey ist eine offene, vernetzte Entwicklungsplattform für eine neue Generation von verantwortungsbewussten Menschen. Ich nenne sie gerne *Change Leader*, Menschen wie Sie und ich, weil sie sich unabhängig von ihrer Position in Wirtschaft oder Gesellschaft leidenschaftlich dafür einsetzen, diesen Planeten zu einem nachhaltigeren System zu transformieren und ihrem Leben und ihren Unternehmen dafür eine neue Ausrichtung zu geben. Denken und fühlen Sie sich bitte in diese Change Leader hinein:

Wie schaffen Sie es, nachhaltig und aus Ihrer Essenz heraus wirksam zu sein, um diesen Wandel mitzugestalten? Jeder von Ihnen, der ein Seminar, eine Seminarreihe oder ein mehrjähriges Leadership-Curriculum besucht hat, weiß, dass Sie meist am Ende davon, nach ein paar Tagen, Wochen oder Monaten, wieder von der »alten Wirklichkeit« eingeholt werden. Die Integrale Leadership-Journey ist eine »Community of Practice«, also eine Gemeinschaft von Gleichgesinnten, die Praktiken für den Alltag weiterentwickeln, um in die neue Ära aufzubrechen. Diese Gemeinschaft ist eine Antwort auf das Bedürfnis zu wachsen, zu lernen, zu inspirieren und beizutragen. In fünf verschiedenen Entwicklungs-, Inspirations- und Transformationsfeldern entstehen darüber hinaus strategische Lern-Partnerschaften, um den notwendigen Wandel nachhaltig zu bewirken. Dafür betreten Sie gleichzeitig fünf Felder flüssig, d. h. frei und unabhängig, vernetzt, offen und angemessen zu dem Stand Ihrer eigenen Leadership-Journey, in der Sie Ihre Beziehungs- und Wandlungsfähigkeiten erweitern.

Der »Integrale Expeditionsleiter« unserer eigenen Leadership-Journey sorgt für die notwendige Integration aller Entwicklungs-Impulse, für ein *Mehr* an Wahrnehmung, ein *Mehr* an Bewusstsein, ein *Mehr* an Beziehungs- und Wandlungsfähigkeit und ein *Mehr* an Selbstwirksamkeit für das, was Ihnen als Change Leader wirklich wichtig ist, nämlich selbst der Wandel zu sein für eine integrale Gesellschaft.

Zu den fünf Feldern gehört das *Integrale Leadership Inspiration Lab*, regional verankert in unserem Lebensumfeld, in dem wir unsere wechselseitigen Wahrnehmungs- und Transformationsfähigkeiten co-kreativ entwickeln.

Das nächste Feld bezieht sich auf den gesellschaftlich wirksamen Beitrag durch die *Integrale Leadership Contribution*. Hier widmen wir uns einer Gemeinschaft, die Unterstützung braucht und von der wir uns inspirieren und leiten lassen können, für eine Fürsorge jenseits unseres unmittelbaren Umfelds.

Das Feld *Leadership Transformation Camp* ist eine einwöchige Kultur- und Sozialwerkstatt, bei der Menschen wie Sie und ich und aus anderen Ländern gemeinsam das individuelle und kollektive Bewusstsein anheben, um für die notwendige Transformationen in Gesellschaft und Wirtschaft zu sorgen.

Das Wissen, die Praktiken, Tools und Kompetenzen, die aus allen Feldern emergieren, werden im Feld *Integrales Leadership Knowledge* verfügbar gemacht: Es ist die »Integrale Wikipedia«, wird von einem »Knowledge Gardener« behutsam gepflegt und von einem »Knowledge Ambassador« in die Welt getragen. Es verbindet State-of-the-Art-Methoden integralen Bewusstseins, wie z. B. die U-Theorie (U-Prozess), Integrale-Leadership-Ansätze, Feldwahrnehmungen,

System Reading, Presencing und andere auf Bewusstsein basierende Techniken und Konzepte.

Im Feld der *Integralen Business Transformation* werden das Bewusstsein aus der Leadership-Journey sichtbar, die Wandlungs- und Transformationsfähigkeiten aus dem Transformation Camp und dem Inspiration Lab wirksam und die Fürsorge fühlbar. Zusammen mit unseren strategischen *Lern-Partnerschaften* unterstützen wir uns gegenseitig nachhaltig darin, unser höchstes Potenzial in allen fünf Feldern zu leben, um einen systemweiten Wandel zu unterstützen für eine Wirtschaft, die allen dienen kann.

Fünf Transformationsfelder für eine neue Ära

Was bedeutet eine Integrale Leadership-Journey?

Entfalten des Change Leaders in Ihnen

- Anheben des individuellen und kollektiven Bewusstseins
- Erforschen der eigenen Essenz
- Erlernen der Präsenz, um das höchstmögliche Potenzial zu downloaden
- Entwickeln co-creativer Leadership-Fähigkeiten

Sie werden geführt, herausgefordert, gespiegelt auf Ihrer Leadership-Journey, zusammen mit dem Expeditionsleiter, z. B. Stefan Götz oder Georges Pór. Gemeinsam mit uns machen Sie sich für ein Jahr der inneren Entwicklungsreise bereit und stehen ganz zur Verfügung, um der Entwicklung und dem höchsten Potenzial als Integraler Change Leader zu dienen. Beide Leiter haben sich dazu committed, den Prozess des Entfaltens so zu gestalten, dass er wechselseitig spürend, co-kreativ und co-prototyping ist. Dieser Prozess findet persönlich, in der Natur, an Kraftplätzen und via Skype, Telefon und E-Mail statt.

1. Feld: Integral Leadership Inspiration Lab

Co-Evolving der Change Leader

Der Austausch findet mit Integralen Change Leadern über Branchen, gesellschaftliche Gruppen und Disziplinen hinweg statt, um effektive Integrale Leadership-Praktiken zu teilen, um zu reflektieren über individuelle und organisationale Bewusstseinsentwicklung. Zweimonatliche, regionale Ein-Tages-Meetings, die durch einen Integralen Leadership-Ambassador moderiert werden.

2. Feld: Integral Leadership Contribution

Co-Caring der Change Leader

Verantwortung und Fürsorge mitübernehmen für die integrale Entwicklung einer Gemeinschaft und Teilen des Spirits »We care«. Fortwährende Begleitung dieser Gemeinschaft.

3. Feld: Integral Leadership Transformation Camp

Co-Creating der Change Leader

Co-Sensing and Co-Prototyping integraler Leadership-Praktiken, Co-Creating einer Second-Tier-Organisation, Co-Creating einer Second-Tier-Gesellschaft. Einmal jährlich findet in Kapstadt, Südafrika, das Business Transformation Camp statt, das von vier Integralen Leadership-Ambassadors und dem Expeditionsleiter moderiert wird.

4. Feld: Integral Leadership Knowledge Pool

Co-Developping Knowledge der Change Leader,
Co-Creating der Communities of Practice

… über Online-Communities, moderiert vom Knowledge Gardener und Knowledge Ambassador.

5. Feld: Integral Leadership Business Transformation

Co-Prototyping des Business Change

Co-Sensing und Co-Prototyping Integraler Leadership-Praktiken, Co-Creating einer Second-Tier-Organisation. Gemeinsam mit dem strategischen Lern-Partner werden Modelle, Werkzeuge und Kompetenzen eingeführt.

Sind Sie bereit?

Change Leader wie Sie und ich sind selbstbewusste und wirklich verantwortungsvolle Menschen, die eine über sich selbst hinausgehende Begeisterung und Fürsorge für alles Leben und die Welt in sich tragen, die eine authentische Lebenspraxis für sich entwickelt haben und die spürbar das leben, wovon sie sprechen. Dazu benötigen sie eine große *Vision*, die aus ihrem tiefsten Herzen kommt und die sie leidenschaftlich begeistern kann. Es ist die Vision einer neuen Gesellschaft und Kultur, in der jeder seinen Platz finden und sich gemäß seinen Potenzialen entfalten, einbringen und leben kann. Diese Vision kann jeden einladen und inspirieren, auch in sich den unwiderstehlichen Drang zu spüren, den überfälligen Wandel einzuladen, mitzugestalten und leben zu wollen. Arbeit wird dann zu der freudvollen Aufgabe, die eigenen Potenziale in der Welt zur Verfügung zu stellen.

Für Change Leader ist Integrales Leadership nicht das noch bessere Coaching oder der noch bessere Leadership-Ansatz, um im Sinne eines orangen Bewusstseins 5.0 in der Gesellschaft und in Unternehmen »noch mehr aus noch weniger« zu machen, um der »noch bessere« zu sein und zu gewinnen. Ein Integraler Change Leader zu sein, bedeutet, dass wir uns *nicht mehr nicht* um unseren Beitrag für die Welt kümmern können. Deshalb zeichnet diese Menschen ein hohes Maß an *Commitment* für folgende Themen aus:

- Entwickeln der Wahrnehmungsfähigkeiten und des Bewusstseins zu den eigenen Licht- und Schattenseiten, Grenzen und zum Potenzial.
- Den Mut, sich zu erforschen und zu erweitern, um »flüssig« mit dem Leben und dem Bewusstsein zu bleiben.
- Ein hohes Bewusstsein für ihre Wandlungsfähigkeit und Manifestationskraft, was soviel bedeutet wie, sich selbst innovativ als Kraft wirken zu lassen.
- Sichtweisen immer wieder zu updaten.
- Fähigkeiten des vernetzten Denkens, Fühlens und Handelns pflegen, um transrationale Räume zu betreten, die das Führen aus der Zukunft ermöglichen und eine hohe Synchronisierung mit dem »Feld« herzustellen.

Das ist auch Ihre Basis für eine neue, das Individuum weit überschreitende, emergierende Intelligenz – eine *kollektive Intelligenz*, die einen Bewusstseinssprung in der Wirtschaft und Gesellschaft ermöglicht.

Sind Sie bereit?

Anhang

Über den Autor

Stefan Götz ist ein leidenschaftlicher Mutmacher und Gefährte für alle, die an einen neuen Weg in der Wirtschaft glauben: Menschen, die entschieden zu einem Wandel beitragen wollen. Er geht mit ihnen auf Expedition in die Zukunft, zeigt aus seinen Erfahrungen Potenziale im Menschen selbst und in der Wirtschaft auf und unterstützt dabei, mit dem traditionellen Denken dort zu brechen, wo es wirklich nottut. Mit Change Leadern verschiedener Disziplinen schält er seit 20 Jahren neue Ansätze, Denkweisen und Perspektiven in den Bereichen Leadership, Innovation und Change heraus und inspiriert gemeinsam mit seinen Klienten den Kulturwandel von Unternehmen, die leidenschaftliche Vorreiter sind.

Themenschwerpunkte

- Integral Leadership & Corporate Culture Development
- Filminterviews mit Change Leadern aus Kunst, Kultur, Wissenschaft, Umwelt, Natur, Business, Spiritualität und Sport zu Leadership, Innovationen und Change

Arbeitsweise und Philosophie

- Integraler Ansatz zur unternehmerischen Potenzialentfaltung der nächsten Generation nach Ken Wilber (post-post-modern)
- 23 Jahre Expertise in Beratung und Design von nachhaltigen Architekturen für Leadership-Development-Programme (global)
- Führung von interdisziplinären, anbieterübergreifenden Beraterteams zur Betreuung und Begleitung von Kulturwandel
- Emotionale Kompetenz mit feinem Gespür für organisationale Fixierungen, Lösungen und individuelle, organisationale und unternehmerische Potenzialentfaltung

Stefan Götz' Integraler Innerer Kompass

Vision

Eine Wirtschaft, die allen dient und die Herausforderungen des Planeten nachhaltig löst.

Mission

Herzen öffnen und Liebe entfalten von Change Leadern, für Bewusstseinssprünge und nachhaltige Lösungen, die allen dienen.

Identität

Ich bin Wegbegleiter und Potenzial-Entfalter für ambitionierte Menschen, die eine evolutionäre Unternehmens-Kultur gestalten und sich dafür Inspirationen wünschen, die bewegen und den Unterschied ausmachen.

Überzeugung

Liebe und Bewusstsein lösen alle Herausforderungen.

Wert: Vertrauen

Ich habe Vertrauen in das Leben, in die universelle Führung, in das Jetzt, in mich und den Anderen. Ich lasse mich in meinem Verhalten von Vertrauen leiten. Sobald ich Angst spüre, verbinde ich mich wieder mit mir selbst, der Natur und den Menschen um mich herum. Ich vertraue mir, meiner Führung und den Herausforderungen in meinem Leben als Wegweiser für meinen Sinn und zur Entfaltung meines Potenzials. Ich vertraue meinen Fähigkeiten, dass ich jede Situation meistern kann, weil mir auch die Werkzeuge dafür zur Verfügung stehen.

Ich vertraue dem Universum, dass es auf sehr kreative Art und Weise Antworten auf meine Vision und Mission findet, die zum allerhöchsten Wohle aller sind.

Wert: Authentizität

Das bedeutet für mich, mich ganz und gar zu zeigen mit meiner Stimmigkeit zwischen Verhalten, Denken und Fühlen. Meine Intention ist spürbar das zu leben, wovon ich spreche. Ich entwickle eine authentische Lebenspraxis in den Feldern Geist, Körper, Verstand, Beziehung und Herausforderungen. Ich arbeite an der Integration meiner unbewussten Selbstanteile, um authentisch der zu werden, der ich bin.

Wert: Inspiration

Das heißt, mein Herz und Bewusstsein so zu öffnen, dass ich die Potenziale im Anderen und in mir erkenne und zum Entfalten einlade. Ich arbeite an meinem Bewusstsein und meiner Präsenz, um der Welt neugierig und wertfrei zu begegnen. Dadurch kann ich meine Potenziale für meine Vision entfalten. Ich bin durch Menschen und deren Wege inspiriert. Ich inspiriere, berühre Menschen, mutig ihre Potenziale zu entfalten.

Wert: Liebe

Das ist der Wert mit der höchsten Energie zur Schöpfung von Lebensräumen in Balance zwischen Ökonomie, Ökologie und dem Sozialen. Ich öffne mein Herz und Bewusstsein, um Lösungsräume der höchsten Energie zum Wohle aller zu ermöglichen. Um Entscheidungen zu fällen, nutze ich neben dem Verstand die Liebe mit der Frage: »Was würde die Liebe tun?« Ich erkenne an, dass Liebe kreieren und auch zerstören kann, wenn es der Wahrheit dient.

Sachregister

Personenregister

Firmenregister

Abbildungsverzeichnis

Ich lade Sie ein, alle Abbildungen zu teilen, damit der Wandel in der Welt noch schneller passieren kann. Deshalb habe ich auf meiner Webseite einen Blogartikel angelegt: http://stefan-goetz.com/buch-change-leader-inside/abbildungen/.

Fotoverzeichnis

Ich lade Sie ein, alle Fotos zu teilen, damit der Wandel in der Welt noch schneller passieren kann. Deshalb habe ich auf meiner Webseite einen Blogartikel angelegt: http://stefan-goetz.com/buch-change-leader-inside/fotos/.

Videoverzeichnis

Ich lade Sie ein, alle Videos zu teilen, damit der Wandel in der Welt noch schneller passieren kann. Deshalb habe ich auf meiner Webseite einen Blogartikel angelegt: http://stefan-goetz.com/buch-change-leader-inside/videos/.

Literaturverzeichnis

Aggrey J. und Erlbruch, W. (1998): *Der Adler, der nicht fliegen wollte*, Peter Hammer, Wuppertal ist das Original der Geschichte, das in diese Form abgewandelt wurde von einer unbekannten Quelle

Antonowsky, A. (1979): *Health, stress, and coping. New perspectives on mental and physical well-being*, Jossey-Bass Publishers, San Francisco

Bauer, J. (2008): *Prinzip Menschlichkeit: Warum wir von Natur aus kooperieren*, Heyne, München, 6. Auflage 9/2008, S. 203–204

Beck, D. E. und Cowan, C. (2008): *Spiral Dynamics – Leadership, Werte und Wandel: Eine Landkarte für das Business, Politik und Gesellschaft im 21. Jahrhundert*, Kamphausen, Bielefeld, 2. Auflage 2008

Berger, R. (2011): *Trendcompendium 2030*, Roland Berger Strategy Consultants, München, S. 20 ff

Bernau, V. (2013): *Fairphone statt iPhone: Wie gerechte Smartphones produziert werden sollen*, in sueddeutsche.de am 27.2.2013, Abruf am 25.8.2013 unter http://www.sueddeutsche.de/digital/fairphone-statt-iphone-wie-gerechte-smartphones-produziert-werden-sollen-1.1610920

Bertelsmann Stiftung (2012): *Umfrage: Bürger wollen kein Wachstum um jeden Preis*, Pressemeldung am 16.8.2012, Abruf am 28.8.2013 unter www.bertelsmann-stiftung.de/cps/rde/xchg/bst/hs.xsl/nachrichten_113236.htm

Blech, J. (2013): *Heilen mit dem Geist: Hirnforscher entdecken, wie die Seele die Biologie des Körpers verändert und ihm helfen kann, Erkrankungen zu überwinden. Meditieren, Yoga und positives Denken, lange als Esoterik abgetan, erobern die Schulmedizin*, Spiegel, Ausgabe 21/2013, S. 56 ff

Bleicher, K. (2011): *Das Konzept Integriertes Management: Visionen – Missionen – Programme*, Campus Frankfurt/New York, 8. aktualisierte Auflage 2011

Blériot, J. (2010): *Desso, 10 years to close the loop*, Ellen MacArthur Foundation, Abruf am 22.8.2013 unter http://www.ellenmacarthurfoundation.org/business/articles/desso-10-years-to-close-the-loop

Borchhardt, A. (2013): *Kein Müll: Der Öko-Visionär Michael Braungart arbeitet an einer Zukunft, in der alles wieder verwertbar ist. Er will eine Welt ohne Abfall, eine Welt zum Prassen. Damit macht er sich nicht nur Freunde*, in SZ vom 21.8.2013, Süddeutscher Verlag, München, S. 3

Botsman, R. und Rogers, R. (2011): *What's Mine is Yours: The rise of a collaborative consumption. How Collaborative Consumption will change the way we live*, HarperCollins, London, revised and updated edition 2011

Chopra, D. (2012): *Mit dem Herzen führen: Management und Spiritualität*, Koha, Burgrain, S. 103 ff

Die Zeit (2012): *Deutsche wünschen sich neue Wirtschaftsordnung*, in Zeit online am 15.8.2012, Abruf am 28.8.2013 unter http://www.zeit.de/wirtschaft/2012-08/umfrage-deutschland-wirtschaftsordnung

Dilts, R., DeLozier, J. und Bacon-Dilts, D. (2013): *In Anlehnung an den Ansatz der neuro-logischen Ebenen von Robert B. Dilts: NLP II – die neue Generation. Strukturen subjektiver Erfahrung – die Erforschung geht weiter*, Junfermann, Paderborn

Easen, N (2004): *Interview with Ricrdo Semler*, CNN International.com am 14.6.2004, Abruf unter http://edition.cnn.com/2004/BUSINESS/05/19/go.semlar.transcript

Eder-Kornfled, R. (2013): *1300 Unternehmen unterstützen bereits alternatives Wirtschaftsmodell: Menschliche Werte in der Wirtschaft messbar machen*, Wiener Zeitung am 31.7.2013, S. 25

Eismann, K., Schmitt, M., Rohn, H. und Baedeker, C. (2012): *Nutzen statt Besitzen, Auf dem Weg zu einer ressourcenschonenden Konsumkultur*, Heinrich-Böll-Stiftung, Schriftenreihe zur Ökologie, Band 27, Berlin, 2012, S. 12

Enlightment Magazine, Issue 22/2002, Moksha Press

Enzler, S. und Luger, M. (2013): *Entwicklungslinien für Innovationspotenziale*, imu augsburg GmbH & Co. KG

Enzler, S. und Luger, M. (2013): *Integrales Kompetenzmodell*, imu augsburg GmbH & Co. KG

Felber, C. (2011): Vorwort in »Zum Wohle aller. Die Sparda-Bank München eG und die Gemeinwohl-Ökonomie«, Broschüre der Sparda-Bank München, Abruf am 28.8.2013 unter http://www.sparda-m.de/pdf/sparda-m/geschaefts bericht_2011_broschuere_gemeinwohloekonomie.pdf

Felber, C. (2012): *»Gemeinwohl-Ökonomie«*, Deuticke, Wien, S. 38 ff

Finn, D. und Donovan A. (2013): *»PwC's NextGen 2013: Evolving talent strategy to match the new workforce reality«*, www.pwc.com, USA

Fisch, K. (2012): *Did You Know 3.0 (Officially updated for 2012) HD*, Abruf am 6.8.2013 unter http://www.youtube.com/watch?v=YmwwrGV_aiE

Fisher, L.M. (2005): *Ricardo Semler won't take*, in strategy + business, Issue 41/2005, Booz & Company, New York, Reprint No. 05408, S. 4

Frankl, V., Kushner, H.S. und Winslade, W.J. (2006): *Man's Search for Meaning: an introduction to logotherapy*, Beacon Press, Boston

Fröhlich, C. (2013): *Mal kurz die Welt retten, Teil I. Fairphone – das Smartphone fürs gute Gewissen*, in stern.de am 8.7.2013, Abruf am unter http://www.stern.de/digital/telefon/mal-kurz-die-welt-retten-teil-i-fairphone-das-smartphone-fuers-gute-gewissen-2022947.html

Gardner, G. und Prugh, T. (2008): *2008. State of the World. Innovations for a Sustainable Economy. Rethinking Production: Case Biomimicry and carpets in Worldwatch Institute Report on Progress Toward a Sustainable Society,* 2008, Norton & Company, New York/London, S. 41

Gigerenzer, G. (2007): *Bauchentscheidungen. Die Intelligenz des Unbewussten und die Macht der Intuition*, Goldmann, Düsseldorf

Goodall, J. (2012): *Stories & Music from her Life's Journey*, Vortrag am 14.12.2012 auf dem Tollwood Winterfestival in München

Grimm, F. und Kunze, A. (2011): *Meins ist Deins 3.0,* in enorm Magazin, Ausgabe 2/2011, S. 19

Gürtler, D. (2013): *Chancen früher begreifen: xyv*, im Evonik Magazin 1/2013

Hayes, S.C., Folette, V.M. und Linehan, M.M. (2013): *Achtsamkeit und Akzeptanz. Das Erweitern der kognitiv-behavioralen Tradition*, dvt, Tübingen, 2012, S. 39

Hillenbrand, T. (2012): *Tesla-Chef Elon Musk. Der Renaissance-Mann,* Manager Magazin Online am 17.11.2010, Abruf am 12.8.2013 unter http://www.manager-magazin.de/lifestyle/auto/a-729412.html

Holsboer, F. (2012): *Wie entstehen aus Stressbelastung Burn-Out und Depression?,* Vortrag anlässlich der Jahrestagung des Arbeitgeberverbandes der Versicherungsunternehmen, Rottach-Egern, 13.6.2012

Huber, T. und A. (2010): in einem Filminterview von Stefan Götz im April 2010 in Bad Reichenhall, http://www.fresh-ideas.tv/die-huberbuam/218

Hübl, T. (2009): *Sharing The Presence: Wo warst du bis jetzt? Wie Präsenz dein Leben transformiert*, J. Kamphausen, Bielefeld

Hüther, G. (2012): Ein Vortrag von Gerald Hüther über die Wichtigkeit von Begeisterung zur Entfaltung von Potentialen, Entrepreneurship Summit 2012, Berlin, Abruf am 5.8.2013 unter http://www.kulturwandel.org/inspiration/filme/discover-your-potential.html

Klau, T. und Koch, R. (2003): *EU-Chefs vermeiden Konfrontation in Rom*, FTD am 5.10.2003, Abruf am 22.8.2013 unter http://www.ftd.de/politik/europa/:eu-chefs-vermeiden-konfrontation-in-rom/1065243028023.html

Klooß, K. (2013): *SpaceX, Tesla, Hyperloop. Die Welt von Elon Musk*, Manager Magazin Online vom 13.8.2013, Abruf unter http://www.manager-magazin.de/unternehmen/industrie/spacex-tesla-hyperloop-die-welt-des-elon-musk-a-916336.html

Kohlenberg, K. (2009): *Der Mann, der zum Mars will*, Zeit online am 19.6.2009, Abruf am 12.8.2013 unter http://www.zeit.de/2009/02/DOS-Raketenmann/komplettansicht

Kohn, A. (1993): *Punished by Rewards: The Trouble with Gold Stars, Incentive Plans, A's, Praise, and Other Bribes*, Houghton Mifflin Company, Boston/New York

Kotler, P. (2010): *Die neue Dimension des Marketings: Vom Kunden zum Menschen*, Campus Verlag, Frankfurt/New York

Krumm, R. (2012): *9 Levels of Value Systems*, werdewelt, Haiger, 1. Auflage 2012, S. 25 ff

Labs, L. (2013): *Auch das Fairphone wird in China gebaut*, in heiseonline am 13.5.2013, Abruf am 10.8.2013 unter http://www.heise.de/newsticker/meldung/Auch-das-Fairphone-wird-in-China-gebaut-1861908.html

Lauscher, N. (2012): *Der Bauch denkt mit*, in focus online vom 16.12.2012, Abruf am 22.7.2013 unter www.focus.de/gesundheit/ratgeber/verdauung/magen/tid-19809/enterisches-nervensystem-die-intelligenz-im-bauch_aid_550451.html

Malcher, I. (2010): *Mach es zu deinem Projekt*, BrandEins Magazin, Hamburg, Ausgabe 9/2010, S. 115 ff

Mariss, J. (2012): *Postkarte – Neue Wege*, Grafik Werkstatt, Bielefeld, Abruf unter http://shop.gwbi.de/artikel/-/a/detail/2849/

Mauborgne, R. und Kim, W. C. (2005): *Blue Ocean Strategy: How to create uncontested market space and make competition irrelevant*, Harvard Business School Press, Boston

McKinsey & Company (2013): *Towards the Circular Economy, Opportunities for the consumer goods sector*, Executive Summary, No. 2/2013 Ellen

Nidiaye, S. (2011): *Herz öffnen statt Kopf zerbrechen: Der Weg zu Freiheit, Freude und Frieden*, Allegria, München, S. 92 ff

Okur, M. (2013): *Wie fair ist das Fairphone?*, in Wirtschaftswoche Green am 18.6.2013, Abruf am 25.8.2013 unter http://green.wiwo.de/interview-wie-fair-ist-das-fairphone/

Ott, U. (2010): *Meditation für Skeptiker: Ein Neurowissenschaftler erklärt den Weg zum Selbst*, O.W. Barth, München

Pander, J. (2012): *Mobilitätswandel: Wie Kalifornien der Autowelt die Trends diktiert*, Spiegel online am 30.11.2012, Abruf am 12.8.2013 unter http://www.spiegel.de/auto/aktuell/strenge-abgasvorschriften-kalifornien-setzt-in-der-autoindustrie-die-trends-a-868966.html

Pennekamp, J. (2011): *Der Utopist: Helmut Lind ist Chef einer Bank, aber harte Zahlen interessieren ihn nicht. Er will, dass seine Firma Gutes tut. Und präsentiert eine Gemeinwohlbilanz*, in BrandEins, Ausgabe 8/2011, S. 22ff

Peters, T. und Waterman, R.H. (2006): *In search of excellence—Lessons from America's best run companies*, HarperBusiness

Piron, H. (2003): *Meditation und ihre Bedeutung für die seelische Gesundheit*, Transpersonale Studien Bd. 7, BIS-Verlag, Universität Oldenburg

Porter, M.E. (1985): *Competitive Advantage: Creating and sustaining superior Performance*, The Free Press, New York

Ramge, T. (2011): *The Detail of Retail: One-one one with Wittig*, in Think Act Journal, Roland Berger Strategy Consultants, September 2011, München, S. 4ff

Reps, P. (2004): *101 Zen-Geschichten*, Patmos, Düsseldorf, S. 13

Rosenberg, M. B. (2010): *Gewaltfreie Kommunikation: Eine Sprache des Lebens. Gestalten Sie Ihr Leben, Ihre Beziehungen und Ihre Welt in Übereinstimmung mit Ihren Werten*, Junfermann, Paderborn, 9. Auflage 2010

Rotter, D. (2010): *Die Befreiung der Arbeit: Das 7-Tage-Wochenende*, Sein online, Abruf am 21.8.2013 unter http://www.sein.de/gesellschaft/neue-wirtschaft/2010/die-befreiung-der-arbeit-das-7-tage-wochenende.html

Scharmer, C.O. (2009): *Theorie U: Von der Zukunft her führen*, Carl-Auer, Heidelberg

Schrader, U. (2013): *Nachhaltigkeit: Unternehmer unterschätzen ihre Mitarbeiter*, Gastartikel von Christoph Harrach, in Wirtschaftswoche green vom 25.3.2013

Semler, R. (1993): *Das Semco-System, Management ohne Manager: Das neue revolutionäre Führungsmodell*, Heyne, München, 2. Auflage, S. 20ff

Semler, R. (2004): *The Seven-Day Weekend: A Better Way to Work in the 21st Century*, Arrow Books, Random House, London

Senge, P.M. (2006): *The 5th Discipline: the art & practice of the learning organization*, Doubleday, Random House, USA

Senge, P., Scharmer, C.O, Jaworski, J. und Flowers, B.S. (2008): *Presencing, Exploring profound change in people, organizations and society*, Nicholas Brealey Publishing, London, New York, 3. Auflage 2008

Soutter, W. (2013): *Intelligent LED Lighting Systems: An Interview with Tom Pincince*, azoptics.com am 16.4.2013, Abruf am 22.8.2013 unter http://www.azooptics.com/article.aspx?ArticleID=384

Spezzano, C. (2007): *Beziehungs-Notfallset: Die Gesetzmäßigkeiten unserer Beziehungen verstehen*, Goldmann Arkana, München, S. 192 ff

Terpitz, K. (2013): *Fitness ist das neue Statussymbol. Umfrage von Handelsblatt und der Personalberatung Heidrick & Struggles, darüber wie deutsche Manager leben und arbeiten*, im Handelsblatt vom 5.7.2013

Tipping, C. (2006): *Ich vergebe: Der radikale Abschied vom Opferdasein*, J. Kamphausen, Bielefeld, S. 168 ff

Toffler, A. (1998): *Rethinking the future: Rethinking Business Principles, Competition, Control and Complexity, Leadership, Markets and the World,* London, Boston, Nicolas Brealy Publishing

Waadt, M. (2013): *Akzeptanz-Commitment-Therapie*, ebroschüre unter www.akzeptanz-commitment-therapie.de, Abruf am 3.8.2013 (14.58)

Waadt, M. und Acker, J. (2013): *Burnout. Mit Akzeptanz und Achtsamkeit den Teufelskreis durchbrechen*, Hans Huber, Bern, S. 79

Werner, G.W. (2009): *Einkommen für alle. Ser dm-Chef über die Machbarkeit des bedingungslosen Grundeinkommens*, Bastei-Lübbe, Bergisch Gladbach, 3. Auflage 2009, S 64 ff

Wieners, B. (2004): *Ricardo Semler: Set Them Free*, CIO Online, Abruf am 21.8.2013 unter http://www.cioinsight.com/c/a/Expert-Voices/Ricardo-Semler-Set-Them-Free/

Wilber, K. (2010): *Ganzheitlich handeln: Eine integrale Vision für Wirtschaft, Politik, Wissenschaft und Spiritualität*, Arbor, Freiamt, 4. Auflage 2010

Wittig, M. (2011) in think:act – Special Volume One, Young Global Leaders, Roland Berger Strategy Consultants, München 2011

Yunus, M. (2010): Dr. Otto im Vorwort von »Social Business: Von der Vision zur Tat«, Hanser, München, 2010

Quellenverzeichnis

1. Reps, P. (2004): *101 Zen-Geschichten*, Patmos, Düsseldorf, S. 13
2. Mariss, J. (2012): *Postkarte – Neue Wege*, Grafik-Werkstatt, Bielefeld, Abruf unter https://shop.gwbi.de/artikel/-/a/detail/2849/
3. Goodall, J. (2012): *Stories & Music from her Life's Journey*, Vortrag am 14.12.2012 auf dem Tollwood-Winterfestival in München
4. Toffler, A. (1998): *Rethinking the future: Rethinking Business Principles, Competition, Control and Complexity, Leadership, Markets and the World*, London, Boston, Nicolas Brealy Publishing
5. Schrader, U. (2013): *Nachhaltigkeit: Unternehmer unterschätzen ihre Mitarbeiter*, Gastartikel von Christoph Harrach, in Wirtschaftswoche green vom 25.3.2013
6. Wittig, M. (2011): in think:act – Special Volume One, Young Global Leaders Roland Berger Strategy Consultants, München 2011
7. Bleicher, K. (2011): *Das Konzept Integriertes Management: Visionen – Missionen – Programme*, Campus Frankfurt/New York, 8. aktualisierte Auflage 2011
8. Fisch, K. (2012): *Did You Know 3.0 (Officially updated for 2012) HD*, Abruf am 6.8.2013 unter http://www.youtube.com/watch?v=YmwwrGV_aiE
9. Finn, D. und Donovan A. (2013): *PwC's NextGen 2013: Evolving talent strategy to match the new workforce reality*, www.pwc.com, USA
10. Botsman, R. und Rogers, R. (2011): *What's Mine is Yours: The rise of acollaborative consumption. How Collaborative Consumption will change the way we live*, HarperCollins, London, revised and updated edition 2011
11. Grimm, F. und Kunze, A. (2011): *Meins ist Deins 3.0*, in enorm Magazin, Ausgabe 2/2011, S. 19
12. Eismann, K., Schmitt, M., Rohn, H. und Baedeker, C. (2012): *Nutzen statt Besitzen. Auf dem Weg zu einer ressourcenschonenden Konsumkultur*, Heinrich-Böll-Stiftung, Schriftenreihe zur Ökologie, Band 27, Berlin, 2012, S. 12
13. Hüther, G. (2012): *Ein Vortrag von Gerald Hüther über die Wichtigkeit von Begeisterung zur Entfaltung von Potenzialen*, Entrepreneurship Summit 2012, Berlin, Abruf am 5.8.2013 unter http://www.kulturwandel.org/inspiration/filme/discover-your-potential.html
14. Holsboer, F. (2012): *Wie entstehen aus Stressbelastung Burnout und Depression?*, Vortrag anlässlich der Jahrestagung des Arbeitgeberverbandes der Versicherungsunternehmen, Rottach-Egern, 13.6.2012

15. Anmerkung: Der aus Bangladesch stammende Wirtschaftsfachmann Muhammad Yunus wurde 2006 mit dem Friedennobelpreis für die „wirtschaftliche und soziale Entwicklung von unten" ausgezeichnet. Die von Yunus gegründete Grameen Bank vergibt an arme Menschen ohne finanzielle Sicherheit Kleinstkredite – sogenannte Mikrokredite. Vor allem Frauen wurden so wieder in Lohn und Brot gebracht, weil sie ihr eigenes kleines Geschäft aufbauen und damit selbst aktiv werden konnten.
16. Yunus, M. (2010): Dr. Otto im Vorwort von »Social Business: Von der Vision zur Tat«, Hanser, München, 2010
17. Mehr Informationen zu Danone Grameen Ltd. Bangladesh unter: www.danone.de/danone/unsere-ueberzeugungen/nachhaltigkeit/verantwortungsvolles-miteinander/social-business/grameendanone-foods.php (Juni 2013)
18. Mehr Informationen zu BASF Grameen Ltd. Bangladesh unter: www.basf.com/group/corporate/de/sustainability/society/social-business (Juni 2013)
19. St. Exupéry, A. de (1998): *Der kleine Prinz*, Karl Rauch, Düsseldorf, 1998
20. Mauborgne, R. und Kim, W. C. (2005): *Blue Ocean Strategy: How to create uncontested market space and make competition irrelevant*, Harvard Business School Press, Boston
21. Bauer, J. (2008): *Prinzip Menschlichkeit: Warum wir von Natur aus kooperieren*, Heyne, München, 6. Auflage 9/2008, S. 203–204
22. Berger, R. (2011): *Trendcompendium 2030*, Roland Berger Strategy Consultants, München, S. 20ff
23. Beck, D. E. und Cowan, C. (2008): *Spiral Dynamics – Leadership, Werte und Wandel. Eine Landkarte für das Business, Politik und Gesellschaft im 21. Jahrhundert*, J. Kamphausen, Bielefeld, 2. Auflage 2008
24. Porter, M. E. (1985): *Competitive Advantage: Creating and sustaining superior Performance*, The Free Press, New York
25. Rosenberg, M. B. (2010): *Gewaltfreie Kommunikation. Eine Sprache des Lebens. Gestalten Sie Ihr Leben, Ihre Beziehungen und Ihre Welt in Übereinstimmung mit Ihren Werten*, Junfermann, Paderborn, 9. Auflage 2010
26. Kohn, A. (1993): *Punished by Rewards: The Trouble with Gold Stars, Incentive Plans, A's, Praise, and Other Bribes*, Houghton Mifflin Company, Boston/New York
27. Krumm, R. (2012): *9 Levels of Value Systems*, werdewelt, Haiger, 1. Auflage 2012, S. 25ff

28. Wikipedia: http://de.wikipedia.org/wiki/Einstein-Podolsky-Rosen-Paradoxon, Abruf am 28.7.2013, 10.00 Uhr
29. Wilber, K. (2010): *Ganzheitlich handeln: Eine integrale Vision für Wirtschaft, Politik, Wissenschaft und Spiritualität*, Arbor, Freiamt, 4. Auflage 2010
30. Sinek, S. (2012): *Start with why: How great leaders inspire everyone to take action*, Penguin, New York, vii ff
31. Anmerkung: Der Begriff wird von Stefan Götz zum ersten Mal verwendet, gerne dürfen Sie den Begriff auch verwenden, wertschätzend ist der Quellverweis.
32. Peters, T. und Waterman, R.H. (2006): *In search of excellence. Lessons from America's best run companies*, HarperBusiness
33. Hübl, T. (2009): *Sharing The Presence: Wo warst du bis jetzt? Wie Präsenz dein Leben transformiert*, J. Kamphausen, Bielefeld
34. Semler, R. (2004): *The Seven-Day Weekend: A Better Way to Work in the 21st Century*, Arrow Books, Random House, London
35. Frankl, V., Kushner, H.S. und Winslade, W.J. (2006): *Man's Search for Meaning: An introduction to logotherapy*, Beacon Press, Boston
36. Aggrey J. und Erlbruch, W. (1998): *Der Adler, der nicht fliegen wollte*, Peter Hammer, Wuppertal ist das Original der Geschichte, das in diese Form abgewandelt wurde von einer unbekannten Quelle
37. Dilts, R., DeLozier, J. und Bacon-Dilts, D. (2013): *In Anlehnung an den Ansatz der neurologischen Ebenen von Robert B. Dilts: NLP II – die neue Generation. Strukturen subjektiver Erfahrung – die Erforschung geht weiter*, Junfermann, Paderborn
38. Kotler, P. (2010): *Die neue Dimension des Marketings: Vom Kunden zum Menschen*, Campus Verlag, Frankfurt/New York
39. Blech, J. (2013): *Heilen mit dem Geist: Hirnforscher entdecken, wie die Seele die Biologie des Körpers verändert und ihm helfen kann, Erkrankungen zu überwinden. Meditieren, Yoga und positives Denken, lange als Esoterik abgetan, erobern die Schulmedizin*, Spiegel, Ausgabe 21/2013, S. 56 ff
40. Ott, U. (2010): *Meditation für Skeptiker: Ein Neurowissenschaftler erklärt den Weg zum Selbst*, O.W. Barth, München
41. Piron, H. (2003): *Meditation und ihre Bedeutung für die seelische Gesundheit*, Transpersonale Studien Bd. 7, BIS-Verlag, Universität Oldenburg
42. Scharmer, C.O. (2009): *Theorie U: Von der Zukunft her führen*, Carl-Auer Verlag, Heidelberg

43. Senge, P. M. (2006): *The 5th Discipline: the art & practice of the learning organization*, Doubleday, Random House, USA
44. Senge, P, Scharmer, C. O, Jaworski, J. und Flowers, B. S. (2008): *Presencing. Exploring profound change in people, organizations and society*, Nicholas Brealey Publishing, London, New York, 3. Auflage 2008
45. Antonowsky, A. (1979): *Health, stress, and coping. New perspectives on mental and physical well-being*, Jossey-Bass Publishers, San Francisco
46. Terpitz, K. (2013): *Fitness ist das neue Statussymbol*, Umfrage von Handelsblatt und der Personalberatung Heidrick & Struggles, darüber wie deutsche Manager leben und arbeiten, im Handelsblatt vom 5.7.2013
47. Anmerkung: Realer Konfliktfall, der sich zwischen Spaniern und Amerikanern am 16. Oktober 1997 ereignet hat. Der folgende Funkspruch hat wirklich stattgefunden und wurde erst im März 2005 von den spanischen Militärbehörden zur Veröffentlichung freigegeben.
48. Anmerkung: Die Welt ist an der Schwelle einer Renaissance, die dann erreicht wird, wenn sich das Bewusstsein von abgespaltener, vermeintlicher Unabhängigkeit zu wahrer Beziehungsfähigkeit entwickelt. Es muss seine verbindenden und kreativen Aufgaben und Fähigkeiten wieder wahrnehmen. Es muss sich eine neue, holistische Wirtschaft entwickeln, deren Ziele zwar auch Verdienst und Wohlstand beinhalten, die aber darüber hinaus Partnerschaft, Austausch und Verantwortungsbereitschaft anstrebt.
49. Gigerenzer, G. (2007): *Bauchentscheidungen. Die Intelligenz des Unbewussten und die Macht der Intuition*, Goldmann, Düsseldorf
50. Lauscher, N. (2012): *Der Bauch denkt mit*, in focus online vom 16.12.2012, Abruf am 22.7.2013 unter http://www.focus.de/gesundheit/ratgeber/verdauung/magen/tid-19809/enterisches-nervensystem-die-intelligenz-im-bauch_aid_550451.html
51. Gürtler, D. (2013): *Chancen früher begreifen*, im Evonik Magazin 1/2013
52. Wikipedia: *Anthroposophie*, http://de.wikipedia.org/wiki/Anthroposophie, http://creativecommons.org/licenses/by-sa/3.0/deed.de, diese Seite wurde zuletzt am 28. Juni 2013 um 12:21 Uhr geändert
53. Werner, G. W. (2009): *Einkommen für alle: der dm-Chef über die Machbarkeit des bedingungslosen Grundeinkommens*, Bastei-Lübbe, Bergisch Gladbach, 3. Auflage 2009, S 64ff
54. Ramge, T. (2011): *The Detail of Retail: One-one one with Wittig*, in Think Act Journal, Roland Berger Strategy Consultants, September, München, S. 4ff

55. Wikipedia, Stichwort Prof. Goetz W. Werner, Version am 5. April 2011 um 00.06 Uhr, abrufbar unter Wikipedia Permanentlink http://de.wikipedia.org/w/index.php?title=Götz_Werner&oldid=87303574, Urheber ist die Gemeinschaft der Wikipedia-Autoren, die Wikipedia-Community
56. Klooß, K. (2013): *SpaceX, Tesla, Hyperloop. Die Welt des Elon Musk*, Manager Magazin Online vom 13.8.2013, Abruf unter http://www.manager-magazin.de/unternehmen/industrie/spacex-tesla-hyperloop-die-welt-des-elon-musk-a-916336.html
57. Hillenbrand, T. (2012): *Tesla-Chef Elon Musk. Der Renaissance-Mann*, Manager Magazin online am 17.11.2010, Abruf am 12.8.2013 unter http://www.manager-magazin.de/lifestyle/auto/a-729412.html
58. Kohlenberg, K. (2009): *»Der Mann, der zum Mars will«*, Zeit online am 19.6.2009, Abruf am 12.8.2013 unter http://www.zeit.de/2009/02/DOS-Raketenmann/komplettansicht
59. Pander, J. (2012): *Mobilitätswandel: Wie Kalifornien der Autowelt die Trends diktiert* , Spiegel online am 30.11.2012, Abruf am 12.8.2013 unter http://www.spiegel.de/auto/aktuell/strenge-abgasvorschriften-kalifornien-setzt-in-der-autoindustrie-die-trends-a-868966.html
60. Rotter, D. (2010): *Die Befreiung der Arbeit: Das 7-Tage-Wochenende* , Sein online, Abruf am 21.8.2013 unter http://www.sein.de/gesellschaft/neue-wirt schaft/2010/die-befreiung-der-arbeit-das-7-tage-wochenende.html
61. Semler, R. (1993): *Das Semco-System, Management ohne Manager: Das neue revolutionäre Führungsmodell* , Heyne, München, 2. Auflage, S. 20 ff
62. Malcher, I. (2010): *Mach es zu deinem Projekt*, Brand Eins Magazin, Hamburg, Ausgabe 9/10, S. 115 ff
63. Fisher, L. M. (2005): *Ricardo Semler won't take*, in strategy + business, Issue 41/2005, Booz & Company, New York, Reprint No. 05408, S. 4,
64. Wieners, B. (2004): *Ricardo Semler: Set Them Free*, CIO Online, Abruf am 21.8.2013 unter http://www.cioinsight.com/c/a/Expert-Voices/Ricardo-Sem ler-Set-Them-Free/
65. Easen, N (2004): *Interview with Ricrdo Semler*, CNN International.com am 14.6.2004, Abruf unter http://edition.cnn.com/2004/BUSINESS/05/19/go.semlar.transcript
66. Borchhardt, A. (2013): *Kein Müll: Der Öko-Visionär Michael Braungart arbeitet an einer Zukunft, in der alles wieder verwertbar ist. Er will eine Welt ohne*

Abfall, eine Welt zum Prassen. Damit macht er sich nicht nur Freunde, in SZ vom 21. 8. 2013, Süddeutscher Verlag, München, S. 3

67. McKinsey & Company (2013): *Towards the Circular Economy, Opportunities for the consumer goods sector*, Executive Summary, No. 2/2013 Ellen
68. Klau, T. und Koch, R. (2003): *EU-Chefs vermeiden Konfrontation in Rom*, FTD am 5.10.2003, Abruf am 22.8.2013 unter http://www.ftd.de/politik/europa/:eu-chefs-vermeiden-konfrontation-in-rom/1065243028023.html
69. Blériot, J (2010): *Desso, 10 years to close the loop*, Ellen MacArthur Foundation, Abruf am 22.8.2013 unter http://www.ellenmacarthurfoundation.org/business/articles/desso-10-years-to-close-the-loop
70. Soutter, W. (2013): *Intelligent LED Lighting Systems: An Interview with Tom Pincince*, azoptics.com am 16.4.2013, Abruf am 22.8.2013 unter http://www.azooptics.com/article.aspx?ArticleID=384
71. Gardner, G. und Prugh, T. (2008): *2008. State of the World. Innovations for a Sustainable Economy. Rethinking Production: Case Biomimicry and carpets in Worldwatch Institute Report on Progress Toward a Sustainable Society*, 2008, Norton & Company, New York/London, S. 41
72. Bernau, V. (2013): *Fairphone statt iPhone: Wie gerechte Smartphones produziert werden sollen*, in sueddeutsche.de am 27.2.2013, Abruf am 25.8.2013 unter http://www.sueddeutsche.de/digital/fairphone-statt-iphone-wie-gerechte-smartphones-produziert-werden-sollen-1.1610920
73. Okur, M. (2013): *Wie fair ist das Fairphone?*, in Wirtschaftswoche Green am 18.6.2013, Abruf am 25.8.2013 unter http://green.wiwo.de/interview-wie-fair-ist-das-fairphone/
74. Labs, L. (2013): *Auch das Fairphone wird in China gebaut*, in heiseonline am 13.5.2013, Abruf am 10.8.2013 unter http://www.heise.de/newsticker/meldung/Auch-das-Fairphone-wird-in-China-gebaut-1861908.html
75. Fröhlich, C. (2013): *Mal kurz die Welt retten, Teil I. Fairphone – das Smartphone fürs gute Gewissen*, in stern.de am 8.7.2013, Abruf am unter http://www.stern.de/digital/telefon/mal-kurz-die-welt-retten-teil-i-fairphone-das-smartphone-fuers-gute-gewissen-2022947.html
76. Die Zeit (2012): *Deutsche wünschen sich neue Wirtschaftsordnung*, in Zeit online am 15.8.2012, Abruf am 28.8.2013 unter http://www.zeit.de/wirtschaft/2012-08/umfrage-deutschland-wirtschaftsordnung

77. Bertelsmann Stiftung (2012): *Umfrage: Bürger wollen kein Wachstum um jeden Preis*, Pressemeldung am 16.8.2012, Abruf am 28.8.2013 unter http://www.bertelsmann-stiftung.de/cps/rde/xchg/bst/hs.xsl/nachrichten_113236.htm
78. Felber, C. (2011): Vorwort in »Zum Wohle aller. Die Sparda-Bank München eG und die Gemeinwohl-Ökonomie«, Broschüre der Sparda-Bank München, Abruf am 28.8.2013 unter http://www.sparda-m.de/pdf/sparda-m/geschaeftsbericht_2011_broschuere_gemeinwohloekonomie.pdf
79. Eder-Kornfled, R. (2013): *1300 Unternehmen unterstützen bereits alternatives Wirtschaftsmodell: Menschliche Werte in der Wirtschaft messbar machen*, Wiener Zeitung am 31.7.2013, S. 25
80. Felber, C. (2012): *Gemeinwohl-Ökonomie*, Deuticke, Wien, S. 38ff
81. Pennekamp, J. (2011): *Der Utopist: Helmut Lind ist Chef einer Bank, aber harte Zahlen interessieren ihn nicht. Er will, dass seine Firma Gutes tut. Und präsentiert eine Gemeinwohlbilanz*, in BrandEins, Ausgabe 8/2011, S. 22ff
82. Waadt, M. (2013): *Akzeptanz-Commitment-Therapie*, ebroschüre unter www.akzeptanz-commitment-therapie.de, Abruf am 3.8.2013 (14.58)
83. Hayes, S.C., Folette, V.M. und Linehan, M.M. (2013): *Achtsamkeit und Akzeptanz. Das Erweitern der kognitiv-behavioralen Tradition*, dgvt, Tübingen, 2012, S. 39
84. Waadt, M. und Acker, J. (2013): *Burnout. Mit Akzeptanz und Achtsamkeit den Teufelskreis durchbrechen*, Hans Huber, Bern, S. 79
85. Chopra, D. (2012): *Mit dem Herzen führen: Management und Spiritualität*, Koha, Burgrain, S. 103ff
86. Nidiaye, S. (2011): *Herz öffnen statt Kopf zerbrechen: Der Weg zu Freiheit, Freude und Frieden*, Allegria, München, S. 92ff
87. Tipping, C. (2006): *Ich vergebe: Der radikale Abschied vom Opferdasein*, J. Kamphausen, Bielefeld, S. 168ff
88. Spezzano, C. (2007): *Beziehungs-Notfallset: Die Gesetzmäßigkeiten unserer Beziehungen verstehen*, Goldmann Arkana, München, S. 192ff

Zeitfracht Medien GmbH
Ferdinand-Jühlke-Straße 7
99095 Erfurt, Deutschland
produktsicherheit@kolibri360.de